BIBLIOTHÈQUE CLASSIQUE LATINE

— OU —

COLLECTION

DES AUTEURS

CLASSIQUES LATINS

AVEC

COMMENTAIRES ANCIENS ET NOUVEAUX,

FRAGMENTS INÉDITS, RECHERCHES, DISSERTATIONS, INDEX, PORTRAITS, CARTES GÉOGRAPHIQUES, PLANS DE SIÉGES ET BATAILLES, TABLEAUX, ETC.

PAR N. E. LEMAIRE,
ANCIEN DOYEN ET PROFESSEUR DE POÉSIE LATINE A L'ACADÉMIE DE PARIS.

IMPRIMÉE PAR DIDOT.

SECONDE SOUSCRIPTION.

PARIS,
ON SOUSCRIT CHEZ M. EHRMANN,
RUE DE LULLI, N° 1, PLACE DE L'ANCIEN OPÉRA.

QUARTUS INDEX.

FLORA VIRGILIANA,

SEU

CATALOGUS PLANTARUM

IN VIRGILII OPERIBUS OCCURRENTIUM.

FLORE

DE VIRGILE,

COMPOSÉE

POUR LA COLLECTION

DES CLASSIQUES LATINS,

PAR A. L. A. FÉE,

PHARMACIEN,

MEMBRE DE PLUSIEURS SOCIÉTÉS SAVANTES.

FLORE DE VIRGILE,

OU

CATALOGUE RAISONNÉ

DES PLANTES

CITÉES DANS SES OUVRAGES.

Les prestiges des arts, le tumulte des cités, peuvent avoir leur attrait momentané; mais ils ne remplissent la vie que du commun des hommes. Une ame sensible, une imagination féconde, ont besoin du spectacle de la nature: aussi tous les grands poëtes ont-ils cherché le séjour de la campagne. Virgile sur-tout, qu'on avait surnommé la vierge; Virgile, à qui tous ses amis décernèrent, par la bouche d'Horace, cette simple louange, *optimus;* Virgile pouvait-il ne pas aimer les champs! Il y passa doucement sa vie; et la faveur d'Auguste, et la gloire dont il jouissait à Rome, ne l'attirèrent jamais que par moments dans cette capitale du monde.

Aucun poëte n'a parlé des plantes avec autant de détail et d'intérêt. Il s'y arrête avec complaisance; on dirait qu'il les décrit avec amour. Ses Bucoliques et ses Géorgiques en nomment un si grand nombre, qu'une Flore de Virgile, bien exécutée, doit suffire à l'interprétation de toute la botanique des poëtes latins.

Ce travail, généralement desiré, n'avait point encore été sérieusement entrepris. Beaucoup d'observations utiles restaient isolées dans des ouvrages chers et peu répandus. Plusieurs points n'avaient jamais été traités d'une manière satisfaisante. Un auteur seul avait jeté sur ces matières plus de jour que les autres; sans nous astreindre à le suivre servilement, nous avons trouvé en lui un guide utile; et nous nous plaisons à reconnaître tout ce qu'il nous a prêté de secours. Martyn, car c'est de lui qu'on parle ici, a rassemblé des faits importants, et souvent il en tire des inductions heureuses. Mais il est diffus, peu méthodique, et son travail n'embrasse que les Géorgiques. C'est, d'ailleurs, un inconvénient, pour son commentaire, de n'être pas écrit en latin, ou en français, dans l'une des deux langues qui sont universelles en Europe.

Nous sommes fâchés d'avoir si souvent combattu Sprengel, botaniste allemand d'une érudition immense, qui a consacré à la Flore de Virgile un chapitre de son *Historia rei herbariæ*, ouvrage important malgré ses défauts, et dont nous préparons en ce moment une traduction, rectifiée par des notes. L'examen attentif que nous avons dû apporter à son travail, nous y a fait découvrir plus de négligences et d'erreurs que nous ne l'aurions pensé. Ses fragments d'Antiquités botaniques, composés avec moins de négligence, nous ont guidés sur quelques points.

Les gens instruits savent assez combien il est difficile de préciser une plante sur une description poétique, sur une simple épithète, quelquefois sur un nom. Nous avons cherché à faire jaillir, soit du texte même et des circonstances concomitantes, soit de la comparaison des passages analogues d'auteurs anciens, le plus de lumière possible. Mais, loin de présenter des assertions trop absolues, nous sommes, en général, restés dans les bornes d'un septicisme dont nous espérons qu'on nous saura gré.

L'avantage du lecteur nous étant plus à cœur qu'un vain étalage de science, nous nous sommes bornés à l'ordre alphabétique, distribution un peu vulgaire, mais simple et commode; et nous avons rejeté à la fin de notre travail une classification destinée à satisfaire les personnes plus difficiles. Cette classification sera suivie d'une table latine des genres, qui établira la concordance synonymique entre les auteurs grecs et latins.

Après les citations du texte et la synonymie grecque, la nomenclature botanique que nous avons placée la première est toujours celle qui se rapproche le plus des expressions de Virgile, n'importe à quel auteur elle appartienne. Ce moyen établit souvent une connexité qui ramène naturellement, par la tradition, à une nomenclature plus moderne. Toutes les fois que cela nous a été possible, nous avons donné les noms linnéens, et, à leur défaut, ceux des auteurs les plus célèbres de notre temps.

Obligés, pour l'exactitude synonymique, de remonter aux origines des mots, et de discuter des questions d'étymologie souvent épineuses, nous y avons apporté plus de soins, et, nous osons le dire, plus de critique qu'on n'y en met communément. Dans cette utile partie de notre travail, nous nous sommes aidés de l'avis de personnes instruites, et sur-tout des conseils d'un jeune et docte littérateur, M. Guerrier de Dumast, dont le public connaît principalement le talent poétique et les vastes connaissances en archéologie, mais à qui l'étude de la botanique et celle des langues orientales ont aussi servi de délassement, et que nous louerions davantage, si nous n'avions à ménager, dans le savant, la modestie de l'ami.

On s'apercevra sans peine que nous n'avons pas cherché à tout dire. Il eût été facile d'amener, à propos des plantes virgiliennes, toute la botanique des anciens, leur agriculture, leur économie rurale. Tel n'a point été notre but. Avares de développements inutiles, nous nous sommes bornés à peu de mots; ou si parfois il nous arrive de nous étendre, c'est pour rétablir quelque fait, dissiper quelque erreur, motiver enfin notre opinion. Une concordance synonymique non raisonnée eût aussi fait naître trop peu de confiance, et présenté trop peu d'intérêt.

Telle qu'elle est, notre Flore de Virgile peut rendre service aux amants des muses latines, fixer souvent leurs incertitudes, rétablir la fidélité du paysage, et combler un vide que les dictionnaires étaient insuffisants pour remplir. Qui ne sait, en effet, que depuis le seizième siécle, époque où l'on détermina le sens des noms latins des plantes, d'après les conjectures, quelquefois précipitées, des restaurateurs de la botanique; qui ne sait, disons-nous, que, depuis lors, tous les lexicographes se sont bornés à se copier servilement les uns les autres?

Dans ce travail, hérissé de difficultés, et qu'on doit regarder comme nouveau, il nous reste à réclamer l'indulgence des bons esprits. Nous recevrons, avec un plaisir mêlé de reconnaissance, les avis qu'on pourra nous adresser: heureux d'apprendre les fautes où notre zéle n'aura pu nous empêcher de tomber, et d'être mis à portée de les réparer dans des ouvrages ultérieurs!

N. B. *On peut consulter le Commentaire des volumes précédents sur plusieurs des plantes dont nous allons parler.*

A.

ABIES. *Montana.* — *Nigra.*

Populus in fluviis, ABIES IN MONTIBUS ALTIS.
ECL. VII, 66.

. . . . *Et casus* ABIES *visura marinos.*
GEORG. II, 68.

. . . . *Undique colles*
Inclusere cavi, et NIGRA *nemus* ABIETE *cingunt.*
ÆN. VIII, 599.

Ἐλάτη des Grecs (Hom. *Iliad.* Ξ, 287).
Abies pectinata (Décand. Fl. Fr. 2063).
Pinus Picea (Linn. *gen.* 1456) (1).
En italien, *Abeto* (2).
Le Sapin.

Le sapin se plaît sur les hautes montagnes, *in montibus altis;* c'est l'un des plus grands arbres d'Europe; son bois est très propre, à cause de sa légèreté et de sa nature résineuse, à servir à la construction des vaisseaux.

Le sapin a dû l'épithéte de *nigra* à la couleur sombre de son feuillage. Nos poëtes français disent aussi les noirs sapins.

ACANTHUS. *Mollis.* — *Ridens.* — *Flexus.*

Et MOLLI *circum est ansas amplexus* ACANTHO.
ECL. III, 45.

Mixtaque RIDENTI *colocasia fundet* ACANTHO.
ECL. IV, 20.

. . . . *Aut* FLEXI *tacuissem vimen* ACANTHI.
GEORG. IV, 123.

(1) Nous employons la 8e édition du *Genera plantarum* (Francfort, 1791).

(2) Nous ne citerons que rarement les langues étrangères, et seulement pour établir la tradition nominale, quand ce fait pourra donner plus de certitude à la détermination d'une plante.

Ille comam MOLLIS *jam tum tondebat* ACANTHI.

GEORG. IV, 137.

En grec, Ἀκάνθου γένος μαλακόν.

Acanthus pæderos, seu melamphyllum (Plin. *lib.* XXII, *cap.* 22).

Acanthus sativus, vel mollis Virgilii (C. Bauh. *Pin.* 383).

Acanthus mollis (Linn. *gen.* 1065).

En italien, *Acanto.*

Acanthe-brancursine.

Les botanistes ont donné à cet *Acanthus* le nom spécifique de *mollis*, pour le distinguer de l'*acanthus aculeatus* et *crispus* de Pline, *Acanthus spinosus* des modernes.

Le mot *acanthus* vient du mot grec ἄκανθα, *spina*, où l'on retrouve le radical *ac*, qui signifie *pointe* en celtique. Les Anciens avaient appliqué ce nom d'*acanthus* à plusieurs plantes épineuses, notamment aux chardons.

Par les épithètes *mollis* et *flexus*, Virgile a voulu exprimer la nature particulière des feuilles, qui sont flexibles, et douces au toucher. L'adjectif *ridens* s'applique à leur forme, qui les a fait choisir pour orner les chapiteaux de l'ordre corinthien, le plus élégant de tous les ordres d'architecture.

Quelques savants ont prétendu que l'*acanthus mollis* du vers 137 du IVe livre des Géorgiques n'était pas le même que celui des autres passages; s'appuyant du sens de la phrase : « Et lorsque venait le premier printemps, il émondait ses acanthes flexibles »; ce qui ne peut, suivant eux, s'entendre que de quelque espèce d'arbre. Mais Pline le jeune dit (1) que les Romains décoraient les allées couvertes de leurs jardins avec l'acanthe, espèce qu'on ne peut méconnaître aux épithètes de *lubricus* et de *flexuosus;* et l'on ne voit pas qu'il soit étrange de donner à une plante flexible, et non arborescente, telle forme qu'on desire, soit en la liant avec de l'osier, soit en la taillant pour lui ôter le superflu de ses feuilles, afin qu'elle puisse mieux s'aligner en bordure (2).

(1) *Plin. jun. Epist. V*, 5.

(2) Consultez Mathiole sur Dioscoride, liv. III, ch. 17.

On trouve l'acanthe dans les prés des provinces méridionales de France, et en Italie.

ACANTHUS. *Semper frondens.*

.... *Et baccas* SEMPER FRONDENTIS ACANTHI.
GEORG. II, 119.

Ἀκακία; Ἄκανθα ἀραβική; (Dioscorid. *lib.* I, *cap.* 115). Ἄκανθος; (Theophr. IV, *cap.* 3).
Spina Ægyptiaca? (Plin. *lib.* XXIV, *cap.* 12).
Acacia vera? (Wild.).
L'Acacia à la gomme?

Martyn croit que l'*acanthus semper frondens* de Virgile doit être rapporté au *Mimosa nilotica* de Linné, *Acacia vera* de Willdenow; et Sprengel se range à cet avis, qui n'est point le nôtre.

Le *Mimosa nilotica*, Acacia à la gomme arabique, est un arbre toujours vert; il ne porte pour fruit qu'une gousse longue, qui n'est nullement succulente, et que Virgile n'eût point appelée une baye, *bacca*, sorte de fruit très différent, et très bien connu de notre poëte : *baccæ sanguineæ ebuli*, les bayes d'hièble; *lauri baccæ*, les bayes de laurier. (*Voyez* Ecl. X, v. 27, et Géorg. I, v. 306.) D'ailleurs dans le passage du IIe livre des Géorgiques, il nomme l'acanthe avec plusieurs productions précieuses, et dit : « L'Inde donne l'ébène, l'Arabie l'encens; vous parlerai-je du baume, des bayes de l'acanthe toujours vert, des forêts d'Éthiopie qui donnent le coton? » Il est évident que les bayes de l'acanthe de Virgile étaient un fruit estimé, qui, par son utilité et l'excellence de ses qualités, méritait d'être placé parmi les substances les plus recherchées des anciens; tandis que la gousse de l'*Acacia vera* n'est presque point employée, si ce n'est comme un des succédanés de l'écorce de chêne, dont elle a l'astringence.

L'*acanthus semper frondens* de Virgile est donc une plante arborescente, épineuse, qui garde ses feuilles, et dont les bayes ont des propriétés qui les rendent précieuses; sa patrie, qui n'est point indiquée par le poëte, devait être un pays éloigné.

Quel est cet arbre? Nous l'ignorons; et nous aimons mieux avouer notre ignorance, que d'élever des hypothèses aussi peu solides que celles des commentateurs qui nous ont précédés.

ACONITUM.

...... *Nec miseros fallunt* ACONITA *legentes.*
GEORG. II, 152.

Ἀκόνιτον des Grecs.
Aconitum Napellus. (Linn. *gen.* 928).
En italien, *Aconito.*
L'Aconit-Napel.

Bien que, par le mot *aconita,* Virgile ait voulu parler des poisons en général, il est certain néanmoins que l'*aconitum* des anciens était principalement le Napel, l'espèce la plus célèbre du genre. L'*Aconitum lycoctonum* partageait cette célébrité à un degré inférieur, cette plante étant beaucoup plus rare que la première.

ÆSCULUS. Voyez ESCULUS.

ALGA. *Vilis.*

.... *Videar tibi*..................
.... *projecta* VILIOR ALGA.
ECL. VII, 42.
Saxa fremunt, laterique inlisa refunditur ALGA.
ÆN. VII, 590.

Φῦκος (τὸ) des Grecs.
Algæ steriles (Ovide).
Fuci species des modernes.
Algues.

Le mot *alga* ne désigne dans ce passage aucune plante en particulier. C'est à tort que Sprengel, qui, trop souvent, tranche les difficultés, voit ici le *Zostera marina* de Linné (*Phucagrostis* de quelques auteurs.) Les Latins entendaient par *algæ* toutes les herbes aquatiques qui, vivant dans les eaux, sont rejetées, *projectæ,* sur les rivages. Telles sont, pour les eaux douces, les Conferves, les Potamogétons, les Naïades, etc.; et pour les eaux salées, les débris de plantes marines, et notamment de *Fucus*. Ce qui prouve cette extension donnée au mot *alga*, c'est que, dans l'Églogue VII, la scène se passe au milieu des terres, et que, dans le VIIe livre de l'Énéide, on parle d'un vaisseau qui fend les ondes : il est donc tour-à-tour question des algues d'eau douce et des algues marines. Les botanistes modernes ont admis pour la famille des Algues cette même division.

ALLIUM. *Fibris spissis.*

> ALLIA *serpyllumque, herbas contundit olentes.*
> ECL. II, 11.
>
> *Quatuor educit cum* SPISSIS ALLIA FIBRIS.
> MOR. 88.

Σκόροδον des Grecs.
Allium sativum (Linn. *gen.* 557).
L'Ail cultivé.

Il n'est pas difficile de déterminer l'espéce botanique du genre *Allium*, dont il est question dans le passage cité. Ce ne peut être ni le porreau, ni l'ognon, dont le poëte parle ailleurs sous les noms de *porrum* et de *cepa*. L'*allium* de Virgile est donc l'*Allium sativum*, ou du moins quelqu'une de ses variétés.

Par la qualification de *spissæ*, le poëte a voulu rendre la qualité des fibrilles qui adhèrent au corps de la bulbe. Ces fibrilles, que l'on regarde comme les véritables racines des liliacées, sont ordinairement assez grosses et fort tenaces dans les espèces du genre *Allium*.

ALNUS. *Viridis.* — *Paludosa.* — *Levis.*

> *Tum Phaethontiadas musco circumdat amaræ*
> *Corticis, atque solo* PROCERAS *erigit* ALNOS.
> ECL. VI, 63.
>
> *Quantum vere novo* VIRIDIS *se subjicit* ALNUS.
> ECL. X, 74.
>
> *Tunc* ALNOS *primum fluvii sensere* CAVATAS.
> GEORG. I, 136.

Fluminibus salices, CRASSISQUE PALUDIBUS ALNI
Nascuntur. GEORG. II, 110.
Nec non et torrentem undam LEVIS *innatat* ALNUS.
GEORG. II, 451.

Κλήθρα des Grecs (Hom. *Odyss.* E, 64, 239).
Alnus viridis (Décand. Fl. Fr. 2111).
Betula viridis (Vill. Fl. Dauph. 4, p. 789).
Betula Alnus (Linn. *gen.* 1419).
L'Aulne, variété α.

Bauhin est le premier qui ait indiqué, par une phrase botanique, la variété de ce bouleau, dont Villars a fait, depuis, une espèce: *Alnus rotundifolia viridis glutinosa.* (*Pinax*, 428, n° 1.)

L'aulne se plaît dans les lieux humides, dans les marais, *in paludibus;* ses feuilles sont du plus beau vert, *virides;* son bois, qui est léger, *levis,* étoit employé à la construction des petites embarcations. Son tronc, creusé, *cavatus*, suffisait même pour les remplacer, lorsqu'il avait acquis de grandes dimensions.

On voit, par le vers 63 de l'Églogue VI, que Virgile n'est pas d'accord avec lui-même sur le nom de l'arbre, en qui l'on suppose que furent changées les sœurs de Phaéton. Virgile désigne ici l'aulne; mais dans l'Énéide, livre X, vers 190, il indique, comme Ovide, le peuplier.

AMARANTUS.

Sans épithète, parmi les fleurs agréables.
CULEX, 405.

Ἀμάραντος des Grecs.
Amarantus panicula conglomerata (Bauh. *Pin.* 121, n° 3).
Celosia cristata (Linn. *gen.* 405).
En italien, *Amaranto.*
Le Passe-velours, l'Amarante.

La description que Pline donne de son *amarantus*, qui est aussi celui de Théophraste, ne permet pas de méconnaître le *Celosia cristata*, plante originaire d'Asie, mais cultivée dans les jardins d'Italie long-temps avant Virgile. Elle servait à faire des couronnes en hiver; car elle peut conserver sa couleur plusieurs années. *Amarantus*, en grec ἀμάραντος, signifie *qui ne se flétrit point* (1).

AMELLUS. *Pratensis.*

Est etiam FLOS IN PRATIS, *cui nomen* AMELLO
Fecere agricolæ; facilis quærentibus herba:
Namque imo INGENTEM TOLLIT DE CESPITE SYLVAM,
AUREUS IPSE, SED IN FOLIIS, QUÆ PLURIMA CIRCUM
FUNDUNTUR, VIOLÆ SUBLUCET PURPURA NIGRÆ.
GEORG. IV, 271.

Ἀστὴρ ἀττικὸς des Grecs. (Dioscorid. IV, *cap.* 120).
Aster Amellus. (Linn. *gen.* 1291).
L'Aster de Virgile, l'Amelle.

L'amelle est l'une des plantes les mieux décrites de Virgile. Elle est fort commune en Italie, *facilis quærentibus herba;* elle pousse d'une seule tige une foule de rejetons, *ingentem sylvam uno de cespite;* son disque est jaune, *flos aureus ipse;* mais ses rayons sont pourpres, *sed in foliis violæ sublucet purpura nigræ.*

Mathiole, dans ses Commentaires sur Dioscoride (2), est le premier botaniste qui ait désigné l'ἀστὴρ ἀττικὸς comme étant l'*amellus* du poëte latin; Bodæus de Stappel, et, depuis, notre célèbre Jussieu, ont fortifié cette opinion de la leur.

AMOMUM. *Assyrium.* — *Tyrium,*

Mella fluant illi, ferat et rubus asper AMOMUM.
ECL. III, 89.
. . . . ASSYRIUM *vulgo nascetur* AMOMUM.
ECL. IV, 25.
Non thalamus TYRIO *fragrans adcepit* AMOMO.
CIR. 512.

(1) Ce mot venant uniquement de μαραίνω, et la racine ἄνθος n'entrant point dans sa composition, on a tort de l'écrire par *th*, soit en français, soit en latin, comme le font des botanistes modernes.

(2) *Comm. Mathiol. in Diosc. lib. IV, cap.* 120.

حماما des Arabes.

Ἄμωμον des Grecs (Diosc. I, 14).

Amomum (Plin. *lib.* XII, *cap.* 13).

Amomum racemosum (Lamk. Encycl. tab. II, fig. 2).

L'Amome.

L'épithète d'*assyrium*, donnée par Virgile à l'*amomum*, a fort occupé les commentateurs. Nous croyons qu'ils y ont attaché beaucoup trop d'importance. A l'époque où le poëte latin écrivait, la terre était mal connue, la navigation peu sûre, et les traditions mensongères : doit-on s'étonner que Virgile ait assigné pour patrie à l'*amomum* l'Assyrie au lieu de l'Inde, quand on saura que de nos jours, où les sciences naturelles ont fait tant de progrès, nous ignorons encore l'origine d'une foule de substances fort usitées, telles que le kino, le bdellium, la myrrhe, la gomme ammoniaque, qui arrivent depuis plusieurs milliers d'années en Europe, sans qu'on puisse indiquer avec précision quel végétal les produit, et quel lieu les voit naître. D'ailleurs, Bauhin justifie Virgile, en nous apprenant que l'*amomum* était fourni aux Romains par le commerce d'Assyrie, et que souvent les marchandises ajoutaient à leur nom celui de la province où on les achetait.

Il paraîtra peut-être curieux de faire connaître succinctement les diverses opinions des commentateurs sur l'*amomum* des Anciens.

Scaliger et Cordus prétendent que c'est la rose de Jéricho (*Rosa hierichuntica* de Bauhin, *Anastatica hierocuntica* de Linné, *Bunias syriaca* de Gærtner).

Gessner, que c'est le poivre des jardins, *Solanum bacciferum* de Tournefort (*Instit.* p. 149).

Planche, dans son dictionnaire Grec-Français, ne regarde l'*amomum* que comme un fruit. Sans préciser l'arbre qui le produit, il le croit originaire de l'Inde.

Césalpin croit qu'on doit voir l'*amomum* dans le *Piper Cubeba*.

Enfin, Plukenet et Sprengel, que l'*amomum* n'est autre chose que le *Cissus vitiginea*.

Nous sommes fâchés de ne pouvoir nous ranger à l'une de

ces opinions, mais nous ne croyons pas qu'on puisse méconnaître l'*Amomum racemosum* dans la plante de Virgile. Il n'y a point, en effet, de raison pour la supposer différente de celle dont parle Pline, d'après Dioscoride, et dont on peut lire la description dans ces deux auteurs.

L'étymologie d'ἄμωμον se tire évidemment de l'homonyme arabe حماما, *hhamâma* (1); les anciens Arabes ayant été les premiers qui aient fait connaître cet aromate aux Grecs. *Hhamâma* peut à son tour n'être qu'un nom indien, devenu arabe. S'il en est autrement, alors dérivé de la racine حمّ, il exprime la saveur chaude, particulière aux épices (2).

ANETHUM. *Bene olens.*

Narcissum, et florem jungit BENEOLENTIS ANETHI.
Ecl. II, 48.

Et vetus ADSTRICTI *fascis pendebat* ANETHI.
Mor. 59.

Ἄνηθον de Théocrite (*Idyll.* XIV, 119) et de Moschus (*Idyll.* III, 107).

Anethum graveolens (Linn. *gen.* 496).

En italien, *Aneto*.

L'Aneth.

Cette ombellifère est originaire d'Italie et d'Espagne; on la cultive en France. Son odeur est assez agréable. Comme sa saveur est chaude, on a voulu tirer son nom grec ἄνηθον de la racine αἴθω, je brûle; mais cette étymologie, loin d'être certaine, n'a pas même de vraisemblance.

APIUM. *Amarum.* — *Gracile.* — *Viride.*

Floribus, atque APIO *crines ornatus* AMARO.
Ecl. VI, 68.

.... *Et* VIRIDES APIO *ripæ.*
Georg. IV, 121.

(1) Golius, *Lexic. Arab.* col 649.

(2) Comparez Bochart, Géographie sacrée, page 741. Consultez aussi sur l'*amomum* J. Bauhin, T. II, p. 124, 193 et 195; Rai, T. II, p. 1697, etc.

Inde comas APII GRACILES, *etc.* MOR. 89.

Σέλινον κηπαῖον des Grecs.

Apium graveolens (Linn. *gen.* 499).

En italien, *Apio*.

L'Ache de marais.

Cette plante se plaît au bord des ruisseaux, ce que l'origine de son nom exprime en latin, comme en français : car, suivant Bullet, *apium* vientde *apon*, EAU en celtique ; et ACHE, d'*aches*, qui, dans la même langue, signifie un ruisseau.

C'est la variété de l'*Apium graveolens* appelée *dulce* par Miller, que l'on cultive en France sous le nom de céleri. L'espèce sauvage est amère.

ARBOR ÆTHIOPICA. *Canens molli lana.*

Quid nemora ÆTHIOPUM, MOLLI CANENTIA LANA?
GEORG. II, 120

Ἐριοφόρον δένδρον de Théophraste (*lib.* IV, *cap.* 9).

Xylon et *Gossypium* de Pline (*lib.* XIX, *cap.* 1).

Gossypium arboreum (Linn.).

——— *herbaceum* (*Id.*).

Le Cotonnier.

La première mention du coton se trouve dans Théophraste ; on ne peut le méconnaître à la description qu'il en donne. « Des arbres porte-laines, dit-il, croissent dans l'île de Tylos, sur la côte orientale du golfe arabique. Leur laine est contenue dans un globe de la grosseur d'une pomme ἐαρινὴ, qui s'ouvre lors de la maturité. » Il ajoute qu'on fait de ce duvet des tissus plus ou moins précieux, et que la chose se pratique dans l'Inde, aussi bien qu'en Arabie. Ce langage est fort clair, et l'on a droit de s'étonner que Bodæus de Stapel veuille trouver ici la soie et le mûrier.

Suivant Pline, la Haute-Égypte et les environs de l'Arabie produisent un arbrisseau *fruticem*, nommé *gossypion* ou *xylon*, portant un fruit lanugineux dont on file le duvet, pour en faire des étoffes nommées *xylina*, estimées pour leur finesse et leur blancheur.

C'est là ce *byssus*, ou lin oriental, qui servait aux vêtements des prêtres d'Égypte, suivant Philostrate. C'est la substance la plus anciennement célébrée chez les Arabes pour les étoffes de luxe; et le nom de قطن, qu'il porte, de toute antiquité, chez ce peuple, est devenu l'origine du mot coton. La *moallaka* de Lébid, et d'autres poëmes antérieurs au siècle de Mahomet, parlent des voiles de coton, qui ferment les palanquins des femmes.

M. Desfontaines pense que le *xylon* ou *gossypion* de Pline est le *Gossypium herbaceum* de Linné. Il a vu, dans le Bildulgérid, cette plante devenir ligneuse, atteindre la grosseur du bras, et dépasser six pieds de hauteur.

Mais l'arbrisseau de Pline est-il l'arbre de Virgile? Ce qui pourrait en faire douter, c'est qu'attribuant à l'île de Tylos, et à l'Inde seulement, les gossimpins vrais, le naturaliste romain parle des gossimpins d'Éthiopie comme s'ils fournissaient plutôt une sorte de laine que du coton; en sorte que le mot *lana*, de notre texte, serait une désignation positive, et non pas une expression poétique. Cependant la difficulté est imaginaire; on devine aisément que Pline a voulu copier Virgile, et a pris, suivant son usage, au sérieux, les termes du poëte.

La plante de Virgile est donc celle de M. Desfontaines. Seulement on peut hésiter entre l'espèce qu'il indique, et l'espèce arborescente.

ARBOR INDICA. *Altissima.*

Et quos Oceano propior gerit India lucos,
.... *ubi aera vincere summum*
ARBORIS, *haud ullæ jactu potuere sagittæ.*

GEORG. II, 122.

...........?

Le P. Catrou présume qu'il s'agit du cocotier, qui pourtant n'atteint jamais une élévation pareille à celle que feraient supposer les vers de Virgile.

Pline copie la description du poëte, et ne donne aucun autre détail qui puisse nous éclairer.

Mais toute recherche sur cet objet n'est-elle pas superflue?

Qui ne voit ici l'une de ces traditions fabuleuses que l'Orient conserve, et dont la poésie s'empare? Le meilleur commentaire sur cette espèce d'arbres gigantesques, est une aventure assez originale des voyages de Sindbâd le marin. Nous y renvoyons nos lecteurs.

ARBOR SIMILLIMA LAURO. Voyez MALA MEDICA.

ARBUTUS et ARBUTUM. *Grata hædis. — Viridis. — Frondens. — Horrida.*

Dulce satis humor, depulsis ARBUTUS *hædis.*
ECL. III, 82.
Et quæ vos rara VIRIDIS *tegit* ARBUTUS *umbra*
Solstitium pecori defendite. ECL. VII, 46.
.... *Cum jam glandes atque* ARBUTA *sacræ*
Deficerent sylvæ. GEORG. I, 148.
Inseritur vero et fœtu nucis ARBUTUS HORRIDA.
GEORG. II, 69.
.... *Dant* ARBUTA *sylvæ.*
GEORG. II, 520.
.... *Jubeo* FRONDENTIA *capris*
ARBUTA *sufficere.* GEORG. III, 301.
.... *Pascuntur et* ARBUTA *passim*
Et glaucas salices. GEORG. IV, 181.

Κόμαρος des Grecs, Μεμαίκυλον de Théophraste, *lib.* III, *c.* 16.
Unedo de Pline.
Arbutus Unedo (Linn. *gen.* 750).
Arbousier, Fraisier en arbre.

Ainsi qu'on peut le voir par les passages cités, l'arbousier ou arboisier se dit tantôt *arbutus* et tantôt *arbutum.* Il en est de même du fruit; Virgile, à la vérité, le met toujours au neutre, mais Horace le fait masculin :

Impune tutum per nemus arbutos
Quærunt latentes, et thyma...

Bien qu'il ne reste aucun doute sur l'identité de la plante ancienne avec la moderne, il est difficile d'interpréter d'une manière satisfaisante l'épithète d'*horrida* que lui donne Virgile (1). Ce mot, qui signifie hérissé, difforme, rude, ne paraît guère pouvoir s'appliquer à l'*Arbutus;* cependant on a tenté de l'expliquer, tantôt par le manque de feuilles, qui lui donne un aspect difforme (2), tantôt par l'inégalité des branches (3), ou la rudesse de l'écorce (4). Quant à nous, s'il nous est permis d'ajouter notre opinion à tant d'opinions diverses, nous pensons que la signification de ce mot a dans Virgile la même extension que dans Pline, et signifie âpre, rude au goût, astringent. En effet, les feuilles, l'écorce et les fruits, même après la parfaite maturation, ont une forte astringence, à laquelle l'*Arbutus* doit ses propriétés médicinales.

ARUNDO. *Fluvialis. — Glauca. — Umbrifera.*

Agrestem TENUI *meditabor* ARUNDINE *musam.*
ECL. VI, 8.

Hic viridis TENERA *prætexit* ARUNDINE *ripas*
Mincius. ECL. VII, 12.

.... *Et ripis* FLUVIALIS ARUNDO
Cæditur. GEORG. II, 414.

.... *Errat*
Mincius, et tenera prætexit ARUNDINE *ripas.*
GEORG. III, 15.

.... *Et* DEFORMIS ARUNDO
Cocyti. GEORG. IV, 478.

.... *Velatus* ARUNDINE GLAUCA.
ÆN. X, 205.

COMPACTA *solidum modulatur* ARUNDINE *carmen.*
CULEX, 99.

Et trichila UMBRIFERIS *frigida* ARUNDINIBUS.
COP. 8.

Κάλαμος et Δόναξ des Grecs.
Arundo Donax (Linn. *gen.* 124).
——— *Phragmites* (*Id.*).
Le Roseau.

Discoride (5) énumère cinq espèces de roseau; le *nastos* dont

(1) Géorg. II, 69. (2) Le P. La Rue. (3) Servius. (4) Martyn.
(5) Diosc. *lib. I, cap.* 97.

on fait des flèches, le *syringia* dont on fait des flûtes pastorales, le *cypria* ou le *Donax*, le *phragmites*, et le roseau femelle. Pline (1) et Théophraste (2) en ont un bien plus grand nombre. Mais il est probable que toutes ces variétés se réduisent aux deux espèces linnéennes, les seuls grands roseaux de nos climats. Virgile les a confondus sous le nom générique d'*arundo*.

Un vers du *Copa* nous révèle l'existence d'un ancien usage, ignoré de nos jours : celui d'avoir des berceaux ou tonnelles, formées par le feuillage des grands roseaux. Il est assez difficile de comprendre comment cela se pratiquait; mais on voit que les Anciens, bien plus voluptueux que nous en toutes choses, voulaient ainsi réunir la fraîcheur des eaux à la fraîcheur de l'ombre.

AVENA. *Tenuis.* — *Sterilis.* — *Vana.*

Sylvestrem TENUI *musam meditaris* AVENA.
Ecl. I, 2.
Infelix lolium et STERILES *dominantur* AVENÆ.
Ecl. V, 37; Georg. I, 154.
Urit enim lini campum seges, urit AVENÆ.
Georg. I, 77.
.... *Sed illos*
Exspectata seges VANIS *elusit* AVENIS.
Georg. I, 226.

Βρόμος, etc., des Grecs.
Diverses graminées.

Le troisième des passages cités, c'est-à-dire le vers 77 du premier chant des Géorgiques, est le seul où Virgile ait voulu préciser une plante particulière. On peut croire que c'est l'*Avena sativa* (L.), qui n'épuise pas moins la terre que ne fait le blé.

Dans le second passage (Écl. V, v. 37), Sprengel croit reconnaître l'*Avena sterilis* de Linné. Ce savant, dont nous combattons souvent l'opinion, sans méconnaître son érudition immense, a décidé la chose d'une manière trop positive. Il est

(1) Plin. *lib. XVI, cap.* 37. (2) Théoph. *lib. IV, cap.* 12.

clair que Virgile entendait parler des *Bromus*, des *Festuca*, des *Poa*, et de toutes les espèces du genre *Avena* qui ne servent point à la nourriture de l'homme.

Enfin, dans le premier et le quatrième exemples, la signification d'*avena* est plus vague encore. Ce mot embrasse toutes les graminées, et ne peut plus se traduire que par paille, tuyau de paille. Il s'agit, en effet, dans le vers 2 de la première églogue, des tuyaux dont on faisait des flûtes; et dans le vers 226 (Géorg. I), des chaumes développés aux dépens des épis.

Les flûtes syringiennes étaient formées ou de tiges creuses d'ombellifères, *cicutæ*, ou de chaumes de graminées, dont les plus petits se nommaient *avenæ*, et les plus grands *arundines*. Ces deux dernières sortes de chalumeaux étaient, au reste, plus voisines qu'on ne le croirait. Virgile en parle dans les mêmes termes. Dans la première églogue :

Sylvestrem TENUI *musam meditaris* AVENA,

Et dans la VIe :

Agrestem TENUI *meditabor* ARUNDINE *musam*.

B.

BACCARIS fém. et BACCAR neut. (1).

Errantes hederas passim cum BACCARE *tellus.*
ECL. IV, 19.

.... BACCARE *frontem*
Cingite, ne vati noceat mala lingua futuro.
ECL. VII, 27.

Βάκκαρις ou Βάκχαρις des Grecs.

(1) Les passages de Virgile ne permettent pas de reconnaître lequel de ces deux mots il a voulu employer. Tous les deux sont latins; cependant, comme Théophraste et Pline ont une *baccaris* que nous croyons être la même plante que celle de Virgile, il est raisonnable de préférer la première manière de l'écrire.

Digitalis purpurea, folio aspero (Bauh. *Pin.* 243, *n°* 1).
Digitalis purpurea (Linn. *gen.* 101).
En italien, *Digitella.*
La Digitale pourprée, les Gants de Notre-Dame.

Le *baccar* est nommé dans Virgile sans épithète, et Sprengel pense qu'il faut y reconnaître le nard celtique, *Valeriana celtica* (L.). Si l'on admet, ce qui est probable, que la *baccaris* des anciens botanistes est celle du poëte latin, il nous sera facile de démontrer qu'il ne peut être question que de la Digitale pourprée, plante fort commune, et dont la beauté a dû attirer de bonne heure les regards de ceux qui étudient, ou chantent la nature.

Les premiers commentateurs de Théophraste et de Dioscoride ont confondu l'*Azarum* et la *baccaris*, et ont ainsi introduit dans la langue italienne le mot *baccara*, qui est un des noms de l'*Azarum*, nommé aussi par eux *azaro*. Cette erreur est grossière; il nous suffira, pour la faire reconnaître, de comparer la description de la *baccaris* de Dioscoride avec celle de la Digitale des botanistes modernes.

BACCARIS.	DIGITALIS.
Tige anguleuse, haute d'une coudée; feuilles rudes de grandeur moyenne entre celles de la violette de mars et du *verbascum;* fleur rouge tirant sur le blanc; racines comme celles de l'ellébore noir.	Tige anguleuse, haute de deux à trois pieds, feuilles grandes, dentées, presque cotoneuses, fleurs rouges ponctuées de blanc, racines fibreuses; etc., etc.
La *baccaris* se plaît sur les lieux élevés et humides. Ses propriétés médicinales sont énergiques. Diosc., liv. III, ch. 43.	La Digitale se plaît sur les collines et dans les bois couverts un peu humides. Propriétés médicinales énergiques.

BALSAMUM.

Quid tibi odorato referam SUDANTIA *ligno*
BALSAMA? GEORG. II, 119.

بلسان, ou plutôt بشام des Arabes (1).
Βάλσαμον des Grecs.
Résine de l'*Amyris Opobalsamum* (Linn. *gen.* 650).
Le Baume de la Mecque, ou de Judée.

Le baume le plus célèbre chez les Romains fut celui que nous connoissons sous les noms de baume de Judée, de la Mecque, d'Égypte, de Syrie. Il y en a plusieurs sortes aujourd'hui dans le commerce; mais les Anciens n'employaient guère dans leurs parfums que celui qui découle, de lui-même ou par incision, de l'*Amyris Opobalsamum*: espéce que les pharmaciens prisent encore le plus, mais dont il n'arrive presque point en Europe; car il se consomme en Asie; et celui qu'on nous vend est un baume inférieur, qui s'obtient par décoction (2).

En désignant ici l'*Amyris Opobalsamum*, nous avouons que là tradition nominale conservée dans le Levant aurait pu nous conduire à une autre solution. Il paraît, en effet, certain que les Arabes appellent *bachâm* l'espèce d'*Amyris* dont nous venons de parler (3), tandis qu'il faut reconnaître l'*Amyris gileadensis* dans la description qu'Avicenne et Abdou'l-Latif donnent de leur *balsân* ou *balaçân*. Aussi Sprengel croit-il que les Anciens connaissaient le baume de Giléad.

Quoi qu'il en soit, le pluriel, employé par Virgile, semble désigner plusieurs sortes de résines odorantes, et permet d'admettre simultanément les deux opinions.

(1) Nous plaçons la synonymie arabe, tantôt avant, tantôt après la synonymie grecque, selon que les noms de plantes ont passé de l'une de ces langues dans l'autre. Ici nous déclarons franchement ignorer si le premier mot, *balsân*, est plus ou moins ancien que *βάλσαμον*. Mais quant au second, *bachâm*, son origine sémitique n'est pas douteuse, ni par conséquent son antériorité. C'est, en effet, le mot hébreu בשם, qui se trouve dans le Pentateuque (*Exod.* XXX, 23).

(2) Consultez Dioscorid. *lib. III*, *cap.* 18; Pline, *lib. XII*, *cap.* 25; Justin, *lib. XXXVI*; Théoph. *lib. IX*, *cap.* 6; Gal., *lib. I de Antidotis*, etc., etc.

(3) C'est Sprengel qui l'assure (*Hist. rei herb. I*, p. 257). Il écrit بشم, *bacham*, sans élif; mais nous suivons l'orthographe de Golius.

BETA.

> *Hic olus, hic* LATE FUNDENTES BRACHIA BETÆ,
> *Fœcundusque rumex.* MOR. 72.

Τεῦτλον ou Σεῦτλον des Grecs.
Beta hortensis (Mill. Dict. 2).
Beta vulgaris (Décand. *sp.* 2241. Var. ἀ *alba*).
Beta Cicla (Linn. *gen.* 436).
La Bette blanche.

M. de Candolle réunit, comme variétés, toutes les espèces du genre *Beta* établies par les auteurs qui l'ont précédé; ce qui nous paraît fort sage; car ce n'est point par les organes essentiels, mais par la forme seule des racines, qu'elles diffèrent entre elles. Nous croyons devoir rapporter la plante de Virgile au *Beta Cicla* de Linné, qui abonde en Italie, et qui, d'ailleurs, a moins de roideur dans son port que les autres variétés; de sorte qu'on peut très bien dire de cette plante : *latè fundens brachia.* M. de Théis (1) prétend que son nom de *cicla*, qu'on trouve pour la première fois dans Catulle, est altéré de *sicula*, parcequ'elle croît spontanément en Sicile. Nous ne sommes point de son avis; et le changement de la lettre *S* en *C* n'a rien ici de naturel. S'il faut que le mot *cicla* ait été défiguré par les copistes, il est plus sage de supposer qu'on l'écrivait *cycla*, par un *y*. Alors l'étymologie, tirée de κύκλος, *cercle*, pourrait s'expliquer, soit par la forme circulaire de la racine, soit par les couches concentriques qu'elle offre, lorsqu'on la coupe transversalement.

BOCCHUS.

> .... *Ederæque nitor, pallente corymbo,*
> ET BOCCHUS, LIBYÆ REGIS MEMOR. CULEX, 405.

. . . . ?

Les recherches que nous avons faites, pour découvrir le nom de la plante dont il est ici question, ont été infructueuses. Quel-

(1) Glossaire botanique, page 59.

ques savants ont supposé que ce passage du Culex a été mal rétabli, et qu'il faut lire *Bacchus* D'autres commentateurs, renchérissant sur cette opinion, et regardant le texte comme entièrement altéré, pensent qu'il faut interpréter ainsi cet endroit : « le lierre éclatant, qui rappelle la mémoire de Bacchus, roi de Libye. » Mais bien qu'il soit vrai que le lierre ait été de tout temps consacré à Bacchus; bien qu'il soit prouvé aussi que ce dieu, qui n'est autre que le Soleil, commence la chronologie de presque tous les anciens peuples (qui avaient la faiblesse de vouloir ennoblir leur origine, en donnant à leurs premiers rois le nom de leurs divinités), cette interprétation nous paraît forcée.

Hésychius parle d'une espèce de plante appelée βώχ. Tout porte à croire qu'elle ne différait point de celle dont nous nous occupons ici, car on n'en trouve aucune mention ailleurs, et cette circonstance doit confirmer l'orthographe de *bocchus*, comme la seule véritable.

BUMASTUS. *Tumidus.*

Non ego te..............................
Transierim, ... TUMIDIS, BUMASTE, RACEMIS.
G. II, 102.

Βούμαστος des Grecs.

Variété du fruit du *Vitis vinifera* (L.).

C'étoit une sorte de raisin que l'extrême grosseur de ses grappes, pour ainsi dire gonflées, *tumidis racemis*, avoit fait comparer au pis d'une vache (βοῦς, μαστὸς); et l'étymologie est si bien cela, qu'on la retrouve latinisée dans Varron; car il a une espèce de raisin nommée *bumamma*.

Voyez VITIS.

BUPHTALMUS. *Virens.*

.... *Hic amarantus,*
BUPHTALMUSQUE VIRENS. CULEX, 405.

Βούφθαλμον des Grecs.

Anthemis tinctoria (Linn. *gen.* 1312).

La Camomille des teinturiers.

Bauhin et Tournefort prennent pour le *buphtalmus* de Dioscoride et de Pline, l'*Anthemis tinctoria*, plante que Mathiole (1) dit être fort commune en Italie, notamment près de Padoue.

Le *buphtalmus* de Virgile est le même que celui des auteurs que nous venons de citer. Le poëte lui donne l'épithéte de *virens*, qui ne signifie que verdoyant, et qui est susceptible de s'appliquer à toutes les plantes.

BUXUM et BUXUS (2). *Cytoricum.* — *Rasile torno.*

Et juvat UNDANTEM BUXO *spectare* CYTORUM.
GEORG. II, 437.

Nec tiliæ leves aut TORNO RASILE BUXUM
Non formam adcipiunt, ferroque cavantur acuto.
GEORG. II, 449.

.... *Stupet inscia juxta*
Impubesque manus, mirata VOLUBILE BUXUM.
ÆN. VII, 382.

Tympana vos BUXUSQUE *vocant* BERECYNTHIA *matris*
Idææ. ÆN. IX, 619.

Ictave BARBARICO *Cybeles antistita* BUXO.
CIR. 166.

Πύξος des Grecs.
Buxus semper-virens (Linn. *gen.* 1420).
Le Buis.

Le buis se plaît sur les montagnes; on le trouve dans toute l'Europe. Il paraît qu'il abondait sur les monts Cytores, situés en Paphlagonie. Le bois de cet arbuste, très propre aux ouvrages de tour, était, dès les plus anciens temps, employé à cet usage. C'est de son nom que dérivent en grec πυξὶς, *boîte*, πυξίδιον, *palette de peintre*, etc.

Le mot *buxus*, dans les deux derniers passages cités, signifie flûte: *buxus berecynthia*, la flûte phrygienne; *buxus barbaricus*, la flûte des Barbares (3).

(1) *Math. apud Diosc. lib. III, p.* 351.

(2) Dans le second et le troisième passages le mot est neutre: dans le quatrième, il est masculin; et dans les autres, il y a doute.

(3) Voyez le tome IV de cette édition, page 65, et tome V, page 115.

C.

CALTHA. *Luteola.*

Mollia LUTEOLA *pingit vaccinia* CALTHA.
ECL. II, 50.
.... ALTERNA *conjungens lilia* CALTHA.
CIR. 97.

En grec, Κάλθα (1).
Caltha officinalis? (Mœnch., meth. 585).
Calendula officinalis? (Linn. *gen.* 1339).
Le Souci?

Sprengel (2) adopte, pour la *caltha* de Virgile, une opinion assez répandue, mais qui nous paraît peu certaine. Il croit, avec le P. Hardouin et quelques autres savants, que cette plante est le *Calendula officinalis* des modernes. Voyons les bases sur lesquelles s'appuie cette décision.

Trois auteurs seulement parlent de la *caltha*. Virgile, qui la désigne comme une fleur jaune, *luteola;* Dioscoride (3) qui donne son nom comme l'un des synonymes du *chrysanthemum* (voyez ce mot); et Pline (4) qui en parle avec quelque détail. Voici les expressions de ce dernier: « *Proxima ei (ianthinæ violæ)* CALTHA *est, concolori amplitudine; vincit numero foliorum marinam, quinque non excedentem; eadem odore superatur: est enim gravis caltha.* Qu'on ajoute à ce peu de données celles qu'on tire de l'étymologie (supposé que *caltha* dérive réellement de κάλαθος, corbeille, vu la forme de sa corolle), et l'on aura devant les yeux tout ce qui servirait à résoudre la question, s'il était possible d'y parvenir; mais on l'essaierait

(1) *Nov. Apparat. græco-lat.* 1754, p. 96. (2) *Hist. rei herb. lib. II, cap.* 3.
(3) Dioscoride, *lib. IV, cap.* 53. (4) Pline, *Hist. nat. lib. XXVI, cap.* 6.

en vain. Ce que nous venons de dire nous prouve seulement, 1° que la *caltha* des Anciens est une plante qui porte une belle fleur jaune; 2° que sa corolle imite une corbeille; 3° que son odeur est forte, *gravis;* 4° et enfin qu'elle a quelque ressemblance avec les chrysanthêmes. On peut arguer de là qu'il s'agit d'une composée de la tribu des radiées; car cette famille de plantes abonde en fleurs jaunes à odeur vive. Mais là s'arrête la certitude, et toute détermination plus précise est arbitraire.

Quant à la plante nommée *Caltha* par les Modernes, c'est une ranunculacée, qui n'a aucun rapport avec la *caltha* des Anciens.

CARDUUS. *Segnis.*

Carduus, *et spinis surgit paliurus acutis.*

Ecl. V, 39.

. . . . Segnisque *horreret in arvis*
Carduus. Georg. I, 151.

Σκόλυμος des Grecs.
Centaurea solstitialis? (Linn. *gen.* 1331).
La Centaurée du solstice?

Carduus a, dans ce passage, la même signification que chardon en français; il n'est guère présumable que le poëte ait entendu rien préciser. Si pourtant on voulait le croire, le moyen d'arriver à des conjectures raisonnables serait de chercher à savoir quel chardon se trouve le plus communément dans les champs cultivés du midi de l'Europe. Or Rai nous apprend que le *Centaurea solstitialis* y abonde: « *Monspelii in satis nihil abundantius; nec minus frequens in Italia, unde incremento segetum aliquando officit, et messorum manus pedesque vulnerat.* » Martyn penche vers cette opinion; nous croyons devoir l'émettre, mais avec plus de doute.

A peine est-il besoin que nous nous arrêtions à refuter une erreur inconcevable de ce savant, qui prétend, dans ce passage, expliquer le verbe *horrere* par *to appear terrible or horrid.* Non seulement le mot *horrere* n'a jamais le sens de faire horreur, mais il ne signifie même avoir horreur que par une figure.

et parceque le frisson fait dresser les cheveux. Sa première et véritable valeur est, de l'aveu général, être hérissé. Il ne faut pas lui en chercher une autre dans le vers qui nous occupe.

Quant à l'épithète de *segnis*, qu'on traduit ordinairement par stérile, et qui veut dire littéralement paresseux, Virgile ne l'aurait-il pas prise dans le sens de tardif? C'est un doute que nous proposons. Au moins est-il certain que les centaurées, les chausse-trappes, les chardons, infectent principalement les champs dans l'arrière-saison.

CARECTUM.

.... *Tu post* CARECTA *latebas.*
ECL. III, 20.

En grec (vaguement parlant), δονακεῖον.
Lieu planté de *Carex*. Voyez ce mot.

Bien que ce soit là proprement la signification de *carectum*, les Latins entendaient aussi par ce mot les petits massifs qui se trouvent dans les pâturages humides, et qui sont formés par des cyperacées, des Iris, des roseaux, et autres plantes de la même nature.

Au reste, Vitruve emploie le mot *carectum* comme synonyme pur et simple de *carex;* et rien n'empêche, à la rigueur, de lui donner le même sens dans Virgile.

CAREX. *Acuta.*

.... *Et* CARICE *pastus* ACUTA.
GEORG. III, 231.

Ξίφιον des Grecs? Θρύον d'Homère? (*Iliad.* Φ, 351).
Caricis spec. des auteurs.

Martyn croit qu'il est question, dans le passage cité, du *Carex acuta* des modernes, et Sprengel se range à cet avis. Il nous semble que l'épithète *acuta* ne doit pas être prise dans un sens aussi absolu. C'est un poëte qui parle, et non un botaniste. On sait que presque tous les *Carex* ont leurs tiges à angles aigus, souvent même tranchantes, principalement les espèces *riparia*, *maxima*, *paludosa*, *acuta* et *pseudo-cyperus*. Nous croyons donc qu'il s'agit, dans Virgile, sinon du genre entier, au moins de toutes les espèces qui habitent les marécages et les rives des fleuves.

CASIA.

Nec CASIA *liquidi corrumpitur usus olivi.*
GEORG. II, 466.

Κασία des Grecs.
Casia de Pline (*lib.* XVI, *cap.* 32).
Laurus Cassia? (Linn. *gen.* 700).

Virgile parle ici d'un aromate de luxe, inaccessible aux facultés pécuniaires d'un simple cultivateur. Il s'agit de la κασία des Grecs, substance que Théophraste fait venir d'Arabie, et qu'il semble comparer à la canelle. De quel arbrisseau était-ce l'écorce? Probablement du *Laurus Cassia* (L.), *cassia lignea* des officines.

CASIA. *Herbacea. — Humilis. — Viridis. — Suavis.*

Tum CASIA, *atque* ALIIS *intexens* SUAVIBUS HERBIS.
ECL. II, 49.
Vix HUMILES *apibus* CASIAS *roremque ministrat.*
GEORG. II, 213.
Hæc circum CASIÆ VIRIDES, *et olentia late*
Serpylla. GEORG. IV, 30.
.... *Pascuntur* (*apes*)............
Et glaucas salices, CASIAMQUE. GEORG. IV, 184.
Subjiciunt fragmenta, thymum CASIASQUE RECENTES.
GEORG. IV, 304.
Narcissum CASIAMQUE, HERBAS *incendit* OLENTES.
CIR. 370.

Κνέωρον ou Θυμελαία des Grecs.
Coccum gnidium de Pline (*lib.* XXVII, *cap.* 9).
Daphne Gnidium (Linn. *gen.* 664).
Le Garou poivre-de-montagne.

En lisant avec attention ces différents passages, on voit bien que Virgile n'a pu donner au mot *casia* le même sens que dans l'article précédent.

Il s'agit ici d'une plante peu élevée, herbacée, très commune en Italie; odorante, il est vrai, mais nullement recherchée comme aromate. Le peuple l'avait appelée *casia*, par allusion à la κασία véritable, comme, de nos jours encore, les jardiniers appellent baume une simple menthe cultivée.

Quelle sera cette plante?

Dans le vague des conjectures, les uns avaient désigné la lavande, d'autres le romarin, d'autres un genêt appelé par Bauhin *Spartium triphyllum*. Tournefort (1) crut l'avoir découverte dans l'*Osyris alba*, qu'il nomma, d'après ce système, *Casia poetica*. Mais Pline décrit une *osyris* (2), qui est celle des botanistes modernes; il parle de la *casia* dans un autre passage.

Martyn sera notre guide. Il a observé que Pline regarde comme identique le *cneorum* et la *casia*. Reste à chercher le *cneorum*. Or, Pline dit encore (3) que l'on appelle *cneorum* la thymélée qui porte les *grana gnidia*. Dioscoride, en traitant de la thymélée, n'est pas moins positif. Cette plante, dit-il, porte les grains gnidiens, et sa feuille se nomme *cneoron*.

La seconde espèce de *casia* est donc le *Thymelæa foliis lini* de C. Bauhin, *Daphne Gnidium* de Linné, seule plante qui réunisse tous les caractères voulus; car c'est au hasard, et seulement pour utiliser, selon son usage, un mot déja connu, que Linné a fait de *Cneorum* un des noms spécifiques du genre *Daphne*.

Le nom grec θυμελαία, olivier-thym, exprime fidèlement l'odeur de la plante et la forme de ses feuilles.

CASTANEA. *Alta*.

> . . . . *Ut* ALTÆ
> CASTANEÆ, *nemorumque Jovi quæ maxima frondet*
> *Æsculus.* GEORG. II, 15.
> CASTANEÆ *fagus, ornusque incanuit albo*
> *Flore pyri.* GEORG. II, 71.

Καστανάϊκὴ καρύα des Grecs.

Castanea vulgaris (Décand. Fl. Fr. 2114).

(1) *Instit. rei herb. Append.* p. 664. (2) *Plin. lib. XXVII, cap.* 12.
(3) Pline, *lib. XIII*, *cap.* 20.

Fagus Castanea (Linn. *gen.* 1448).
Le Châtaignier.

Cet arbre, dont le nom grec signifie noyer de Castane, avait été rapporté de Castana, ville du Pont; et l'on avait comparé son fruit à la noix, avec laquelle il n'a guère de ressemblance, si ce n'est quand l'un et l'autre sont encore revêtus de leur brou.

Alta est une qualification très juste pour l'un des plus beaux arbres de nos forêts.

CASTANEA NUX. — CASTANEA. *Mollis.* — *Hirsuta.*

.... *Sunt nobis mitia poma,*
CASTANEÆ MOLLES, *et pressi copia lactis.*
ECL. I, 82.
Ipse ego cana legam tenera lanugine mala,
CASTANEASQUE NUCES. ECL. II, 52.
Stant et juniperi, et CASTANEÆ HIRSUTÆ.
ECL. VII, 53.

Καστανaΐκὸν κάρυον, Κάστανον des Grecs.
Fruits du *Fagus Castanea.*
La Châtaigne.

L'interpréte de Nicandre distingue quatre espéces de κάστανον, dont l'une est la châtaigne molle, τὸ μαλακόν. Servius, rejetant cette explication, en donne une bien moins naturelle encore, en supposant qu'il s'agit ici de châtaignes mûres; comme si la maturité de ce fruit ne lui laissait pas sa dureté. Il est plus simple de penser, et l'esprit général du passage l'indique, que par *molles* Virgile désigne des châtaignes cuites. *Hirsutæ* les dépeint dans leur enveloppe verte, effectivement hérissée.

Quand le mot *nux* est sous-entendu, on ne peut plus distinguer, que par la suite de la phrase, s'il s'agit du fruit ou de l'arbre.

Voyez CASTANEA.

CEDRUS. *Odorata.* — *Olens.*

. . . . *Dant utile lignum,*
Navigiis pinos, domibus CEDRUMQUE *cupressosque.*
GEORG. II, 443.
Disce et ODORATAM *stabulis adcendere* CEDRUM.
GEORG. III, 414.
Urit ODORATAM *nocturna in lumina* CEDRUM.
ÆN. VII, 13.
Quin etiam veterum effigies ex ordine avorum
Antiqua e CEDRO. ÆN. VII, 177.
. . . . *Et* OLENTEM *scindere* CEDRUM.
ÆN. XI, 137.

Κέδρος des Grecs.
Pinus Cedrus (Linn. *gen.* 1456).
Le Cèdre du Liban.

Le cèdre de Virgile est le fameux ארן des Écritures. Son bois est résineux, et développe en brûlant une odeur agréable; c'est cette propriété, qu'il partage avec beaucoup d'autres bois, qui seule a déterminé les auteurs du dictionnaire de Trévoux à faire venir son nom de κνώδης, *odorant,* qui dériverait, dit-on, de καίω, *je brûle* (1). Est-il possible qu'on s'arrête à des ressemblances aussi illusoires, et surtout qu'on ne veuille jamais chercher les étymologies d'un nom dans la langue de ceux qui, les premiers, ont connu la chose? En se rappelant toutes les idées de grandeur et de majesté attachées par les Orientaux au cèdre du Liban, toutes les comparaisons qu'ils en ont faites anx monarques et aux grands de la terre, peut-on ne pas reconnaître dans son nom la racine sémitique قدر, et notamment le nom d'action arabe KÈDR*oun*, KÈDR, puissance (2)?

Les Anciens regardaient le bois de cèdre comme incorruptible, et non sans quelque raison; car la résine qu'il contient retarde l'action destructive de l'air, et empêche les vers de l'attaquer. Cette incorruptibilité permettait d'en faire des statues qui ornaient les palais : *Quin etiam veterum,* etc.

Mais son principal usage était comme bois de charpente, soit dans les maisons, soit dans les temples. Voilà pourquoi

(1) Gloss. bot. de M. de Théis, p. 366. (2) Golius, *Lexic. Arab.* col. 1861.

Virgile, en parlant des forêts du Caucase, dit qu'elles fournissent des pins pour la construction des vaisseaux, *lignum utile navigiis*, et des cèdres pour celle des maisons, *domibus*. Il est aisé, d'après cela, de voir combien se sont trompés certains commentateurs, suivant lesquels notre poëte n'aurait voulu parler que l'oxycèdre, espèce de genèvrier.

CENTAUREUM. *Graveolens.*

> *Cecropiumque thymum et* GRAVEOLENTIA CENTAUREA.
>
> GEORG. IV, 270.

Κενταύριον μέγα des Grecs.
Centaurea Centaurium (Linn. *gen.* 1331).
L'herbe des Centaures, la grande Centaurée, le Rhapontic.

Clusius dit que le suc de la racine de la grande centaurée est odorant. Cette plante, bien décrite par Dioscoride, est commune dans toute l'Europe.

CEPA. *Rubens.*

> CEPA RUBENS, *sectique famem domat area porri.*
>
> MOR. 84.

Κρόμμυον des Grecs.
Cepa vulgaris (Bauh. *Pin.* 71, 1.).
Cepa bulbo rotundo purpurascente (Lob. *Ic. tab.* 150, *f.* 1).
Allium Cepa, var. α (Décand. Fl. Fr. 1967).
L'Ognon rouge.

La forme arrondie de cette bulbe, semblable à une tête, lui a fait donner un nom dont le radical se retrouve à peu près dans toutes les langues, avec la même signification : *cep* en celtique, *kœpf* en teuton, ΚΕΦ-αλή en grec, CAP-*ut* en latin, etc.

L'épithète de *rubens*, qui se trouve dans le vers cité, permet de préciser la variété que nous indiquons. En effet, sa bulbe, recouverte de tuniques rouges, lui a valu le surnom de *purpurascens*.

CERASUS.

> *Principio arboribus varia est natura creandis.*
>
> . . . .

Pullulat ab radice aliis densissima sylva,
Ut CERASIS, *ulmisque.* GEORG. II, 18.

Κέρασος des Grecs.
Cerasus vulgaris (Mill. Dict. nº 1).
Prunus Cerasus (Linn. *gen.* 679, var. α, β, γ).
Le Cerisier.

Le cerisier a été apporté en Italie par Lucullus, environ 64 ans avant J.-C. Son nom lui a été donné parcequ'il est originaire de Cérasonte, en Asie mineure. Le sol de l'Europe lui a si bien convenu, qu'on l'y trouve naturalisé sous presque toutes les latitudes. Son nom de *cerasus* a été adopté par les Italiens, les Espagnols, les Anglais, les Allemands, etc., sauf les différences de terminaison.

Tout le monde a pu observer que le pied des cerisiers est couvert de nombreux rejetons : *Pullulat ab radice densissima sylva.*

CERINTHA. *Ignobilis.*

.... *Huc tu jussos adsperge sapores,*
Trita melisphylla, et CERINTHÆ IGNOBILE GRAMEN.
GEORG. IV, 63.

Κήρινθον des Grecs.
Cerinthe major? (Linn. *gen.* 195).
Le grand Mélinet.

On paraît s'accorder à croire, d'après la tradition nominale, que la *cerintha* de Virgile est identique avec la *cerinthe* de Pline, le *Cerinthe major* des Modernes. Il y a pourtant lieu de s'étonner que notre poëte ait donné à l'une des plus grandes borraginées d'Europe, le nom de *gramen ignobile*, qui ne devrait guère s'appliquer qu'à une petite plante. Aussi Noël (1) donne-t-il pour *cerintha* le mot pâquerette.

Le *Cerinthe* se trouve en Italie et dans le midi de la France.

CHRYSANTHUS.

Nommé sans épithète, parmi les fleurs agréables.
CULEX, 404.

(1) Diction. lat.-fr. p. 164.

Χρυσάνθεμον des Grecs.
Chrysanthemum coronarium (Linn. *gen.* 1254).
Le Chrysanthême des couronnes.

Ce mot est de formation grecque, et signifie fleur d'or. Le χρυσανθέμον de Dioscoride est le même que celui de Théophraste; il se nomme chez les Modernes *Chrysanthemum coronarium.* Nous pensons que c'est la plante de Virgile. Il serait possible néanmoins que les poëtes latins eussent étendu ce nom de *chrysanthus* à plusieurs fleurs à disque jaune, de la famille des composées, et de la tribu des radiées.

CICUTA. *Fragilis.*

Est mihi DISPARIBUS *septem compacta* CICUTIS
Fistula. ECL. II, 37.
Hac te nos FRAGILI *donabimus ante* CICUTA.
ECL. V, 85.

Κώνειον des Grecs; ou plutôt ici, Κάλαμος, Σύριγξ.
Les tiges de plusieurs sortes d'ombellifères.

Théophraste et Dioscoride sont d'accord pour la description qu'ils donnent de la ciguë, *Conium maculatum* des Modernes. Pline n'est pas aussi clair que ces deux auteurs; car peu après avoir parlé des propriétés vénéneuses de la ciguë, il dit qu'on était dans l'usage, à Rome, de manger les tiges de cette plante; ce qui ne peut s'entendre que des tiges de fenouil, d'ache, d'angélique, etc., etc., regardées encore aujourd'hui comme aliment.

Au reste, tous les genres de cette famille sont voisins; les signes caractéristiques en paraissent si peu saillants à des yeux mal exercés, que tous les jours le peuple les confond, et qu'il est même résulté de cette erreur de nombreux accidents. Nul motif donc de s'étonner que les Latins aient réuni beaucoup de plantes sous la dénomination de *cicuta;* et je ne vois pas où Sprengel a pu reconnaître que Virgile entendît spécialement parler du *Cicuta virosa* (L.). Il ne s'occupe dans les vers cités que de flûtes pastorales: or, on donnait le nom de *cicuta* aux tuyaux formés par les tiges creuses de toutes les ombellifères, comme celui de *culmi* ou *calami*, à ceux que fournissaient toutes les graminées.

COLOCASIUM.

Errantes hederas passim cum baccare, tellus,
Mixtaque ridenti COLOCASIA *fundet acantho.*
ECL. IV, 20.

Κολοκασίου γένος des Grecs.
Arum Colocasia (Linn. *gen.* 1387).

Il faut que le lecteur se transporte d'avance à l'article LOTUS, et consulte ce que nous y disons des espèces cotées VII et IX, c'est-à-dire du *Nymphæa Lotus* et de l'*Arum Colocasia*, plantes que les Anciens confondaient fréquemment sous le nom de *colocasium*.

Qu'on ne se flatte pas de décider avec exactitude celle que Virgile avait en vue.

D'une part, il semble naturel que, pour témoigner sa joie, à la naissance de l'enfant mystérieux, la Terre enfante ses plus belles productions. Un *Arum* qui ne fleurit presque jamais, peut-il être mis en balance avec les nymphéas et le luxe de leur floraison?

De l'autre côté, l'on peut dire que le texte n'annonce pas non plus un si grand éclat. Ce sont de petits présents, *munuscula*, que la Terre offre à son roi; ce sont les premiers, *prima*, et leur principal mérite est d'avoir été produits sans culture, *nullo cultu.* Elle fera davantage par la suite; jusqu'à présent il ne s'agit que de feuillage; le poëte parle de lierre, d'acanthe; le mot de fleurs n'est prononcé que dans les vers suivants, et comme circonstance qui ajoute à ce qu'il dit (1). Veut-on, parcequ'il est fait mention plus loin d'*amomum*, que ce soit

(1) Comme Virgile a mis ici le *baccar* avec le lierre et l'acanthe, les raisons du second système sont affaiblies; ou si elles sont bonnes, elles rendent douteuse notre opinion sur le *baccar* (Voyez ce mot). A moins que nous n'ayons bien caractérisé le *baccar* de Pline, mais que celui de Virgile ne soit quelque autre plante moins remarquable.

une plante odoriférante? point d'obstacle encore. L'*Arum Colocasia* a été nommé, par les Arabes, GINGEMBRE d'Égypte.

Entre ces deux opinions, également soutenables, nous adoptons, mais sans la garantir, celle que nous venons de développer la dernière : entraînés, en cela, par l'exemple de Sprengel et l'autorité d'Anguillara.

CORIANDRUM.

.... *Et exiguo* CORIANDRA *trementia filo.*
MOR. 90.

Κόριον des Grecs.
Coriandrum sativum (Linn. *gen.* 367).
La Coriandre.

Par ces mots, *exiguo trementia filo,* Virgile a voulu exprimer la délicatesse des tiges, qui sont presque filiformes.

CORNUM. *Lapidosum.*

.... (*Sæpe videmus*) *insita mala*
Ferre pyrum, et prunis LAPIDOSA *rubescere* CORNA.
GEORG. II, 34.
Victum infelicem, baccas, LAPIDOSAQUE CORNA,
Dant rami. ÆN. III, 649.

En grec, Κράνειον.
Fruit du *Cornus mas* (Linn.).
La Cornouille.

Virgile, en parlant de la greffe du cornouiller sur le prunier, indique naturellement que la cornouille ne passait pas pour un fruit méprisable. On peut, en effet, s'étonner du discrédit où est tombé chez nous ce joli fruit, qui joint à la forme élégante de l'olive l'agréable couleur de la cerise, et dont la saveur même n'est point ingrate si l'on attend une parfaite maturité. Ce qui l'a pu faire exclure du nombre des aliments, c'est, sans doute, son extrême astringence.

Lapidosum est une épithète relative à la dureté de son noyau

Voyez CORNUS.

CORNUS. *Bello bona.*

> *At myrtus validis hastilibus, et* BONA BELLO
> CORNUS. GEORG. II, 448.
> *Conjecto sternit jaculo : volat Itala* CORNUS
> *Aera per tenerum.* ÆN. IX, 698.

Κρανεία, Κρανία des Grecs.
Cornus mas (Linn. *gen.* 194).
Le Cornouiller mâle.

On croit, non sans quelque raison, que le nom de cet arbre lui vient de la dureté de son bois, comparable à celle de la corne.

Il faut pourtant observer que le mot latin *cornu* ne saurait être la racine de ce nom, puisque le cornouiller s'appelait déja en grec κρανεία. D'une autre part, κρανεία a bien aussi de l'analogie avec κέρας, corne; mais κέρας prend dans ses créments un T au lieu d'un N, ce qui forme une différence assez importante.

Tout est facile à concilier ici. La racine sémitique قرن (KaRN) a fait naître chez les Grecs les deux mots de κρανεία et de κέρας, le second plus éloigné que le premier de l'analogie primitive; et chez les Latins elle a produit *cornu* et *cornus*, mots aussi voisins qu'il est possible (1).

La dureté du bois de cornouiller, considéré presque comme une substance cornée, le rendait éminemment propre aux usages de la guerre, et sur-tout à former des manches de haches, de piques, de javelots, qu'il était fort difficile de briser.

CORYLUS. *Densa.* — *Dura.*

> *Hic inter* DENSAS CORYLOS. ECL. I, 14.
> *Hic* CORYLIS *mixtus inter consedimus ulmos.*
> ECL. V, 3.

(1) Cette racine CARN ou CORN, que nous représentons ici comme sémitique, pourrait, à plus juste titre, être appelée universelle. On la retrouve, en effet, dans toute la famille des langues du nord, mais sous la forme HORN (de même que COUBAN a formé en grec HYPAN ou HYPAN-*is*, que GART ou GART-*en* a fait en latin HORT-*us*, que GERMAN-*us* est devenu en espagnol HERMAN-*o*, etc.)

.... *Et* DURÆ CORYLI *nascuntur.* GEORG. II, 65.
Neve inter vites CORYLUM *sere.* GEORG. II, 299.

En grec, Καρύα λεπτή, Καρύα ἡρακλεωτικὴ ou ποντική.
Corylus Avellana (Linn. *gen.* 1450).
Le Coudrier, le Noisetier.

Densa ne signifie probablement que la proximité relative de plusieurs coudriers formant un bocage; c'est une circonstance, et non un adjectif caractéristique. Autrement, on peut, si l'on veut, l'entendre des rameaux et du feuillage de cet arbre, qui forme des massifs épais dans les bois.

Jamais, au reste, le coudrier n'eut chez les Anciens la même célébrité que chez nos aïeux. Il n'y a guère de conte de troubadour, ni de vieille chanson française, qui ne parle de la coudraie ou coudrette, *coryletum.* Le noisetier y fait, avec le romarin et la fougère, presque tous les frais du paysage.

CROCUS. *Rubens.* — *Odoratus.*

.... *Nonne vides,* CROCEOS *ut Tmolus* ODORES
Mittit. GEORG. I, 56.
Et glaucas salices, casiamque, CROCUMQUE RUBENTEM.
GEORG. IV, 182.
.... *Et hic Cilici* CROCUS *editus arvo.*
CULEX. 400.

Κρόκος et Κρόκον des Grecs.
Crocus sativus (Linn. *gen.* 75).
Le Safran.

On trouve le safran croissant spontanément à Saint-Jean-de-Maurienne, selon Allioni. On le cultive en France dans le Gâtinais, en Espagne dans la Manche et dans le royaume de Murcie. Originaire du Levant, d'où on le tirait autrefois, il est même encore connu dans le commerce sous le nom de safran oriental. Cette plante fut rapportée au temps des croisades, et propagée dans plusieurs parties de l'Europe où elle n'avait pas encore pénétré. Son nom n'est autre chose que le féminin صفراء *safrâ'*, de l'adjectif arabe اصفر, jaune.

CRUSTUMIUM.

.... *Nec surculus idem*
CRUSTUMIIS, *Syriisque piris.* GEORG. II, 88.

En grec, Ἀπίου γένος.
Variété des fruits du *Pyrus communis* (L.).
La Poire perle. Voyez PYRUM.

CUCUMIS. *Cæruleus.* — *Tortus.*

.... TORTUSQUE *per herbam*
Cresceret in ventrem CUCUMIS. GEORG. IV, 122.
Et pendens junco CÆRULEUS CUCUMIS.
COP. 22.

Σίκυος ou Σίκυς ἥμερος des Grecs.
Cucumis sativus (Linn. *gen.* 1479).
Le Concombre cultivé.

Les personnes qui se sont occupées de jardinage savent combien est variée la couleur du fruit des cucurbitacées; on connaît, par exemple, des concombres jaunes, verts, glauques. Il n'est donc pas impossible qu'il y en ait eu quelque variété bleuâtre. On sait, d'ailleurs, que les Anciens étaient loin d'être aussi bien fixés que nous sur les noms qui peignent les couleurs.

Nous adoptons, pour *cucumis*, l'étymologie proposée par M. de Théis, c'est-à-dire CUCC, chose creuse en celtique.

CUCURBITA. *Gravis.*

Et GRAVIS *in latum demissa* CUCURBITA *ventrem.*
MOR. 77.

Κολοκύνθη des Grecs.
Cucurbita maxima (Tourn. *Instit.* pag. 106, n° 2, t. 34).
Cucurbita Pepo (Linn. *gen.* 1478).
La Citrouille, le Potiron.

La grosseur et le poids de ce fruit lui méritaient bien le surnom de *gravis;* on a vu des citrouilles qui pesaient un quintal. Qui ne connaît, à ce propos, la jolie fable de La Fontaine?

Quant à l'étymologie de *cucurbita*, elle est fort simple. Ce mot vient du verbe *curvare*, avec le redoublement autrefois usité (1). Aussi le potiron a-t-il porté, en français, les noms de courve et de courge.

Peut-être aussi, formé des deux radicaux CUC et CURV, le mot *cuc-curbita* signifie-t-il chose creuse et courbe.

CUPRESSUS et CYPARISSUS. *Idæa.* — *Atra.* — *Conifera.* — *Feralis.* — *Læta.*

> *Et* TENERAM *ab radice ferens, Sylvane,* CUPRESSUM.
> GEORG. I, 20.
> *Præterea genus haud unum nec fortibus ulmis*
> .... *nec* IDÆIS CYPARISSIS.
> GEORG. II, 84.
> .... *Dant utile lignum*
> .... *domibus cedrumque* CUPRESSOSQUE.
> GEORG. II, 443.
> .... ANTIQUA CUPRESSUS,
> *Religione patrum multos servata per annos.*
> ÆN. II, 715.
> .... *Stant manibus aræ,*
> *Cæruleis mœstæ vittis,* ATRAQUE CUPRESSO.
> ÆN. III, 64.
> *Aeriæ quercus aut* CONIFERÆ CYPARISSI.
> ÆN. III, 680.
> .... *Et* FERALES *ante* CUPRESSOS
> *Constituunt.* ÆN. VI, 216.
> *Ilicis et nigræ species, et* LÆTA CUPRESSUS.
> CULEX, 138.

Κυπάρισσος des Grecs (Hom. *Odyss.* E, 64).
Cupressus sempervirens (Linn. *gen.* 1458).
Le Cyprès.

Cupressus est la forme latine, et *cyparissus* la forme grecque,

(1) Le redoublement, qui n'a plus lieu que dans un petit nombre de verbes latins (*curro, cucurri; fallo, fefelli,* etc.), a dû être primitivement bien plus fréquent, à l'exemple du grec et du samskrit.

du nom du cyprès. Peut-être ces mots viennent-ils de Κύπρος, Chypre; l'arbre dont nous parlons ayant été fort commun dans cette île.

Il se trouvait aussi sur l'Ida de Crète, ou de Troade, et peut-être sur tous deux. De là l'épithète *idæa.* On lui donne celle d'*atra*, à cause de la couleur sombre de son feuillage; celle de *conifera*, en raison de ses fruits, nommés par les Grecs κῶνοι, et par les Latins *coni.*

Celle de *feralis* n'a pas besoin de commentaire. On connaît assez le rôle que jouait le cyprès dans les funérailles. La religion s'était emparée de cet arbre, et l'avait consacré spécialement aux dieux infernaux. Virgile place cependant un vieux cyprès à côté d'un autel de Cérès (1); mais tout porte à croire qu'il s'agit de Cérès μέλαινα ou καθειρική, divinité très lugubre.

Nous ne parlons pas de l'adjectif *tenera* (qui doit se traduire par jeune), pas plus que d'*antiqua.* Ces épithètes sont purement circonstancielles, et n'ont rien de caractéristique.

Mais quant à la qualification de *læta*, donnée au cyprès dans le *Culex*, rien ne semble d'abord plus bizarre; aussi a-t-on beaucoup discuté sur ce sujet. Les uns prétendent qu'il faut lire *lethæa*, en remplaçant le monosyllabe ET par une virgule: correction assez ingénieuse. Les autres, s'appuyant de l'autorité d'Aristénète, essaient de prouver que le cyprès était au nombre des arbres heureux. Pour nous, nous croyons que *læta*, dans le vers cité, signifie uniquement vigoureux; et, en effet, il n'est pas d'arbre qui présente une plus belle végétation.

CYTISUS. *Florens.*

> .... *Non me pascente, capellæ,*
> FLORENTEM CYTISUM...... *carpetis.* ECL. I, 79.
> FLORENTEM CYTISUM *sequitur lasciva capella.*
> ECL. II, 64.
>
> *Sic* CYTISO *pastæ distentent ubera vaccæ.*
> ECL. IX, 31

(1) *Æn. II*, 715.

Nec CYTISO *saturantur apes, nec fronde capellæ.*
ECL. X, 30.
Tondentur CYTISI. GEORG. II, 431.
At cui lactis amor, CYTISUM..............
Ipse manu........ferat. GEORG. III, 394.

Κύτισος des Grecs.

Cytisus Marantæ? (Lob. *ic.* 2, *tab.* 46).
Medicago arborea? (Linn. *gen.* 1191).
La Luzerne en arbre?

Il faudrait, pour prononcer sur cette plante, des données plus fixes et plus étendues que celles que nous avons. Il est en général fort difficile de déterminer le nom moderne d'une plante mentionnée par un poëte; car à défaut de description, c'est souvent sur une épithète qu'on est forcé d'asseoir son jugement. Virgile nous apprend seulement que le cytise plaisait aux chèvres, qu'il leur donnait du lait, et que les abeilles en étaient friandes. Columelle, sans décrire la plante, parle de sa culture.

Martyn décide que le *cytisus* de Virgile est le *Cytisus Marantæ* des botanistes, et Sprengel et M. Amoreux y reconnaissent le *Medicago arborea* (L.), ce qui revient au même. Ne voyant pas de preuves négatives, nous adoptons l'opinion de ces savants, sans la donner pour certaine.

D.

DICTAMNUM ou DICTAMNUS. *Flore purpureo. — Foliis puberibus.*

DICTAMNUM *genetrix cretea carpit ab Ida,*
PUBERIBUS *caulem* FOLIIS *et* FLORE COMANTEM
PURPUREO : *non illa feris incognita capris.*
ÆN. XII, 412.

Δίκταμνος, Δίκταμνον, Δίκταμον des Grecs.

Dictamnum de Pline.
Origanum Dictamnus (Linn. *gen.* 981).

Le dictamne est l'une des plantes les plus célèbres de l'antiquité, et l'une des mieux décrites par Virgile : Hippocrate, Théophraste, Pline et ses successeurs, en célèbrent les vertus. Bien que cette labiée croisse ailleurs qu'en Crète, les Anciens n'estimaient que celle qu'on récoltait sur le mont Ida. Les Modernes ne l'emploient guère, l'expérience ayant prouvé combien ses propriétés avaient été exagérées.

On doit regretter que Linné ait disposé du nom de *Dictamnus*, pour un genre de plante (1) qui n'a aucun rapport avec la plante de Virgile. Sans cet abus, les botanistes eussent eu plus souvent l'occasion de se rappeler le dictamne, et les vers immortels où le poëte latin l'a décrit avec autant d'élégance que de précision.

DUMUS, DUMETUM.

Ter centum nivei tondent DUMETA *juvenci.*
GEORG. I, 15.
Horrentesque rubos et amantes ardua DUMOS.
GEORG. III, 315.
Jam sylvis DUMISQUE *vagæ, jam vallibus abdunt*
Corpora (capellæ). CULEX, 47 (2).

Βάτος, ou plutôt Ἀκανθεὼν des Grecs.
Broussailles.

Dumetum, lieu rempli de *dumus*. Mais ces deux expressions deviennent souvent synonymes. La cause en est que les *dumus* ne sont point une plante particulière. Ce mot, d'une signification très vague, s'entend d'un buisson ou d'un assemblage de buissons, le plus souvent épineux. Du reste, on peut l'appliquer à des *Rubus*, des *Cratægus*, des *Lycium*, etc., avec une égale vraisemblance.

(1) La fraxinelle.

(2) Le mot *dumus* est employé fréquemment dans les ouvrages du poëte latin; nous n'avons pas cru nécessaire de citer tous les passages où on le trouve. Il en est de même du mot *laurus* et de plusieurs autres.

E.

EBENUM ou EBENUS. *Nigrum.*

> .... *Sola India* NIGRUM
> *Fert* EBENUM. GEORG. II, 117.

הבן des Hébreux.
Ἔβενος ou Ἔβελος des Grecs.
ابنوس des Arabes.
Diospyros Ebenum? (Pers. *Synops. gen.* 2250).
——— *Ebenaster?*
——— *melanoxylon?*
L'Ébène.

L'Inde seule fournit l'ébène, dit le poëte. Les Anciens distinguaient pourtant un ébène d'Éthiopie; mais il existe un passage d'Hérodote qui confond évidemment cette espèce avec l'autre (1). Le nom d'Éthiopie avait une signification large et mal définie (2).

Malgré les voyages entrepris dans l'Inde par un grand nombre de botanistes éclairés, on n'a pu savoir que fort tard à quel arbre il fallait rapporter le bois d'ébène. Il paraît certain, maintenant, que c'est à un arbre du genre *Diospyros*.

Un ouvrage sur la matière médicale, récemment imprimé à Madras (3), dit que l'ébène est le bois de l'arbre nommé en tamoul *atcha maroum*, qui croît en abondance dans le Gangam-Circars, le Bérar, et même dans l'île de Ceylan, où les naturels l'appellent *naugagaha*. C'est, ajoute le savant anglais, le *Diospyros Ebenaster* de Kœnig.

(1) Hérod. *lib. III, cap.* 97.
(2) Éthiopie ne veut dire qu'un pays où les visages sont brûlés du soleil.
(3) *Materia medica, by Whitelaw Ainslie.* Madras, 1813.

Quant au nom que les Grecs et les Latins ont donné à cet arbre, et qu'il porte encore dans toutes les langues de l'Europe, il vient de l'homonyme hébreu *hâbân*, comme on a pu le voir. Au contraire, son nom arabe, *abnous*, n'a point le caractère primitif; ce n'est que la transcription littérale d'ἔβενος.

EBULUS. *Baccis sanguineis.*

> *Pan, deus Arcadiæ, venit, quem vidimus ipsi*
> SANGUINEIS EBULI BACCIS *minioque rubentem.*
>
> ECL. X, 27.

Χαμαιάκτη des Grecs.

Sambucus Ebulus (Linn. *gen.* 505).

L'Hièble ou Yèble.

Les bayes de l'hièble servent en teinture. Quand elles sont parfaitement mûres, elles donnent un suc dont la couleur ne peut mieux être comparée qu'à celle du sang.

EDERA. Voyez HEDERA.

ELLEBORUS. *Gravis.*

> *Scillamque,* ELLEBOROSQUE GRAVES, *nigrumque bitumen.*
>
> GEORG. III, 451.

Ἐλλέβορος des Grecs.

Helleborus niger (Linn. *gen.* 956).

L'Ellébore noir.

Dioscoride parle des propriétés de l'ellébore dans le même sens que Virgile, et les Modernes le font entrer encore dans la composition des pommades anti-psoriques.

L'adjectif *gravis* que quelques savants pensent devoir s'appliquer à l'odeur, doit, suivant nous, rappeler les effets malfaiteurs de l'ellébore dont l'action commence par l'ivresse et l'appesantissement de la tête.

On prétend qu'ἐλλέβορος vient d'ἕλω (αἱρέω) et de βορὰ, et qu'il signifie nourriture mortifère. Nous ne sommes pas assez certains du contraire pour nier l'étymologie.

ERUCA.

> *Et venerem revocans* ERUCA *morantem.*
>
> MOR. 85.

Εὔζωμον des Grecs (1).

Brassica Eruca (Linn. *gen.* 1096).

La roquette, dit Dioscoride (2), est aphrodisiaque. Pline en parle dans le même sens; Columelle s'exprime ainsi dans son poëme des Jardins (3):

Et, quæ frugifero seritur vicina Priapo,
Excitat ut veneri tardos eruca maritos.

Ovide dit aussi (4),

Nec minus erucas aptum vitare salaces.

Sans être aussi fameuse chez les Modernes, la roquette passe encore pour un stimulant.

Pline suppose que son nom lui a été donné *quod erodat.* C'est encore là une de ces étymologies à la manière des Anciens, c'est-à-dire absurdes (5). De deux choses l'une : ou bien *eruca* est un nom primitif, de souche étrusque ou latine, consacré depuis trop long-temps pour subir aujourd'hui l'analyse; ou c'est un dérivé du verbe grec ἐρεύγειν, et dont le sens est facile à saisir, la roquette ayant des propriétés carminatives.

ESCULUS. *Maxima.*

...... *Nemorumque Jovi quæ* MAXIMA *frondet*
ESCULUS. GEORG. II, 16.
ESCULUS *inprimis, quæ quantum vertice ad auras*

(1) L'εὔζωμον n'était que la semence de la roquette, dont on assaisonnait les ragoûts.

(2) Dioscorid. *lib. II, cap.* 134. (3) Columel. *lib. X, v.* 108.

(4) Ovid. *Rem. Am.* 799.

(5) Les Anciens ignoraient jusqu'aux plus simples régles de permutation étymologique. Dans leur manière de remonter aux origines des mots, ils semblent croire que toute lettre peut indifféremment se changer en toute autre. *Eruca*, tiré d'*erodo*, est un exemple, entre mille, de cette opinion erronée. Pline ne savait pas que si le *d* peut se changer en *t* et en *s*, le *c* en *g* (et même plus tard en *v* ou en *i*, suivant une marche et dans des cas qu'il serait trop long d'expliquer ici), le changement du *d* en *c* est d'une impossibilité complète et péremptoire. Le passage de la dentale à la gutturale est une aberration dont on ne trouverait pas un exemple, dans quelque langue que ce soit.

Ætherias, tantum radice in Tartara tendit.
GEORG. II, 291.

φηγὸς de Théophraste? (*lib.* III, *cap.* 9).
Esculus de Pline?
Quercus Esculus? (Linn. *gen.* 1447).
Le Chêne *Esculus.*

S'il était certain que l'*esculus* de Virgile fût celui de Pline, il n'y aurait aucune difficulté sur sa détermination botanique.

Ce dernier *esculus* est, en effet, bien connu. C'est le φηγὸς de Théophraste; c'est notre *Quercus Esculus* (L.).

Le *fagus* de Pline est notre hêtre, et non pas un chêne; la description qu'il en donne le montre jusqu'à l'évidence. Or, c'est au contraire parmi les chênes que Théophraste range son φηγὸς. Pline aussi met son *esculus* entre le *quercus*, le *robur*, l'*ilex* et le *suber*. Tout s'accorde donc; et d'ailleurs l'étymologie d'*esculus* se tire fort bien d'*esca*, comme celle de φηγὸς de φάγω: analogie que les auteurs ont remarquée, et qui n'est pas déraisonnable.

Mais l'*esculus* de Pline est-il bien, je le répète, l'*esculus* de Virgile? Cette épithète de *maxima*, cette peinture d'un arbre qui touche à-la-fois aux Cieux et au Tartare, convient-elle à l'une des plus petites espèces de chêne?

Il est certain que Pline regarde l'*esculus* comme rare en Italie, et que néanmoins Horace y en place de vastes forêts: *Daunia* (*portentum*) *in* LATIS *alit* ESCULETIS. Le poëte de Vénuse ne prenait-il pas ce mot dans un sens différent de celui du naturaliste? Et Virgile n'a-t-il pas pu faire de même?

On est cependant sûr qu'il n'entend pas ici parler de l'*ilex* ni du *suber*. Mais il y aurait des probabilités pour le chêne vrai (*Quercus Robur*), si Virgile ne plaçait en opposition, dans le même vers, le mot *quercus*, ce qui détruit radicalement cette hypothèse. Martyn a donc tort d'amener ici le *Quercus latifolia mas, brevi pediculo*, de Bauhin, en s'appuyant sur la correspondance des mots *latifolia* et *quæ maxima frondet;* car sa plante n'est qu'une variété, très peu distincte, du *Quercus Robur* (L.).

Dans cet état de la question, quelques botanistes se sont figuré que Virgile avait entendu parler du châtaignier. C'est une idée hardie, mais peu raisonnable.

Une solution tout aussi ingénieuse, et plus admissible peut-être, est celle des auteurs qui reconnaissent ici le noyer. Nulle part Virgile ne mentionne positivement cet arbre, qu'Ovide appelle *nux* et Pline *juglans*. Au moins ce dernier nom (*jovis-glans*) prouve-t-il que le noyer fut consacré à Jupiter, et que son fruit fut comparé à celui du chêne. Qu'à deux circonstances aussi remarquables on joigne la majesté de son port, et la hauteur à laquelle il parvient; on verra qu'il répond à la description de Virgile, et que cette dernière opinion surpasse peut-être en probabilité l'opinion que nous avons adoptée en tête de cet article.

F.

FABA.

Vere FABIS *satio.* GEORG. I, 215.

Κύαμος des Grecs.

Faba vulgaris (Mœnch. Meth. 150).

Vicia Faba (Linn. *gen.* 1187).

La Féve de marais (1).

La féve est originaire de la Perse; on la trouve aujourd'hui dans la plus grande partie de l'Europe. Les Égyptiens passent pour s'être les premiers livrés à cette culture. Les Romains es-

(1) Cette dénomination, dont un étranger pourrait à bon droit s'étonner, puisque la féve n'affectionne pas, plus que les autres papilionacées, les terrains marécageux, tient uniquement à une particularité locale. Les terrains voisins des murs de Paris, où l'on cultivait les légumes nécessaires à la consommation de cette capitale, étant autrefois bas et humides, le peuple s'y était habitué à regarder comme synonymes MARAIS et JARDIN POTAGER. Cet abus du mot marais, employé pour jardin, a même formé l'expression barbare, de MARAICHER, *olitor*.

timaient beaucoup la féve, et Pline lui donne le premier rang parmi les légumes.

Il n'est sorte de folies qu'on n'ait débitées sur la défense que Pythagore en faisait à ses disciples. Chacun sait pourtant que les suffrages populaires se donnaient autrefois par féves et non par boules; la féve était devenue le symbole des emplois publics; et le sens du précepte n'a rien d'obscur, dans la bouche d'un sage qui ne voyait qu'avec mépris les jouissances de l'ambition.

FAGUS. *Patula.* — *Densa.* — *Umbroso cacumine.* — *Alta.*

> *Tityre, tu* PATULÆ *recubans sub tegmine* FAGI.
> ECL. I, 1.
> *Tantum inter* DENSAS, UMBROSA CACUMINA, FAGOS.
> ECL. II, 3.
> *Aut hic ad* VETERES FAGOS. ECL. III, 12.
> *Cæditur et tilia ante jugo levis,* ALTAQUE FAGUS.
> GEORG. I, 173.
> .... *Inseritur*
> *Castaneæ* FAGUS. GEORG. II, 71.

ὀξύα de Théophraste (*lib.* III, *cap.* 10).
Φηγὸς de Dioscoride (*lib.* I, *cap.* 121).
Fagus sylvatica (Linn. *gen.* 1448).
Le Hêtre.

Le hêtre est l'un des plus beaux arbres des forêts de l'ancien Continent; il est très commun en Europe; son nom de *fagus* (dérivé de φάγω, je mange) indique que ses fruits servaient jadis à la nourriture des hommes. Les Modernes qui nomment ces fruits FAÎNES (*faginæ*, sous-entendu *glandes*), en retirent une huile qui sert à une foule d'usages, et qui, pour certaines de nos provinces, est devenue une branche de commerce fort importante. Le *fagus* de Pline est le même que celui de Virgile et des Modernes; ce qu'il en dit, liv. XVI, chap. 6, ne permet pas d'en douter, et sur-tout cette particularité: *Fagi glans, nuclei similis, triangulâ cute includitur.* Les épithètes du poëte romain sont, de tous points, applicables à notre hêtre. C'est, après le chêne, le plus bel arbre de nos forêts. Il s'élève fort haut, *fagus alta;* ses rameaux sont développés, *patula;* son feuillage, touffu, *densa;* impénétrable aux rayons du soleil, *umbroso cacumine.* Il vit aussi long-temps que le chêne, et peut mériter souvent l'épithéte de *vetus*, antique, que lui donne Virgile.

Le *fagus* des Latins n'est point le même arbre que le φήγος de Théophraste. Cet auteur (1) dit que le φήγος est une espéce de chêne; il est hors de notre sujet de chercher à en fixer l'espéce, qu'on a indiquée dans les chênes à glands doux. Voyez Esculus.

FAR. *Flavum.* — *Robustum.*

> *Aut ibi* FLAVA *seres, mutato sidere,* FARRA.
> Georg. I, 73.
> *At si triticeam in messem,* ROBUSTAQUE FARRA,
> *Exercebis humum.* Georg. I, 219.

Ζεία ou Ζέα des Grecs (Hom. *Iliad.* Ε, 196).
Triticum Spelta (Linn. *gen.* 130).
Triticum sativum, var. 5 (Kœl.).
La grande Épeautre.

Bien que *far* paraisse signifier ici bled en général, on doit regarder comme à peu près certain que le *far* était cette espéce de froment nommée par les Modernes *Triticum Spelta*, et par les Grecs ζεία ou ζέα. Dioscoride (2) distingue deux espéces de *zea :* l'un simple μονοκόκκος, *Triticum monococcum;* l'autre double, δικόκκος, *Triticum Spelta.* Cette dernière espéce est encore de nos jours nommée *farra* dans le Frioul; c'est sous ce même nom de *farra* qu'elle est connue, suivant Bélon, dans les environs d'Alexandrie.

Homère fait mention du *zea*, ainsi que Théophraste. Ce dernier lui donne l'épithéte de robuste, que Virgile attribue aussi à son *far.*

Quant à la plante nommée par Homère ὄλυρα, et qu'on a

(1) Théoph. *lib. II, cap.* 9. (2) Math. sur Diosc. *lib. II, cap.* 94.

crue être l'*arinca* de Pline, il paraît que c'est une espèce de seigle (*Secale*) appelée encore, dans certaines parties de l'Italie, *olira*. Cependant Sprengel juge que l'ὄλυρα est le *Triticum Spelta*, et, par une idée hardie et neuve, il suppose que le ζεία est le *Zea Maïs* (L.)

FASELUS. *Vilis*.

Si vero viciamque seres, VILEMQUE FASELUM.
GEORG. II, 227.

Φασίολος des Grecs.
Phaseolus vulgaris (Linn. *gen.* 1180, var. α).
En vieux français, les Fasioles.
Le Haricot.

Le haricot, dont on connaît une foule de variétés, produites par la culture, est originaire de la Perse, comme la fève, dont il partage souvent le rôle (1) et même le nom (2).

Il est plus que probable que ses différentes dénominations grecques φασίολος, φασήολος, φασίλος, sont autant de diminutifs du mot φασῆλος, chaloupe, petite barque allongée; car le haricot affecte visiblement cette forme. On ne sait s'il faut rapporter à la plante dont nous nous occupons ici le σμίλαξ κηπαῖα, ou si l'autorité de Dioscoride ne doit pas faire considérer ce *smilax* comme notre asperge.

FERULA.

FLORENTES FERULAS............. *quassans*.
ECL. X, 25.

Νάρθηξ des Grecs.
Ferula communis (Linn. *gen.* 475).

C'est sur l'autorité de Sprengel que nous adoptons le *Ferula communis* comme étant l'espèce virgilienne. Cependant nous croyons devoir faire remarquer que Tournefort, dans son

(1) Son exiguité le rendait préférable à la fève quand on avait à recueillir des votes nombreux; ses couleurs, plus variées, permettaient aussi de le faire servir à distinguer les votes positifs et négatifs.

(2) En Lorraine, le haricot n'est généralement appelé que petite fève.

voyage du Levant, dit avoir rencontré fréquemment, en Grèce, une férule qu'il nomme *orientalis*, dont les tiges sont assez fortes pour servir d'appui, mais tellement légères qu'elles ne surchargent point la main, et qu'on pourrait impunément en frapper quelqu'un sans courir le risque de le blesser : ce qui explique pourquoi on s'en servait dans les bacchanales, qui n'étaient point des combats, mais des fêtes.

Le mot *ferula* vient de *ferire*, frapper. On corrigeait les écoliers avec la tige séchée de cette plante, vraiment plus effrayante que redoutable. C'est par allusion à cet usage que Martial l'appelle, quelque part, le sceptre des pédagogues, et qu'il lui fait dire dans un autre passage :

Invisæ nimium pueris, gratæque magistris
Clara Prometheo munere ligna sumus.

Juvénal a dit aussi :

Et nos ergo manum FERULÆ *subduximus.....*
SAT. I, 15.

FILIX. *Aratris invisa.*

Et FILICEM *curvis* INVISAM *pascit* ARATRIS.
GEORG. II, 189.

Et multa duram stipula FILICUMQUE *maniplis*
Sternere subter humum. GEORG. III, 297.

Πτερὶς ou Πτερία des Grecs.

Filix fœmina (Dod. Pempt. 462).

Pteris aquilina (Linn. *gen.* 1626).

La grande Fougère, la Fougère femelle.

Cette fougère est la plus grande des espéces européennes; c'est elle que l'on désigne communément sous le nom de fougère. On la trouve dans les bruyères, dans les bois peu ombragés, et dans les champs, où elle annonce une mauvaise qualité de terroir.

Le nom de *filix* a été donné aux fougères, à cause des fibrilles radicales, qui imitent des fils. Le nom grec πτερὶς, venu de πτερὸν, exprime la disposition empennée des folioles. Quant au nom spécifique d'*aquilina*, attribué par Linné à la fougère femelle, il vient d'une particularité remarquable : la racine de cette plante, dans sa coupe transversale, présente la figure assez exacte d'une aigle à deux têtes; ce qui lui a valu en Allemagne le nom de fougère impériale.

FOLIUM SERICUM.

Velleraque ut foliis depectant tenuia SERES.
GEORG. II, 121.

Φύλλα τῆς μορέας des Grecs.
Folia Mori nigræ et albæ (Linn. *gen.* 1424).
Les feuilles du Mûrier.

Les savants ne s'accordent guère sur la véritable position du pays des Sères. On croit néanmoins qu'ils occupaient la partie la plus septentrionale de la Chine. Pline, qui nous apprend que le commerce de ces peuples consistait en fer et en pelleteries, qu'ils envoyaient en Europe (*Seres ad nos ferrum, cum vestibus suis pellibusque, mittunt*), dit en effet qu'à l'orient de la Scythie on trouve un grand désert, à l'extrémité duquel sont les Sères. L'autorité du naturaliste romain dispose donc à croire qu'il s'agit des Chinois septentrionaux, lesquels tiraient la soie de l'intérieur de leur pays, pour en faire le commerce avec l'Europe, par la Tartarie.

Le vers cité :

Velleraque ut foliis depectant tenuia Seres,

décrit la manière dont on supposait que la soie se faisait, et non la vraie manière dont elle se recueille. Les Romains du temps de Virgile croyaient que c'était un duvet venant naturellement sur les feuilles de certains arbres, et qu'après l'avoir détrempé, et récolté avec le peigne, on en formait un fil appelé par eux *vellus sericum*, du nom du pays qui passait pour le fournir. Pline (1) partageait encore cette opinion : *Seres*, dit-il, *lanicio sylvarum nobiles, perfusam aqua depectentes sylvarum canitiem.* Mais, peu après, on connut que la soie était l'ouvrage d'un ver nommé aujourd'hui *bombyx mori;* Pausanias (2) le décrit déja très bien. Constantin commença à faire grand usage des étoffes de soie, ce qui fut généralement blâmé comme un effet de son goût pour le faste et la mollesse; mais l'emploi

(1) Plin. VI, 17. (2) Pausan. *lib. VI.*

n'en devint général que sous l'empire de Justinien, époque où seulement, selon l'historien Zonare (1), les Romains commencèrent à fabriquer la soie, jusqu'alors apportée par les marchands de Perse.

Les feuilles de diverses espèces de mûriers peuvent servir à la nourriture des vers à soie; le mûrier blanc est pourtant celui qu'ils préfèrent. Originaire de la Chine, il n'est naturalisé, dit-on, en Europe que depuis l'introduction de l'insecte précieux dont l'existence y semble attachée. La fable de Pyrame et Thisbé ne pourrait-elle pas faire supposer que le *Morus alba* s'était montré jadis en Italie et en Grèce, mais qu'ayant disparu, par suite de diverses circonstances qui ne sont point sans exemples dans les fastes de l'histoire des plantes, le souvenir traditionnel a fait inventer la fable qui attribue au sang des deux amants la teinte lugubre des fruits du mûrier noir, le seul qui fût demeuré connu.

M. de Théis (2) fait dériver le mot grec μορέα du celtique *mor*, qui signifie noir. C'est de μορέα qu'est venu le nom de Morée, donné au Péloponnèse, vers le milieu du moyen âge, à l'époque où l'éducation des vers à soie devint une branche de commerce importante, dans cette province de l'empire d'Orient.

FRAXINUS. *Ingens.*

> FRAXINUS *in sylvis pulcherrima.* ECL. VII, 65.
> *Plantis et duræ coryli nascuntur, et* INGENS
> FRAXINUS. GEORG. II, 66.

Μελία des Grecs.

Fraxinus Ornus? (Linn. *gen.* 1597).

Fraxinus florifera? (Scop. Fl. carn. nº 1252; Déc. Fl. Fr. esp. 2466).

Le Frêne de Montpellier.

M. Dureau de la Malle, fils, pense que le *fraxinus* des Latins est la plante que nous indiquons, et que l'*ornus* des Latins, βουμελία des Grecs, est notre *Fraxinus excelsior.* Son autorité, que nous suivons à défaut de raisons précises, ne saurait nous

(1) *Ann.* LXIV, *cap.* 9. (2) Gloss. botan. p. 311.

empêcher de remarquer que le frêne à fleurs est un arbre médiocrement élevé, tandis que Virgile donne à son *fraxinus* l'épithéte de grand, *ingens*.

Duhamel appelle l'arbre dont nous parlons, frêne de Théophraste. Il abonde en Italie.

FRUMENTUM.

> FRUMENTA *in viridi stipula* LACTENTIA *turgent.*
>
> GEORG. I, 315; et ailleurs.

Πυρὸς des Grecs.

Triticum hibernum (Linn. *gen.* 130).

Les Latins entendaient sous ce nom le froment, et, par extension, toutes les plantes céréales. Voyez FAR, TRITICUM.

FUCUS.

> .... *Cera*
> *Spiramenta linunt,* FUCOQUE *et floribus oras*
> *Explent.* GEORG. IV, 39.

Φῦκος (τὸ) des Grecs.

Fucacées ou Thalassiophytes.

Les *Fucus*, que Linné appelait Algues marines, sont des plantes d'une nature différente de celle des autres végétaux. Ils vivent dans le fond des mers, d'où les tempêtes les arrachent, et les jettent sur les plages. On en connaît une foule d'espèces, qu'on a réunies en une famille, nommée, par M. Lamouroux, Thalassiophytes. Cet habile botaniste a jeté un grand jour sur l'histoire de ces singuliers végétaux, qui ne sont pas sans intérêt pour l'homme.

G.

GALBANUM. *Odoratum.*

> GALBANEOQUE *agitare graves* NIDORE *chelydros.*
>
> GEORG. III, 415.
>
> *Hic jam* GALBANEOS *suadebo incendere* ODORES.
>
> GEORG. IV, 264.

חלבנה des Hébreux.

Γαλβάνη ou Χαλβάνη des Grecs.

Gomme-résine du *Bubon Galbanum* (Linn. *gen.* 482).

Virgile n'a probablement jamais vu la plante qui produit le galbanum. C'est un arbrisseau toujours verd, qui croît en Afrique et en Asie, mais qu'on ne trouve dans les jardins botaniques de l'Europe que depuis deux ou trois siècles. Il est de la famille des ombellifères. Dioscoride avait déja dit que le galbanum découle d'un νάρθηξ de Syrie; et Pline, qui le copie, attribue cette résine à une *ferula* originaire du mont Amanus.

Le nom de *galbanum* vient de l'hébreu *khèlbenâh*, d'où les Grecs ont formé χαλβάνη. Le galbanum est regardé dans l'Écriture (1) comme un agréable parfum, ce qui ne doit pas surprendre, bien que son odeur nous déplaise; car le sens du goût, comme celui de l'odorat, a des lois arbitraires: on sait que La Peyrouse a séjourné chez un peuple à qui l'odeur de poisson pourri plaisait bien plus que celle des roses; et les Arabes nomment encore mêts des dieux, ce que nous appelons *stercus diaboli.*

Toutefois un lexicographe (2) assure que les Juifs ne différaient point d'opinion avec nous sur le *nidor* du galbanum, et que si on le faisait brûler parmi des aromates agréables, c'était pour enseigner qu'il fallait tolérer, parmi les bons, les faibles et les pécheurs d'Israël.

GENESTA. *Lenta.* — *Humilis.*

...... *Ut molle siler,* LENTÆQUE GENESTÆ.
GEORG. II, 12.

.... *Salices,* HUMILESQUE GENESTÆ.
GEORG. II, 434.

Σπάρτος, Σπάρτον, Σπάρτιον des Grecs.

Genista juncea (Lamarck, *Encycl.* vol. II, p. 617).

Spartium junceum (Linn. *gen.* 1116).

Le Genêt d'Espagne.

Le *Genista juncea*, connu vulgairement sous le nom im-

(1) *Exod. cap.* XXX, ℣ 34. (2) Alb. *Porta linguæ sanctæ.*

propre de genêt d'Espagne, est un arbrisseau très remarquable par la beauté de ses fleurs jaunes, et la couleur agréable de ses tiges, qui sont éminemment flexibles, *lentæ*. Il abonde dans la France méridionale, l'Espagne et l'Italie.

GLANS. *Querna.* — *Ilignea.* — *Chaonia.*

CHAONIAM *pingui* GLANDEM *mutavit arista.*
GEORG. I, 8.

...... *Quum jam* GLANDES *atque arbuta sacræ*
Deficerent sylvæ, et victum Dodona negaret.
GEORG. I, 149.

Sed tamen et QUERNAS GLANDES *tum stringere tempus.*
GEORG. I, 305.

CHAONIIQUE *patris* GLANDES. GEORG. II, 67.

.... GLANDEMQUE *sues fregere sub ulmis.*
GEORG. II, 72.

GLANDE *sues læti redeunt.* GEORG. II, 520.

Nec de CONCUSSA *tantum pluit* ILICE GLANDIS.
GEORG. IV, 81.

Βάλανος des Grecs.

Fruit de divers *Quercus* (Linn.).

Le Gland.

La fameuse forêt de Dodone, dont les chênes rendaient des oracles, était située en Épire ; et l'Épire est souvent appelée Chaonie, du nom des Chaoniens, peuple qui l'avait autrefois conquise.

Voyez QUERCUS et ILEX.

H.

HEDERA. *Pallens.* — *Nigra.* — *Scandens.*

.... *Superaddita vitis*
Diffusos HEDERA *vestit* PALLENTE *corymbos.*
ECL. III, 39.

Pastores HEDERA *crescentem ornate poetam.*
ECL. VII, 25.

.... Atque hanc sine tempora circum
Inter victrices HEDERAM *tibi serpere lauros.*

ECL. VIII, 12.

Aut HEDERÆ *pandunt vestigia* NIGRÆ.

GEORG. II, 258.

.... HEDERÆQUE *ligantes*
Brachia...............................
Ipsæque excedunt ad summa cacumina lentæ
Pinguntque aureolos viridi PALLORE *corymbos.*

CULEX, 140.

Κισσὸς, Κιττὸς des Grecs.
Helix des Latins.
Hedera Helix (Linn. *gen.* 395) et ses variétés.
Le Lierre.

Le lierre est l'une des plantes les mieux connues de l'antiquité. Outre les descriptions qu'on en trouve dans les plus anciens botanistes et dans les poëtes, on le voit sculpté sur une foule de monuments grecs et romains. Ainsi la difficulté n'est pas de reconnaître l'*hedera* de notre auteur, mais de concilier les diverses épithétes qui lui ont été appliquées, et qu'un grand poëte n'a pu donner au hasard.

Théophraste (1), et d'après lui Dioscoride (2) et Pline (3), ont distingué trois espèces de lierre, subdivisées elles-mêmes en plusieurs espéces. Les commentateurs n'ont pu parvenir à les déterminer toutes, mais il est certain que les Modernes n'ont donné le nom d'*Hedera* qu'à l'*helix* (4) de ces auteurs; c'est seulement de cette plante qu'il sera question dans cet article, car nous pensons que l'*hedera* auquel Virgile donne dans la VIIe églogue, vers 38, l'épithéte d'*alba*, est une plante fort différente. Voyez HEDERA ALBA.

On ne connaît en Europe qu'une seule espéce d'*Hedera*, que

(1) Théophr. III, 18. (2) Diosc. II, 175. (3) Pline, XVI, 34.

(4) Le nom d'*helix*, employé par les auteurs, est proprement le mot grec ἕλιξ, entortillement, boucle, spirale, vrille, etc. C'est par une idée semblable que nos aïeux ont donné à cette plante le nom de LIERRE ou LIEUR (comme TROUVERRE pour TROUVEUR), arbre qui se lie ou s'attache. Sans cette étymologie, pour le dire en passant, on ne comprendrait pas pourquoi les poëtes français ont fait autrefois LIERRE de trois syllabes.

les botanistes modernes ont désignée par le nom d'*Helix*, consacré par les Anciens; mais cette espèce offre plusieurs variétés assez remarquables, qui, suivant toute apparence, ont été connues de Virgile.

Les botanistes du moyen âge avaient établi comme espèce, sous le nom d'*arborea*, une variété que distinguent les Modernes par l'épithète de *corymbosa;* c'est ce lierre à corymbe qui est décrit, avec autant d'élégance que de précision, dans le passage cité du *Culex;* c'est le même dont il est parlé dans la IIIe églogue, et dans le IIe livre des Géorgiques.

L'*hedera nigra* des églogues VII et VIII, vers cités, est celui que les Anciens qualifiaient de *dionysia*, de l'un des noms de Bacchus, auquel cette variété était dédiée. C'est l'*Hedera poetica* de Bauhin, espèce conservée par Linné comme variété: elle servait, entrelacée avec le laurier, à couronner les poëtes et les guerriers.

L'épithète de *nigra*, donnée par le poëte à l'*Hedera Helix*, s'applique à ses bayes noirâtres, et à son feuillage d'un verd fort sombre. Par *pallens*, il a voulu sans doute qualifier les fleurs, qui sont blanchâtres, ainsi que les corymbes avant la maturité de leurs fruits.

HEDERA. *Alba.*

.... HEDERA *formosior* ALBA.
ECL. VII, 38.

En grec, Ἀντίῤῥινον ἀσαρῶδες;
Anthirrinum asarinum? (Linn. *gen.* 1007).
Le Mufflier faux Cabaret?

Il est évident que Virgile, en disant *formosior alba edera*, a voulu parler d'une plante remarquable par une beauté tirée de la blancheur, soit de la fleur, soit du feuillage. Ce ne peut donc être l'*Helix* qu'il a eu en vue, mais une plante fort différente de couleur, et qui ne pouvait y ressembler que par la forme des feuilles et par le port.

Nous avons dit en parlant de l'*Helix*, que les anciens botanistes avaient distingué trois grandes espèces de lierre; c'est de la première et de la plus remarquable que nous venons d'entretenir nos lecteurs; quant à la seconde, les commentateurs n'ont point su la déterminer; mais ils ont cru pouvoir indiquer comme la troisième espèce, toutefois en exprimant quelques doutes, l'*Azarina* du moyen âge, c'est-à-dire un *Antirrhinum* que Linné appelle *asarinum*. Cette plante grimpante est commune dans le midi de la France et dans toute l'Italie. Ses feuilles, découpées à la manière du lierre grimpant, sont blanchâtres, et ses fleurs tout-à-fait blanches.

Sprengel (1) pense que l'*hedera alba* de l'églogue VII n'est autre chose que l'*Helix*. *Solet enim*, dit-il, *quandoque folia habere* NERVIS ALBIS PALLENTIA. Nos lecteurs jugeront si cette explication est vraisemblable.

HELLEBORUS. Voyez ELLEBORUS.

HERBA SARDOA. *Amara*.

Immo ego SARDOIS *videar tibi* AMARIOR HERBIS.

ECL. VII, 41.

Βατράχιον χνοωδέστερον de Dioscoride (*lib*. II, *cap*. 171).
Ranunculum alterum (Pline, *lib*. XXV, *cap*. 13).
La Grenouillette de Sardaigne (Mathiole).
Ranunculus sardous (Crantz, *Fl. Aust*. p. 111).
Ranuncus Philonotis (Décand. Fl. Franç. 4699).
La Renoncule des marcs.

Dioscoride, parlant des βατράχια ou renoncules, dont il distingue quatre especes (2), dit que la seconde est plus velue que la première (3); que sa tige est plus haute, ses feuilles plus déchiquetées, sa nature plus âcre; enfin qu'elle abonde en Sardaigne, où on l'appelle ache sauvage, σέλινον ἄγριον. Ailleurs (4), en traitant de poisons, il revient sur cette plante. La σαρδόνια, dit-il, se classe parmi les renoncules; elle retire les nerfs de la bouche, de manière à faire rire les mourants.

Plusieurs auteurs l'ont, en effet, nommée *apium risus;* non

(1) Sprengel, *Hist. rei herb*. tome I, page 144. (2) Diosc. II, 171.
(3) Pline traduit « plus chargé de feuilles. » (4) Diosc. VI, 14

qu'il s'agisse d'un rire véritable, mais, comme l'observe fort bien Pausanias, parceque cette herbe imprime aux nerfs de la face une contraction telle qu'il en résulte l'apparence du rire. De là vint le proverbe du rire de Sardaigne, ou sardonique : σαρδώνιος γέλως. Salluste, Aëtius, et le *Polyhistor* de Solin, mentionnent, avec différents détails, cet horrible jeu de la nature.

Les Modernes ne sont pas d'accord sur la détermination de l'*Herba sardoa*. Haller a cru y reconnaître l'*Œnanthe crocata* de Linné, et Daléchamp le *Ranunculus sceleratus*. La première opinion doit céder devant la seconde, puisque Dioscoride (1) et Salluste, comparent positivement leur plante à l'ache, et que cette ressemblance est bien plus marquée dans la renoncule scélérate que dans l'*Œnanthe*. Mais elle est plus satisfaisante encore, si l'on adopte l'avis des auteurs qui désignent ici le *Ranunculus Philonotis*. Le *Philonotis* doit être ce *Ranunculus sardous* qu'Anguillara (2) rapporte avoir trouvé fréquemment près de Venza, non loin d'un fleuve qui vient de Carrare. Il croît également en France, où l'on rencontre sa fleur, tout l'été, dans les champs, sur le bord des chemins, et sur-tout auprès des marais.

Au surplus, toutes les renoncules ayant des qualités analogues, je ne sais si l'on ne ferait pas bien de ne préciser que le genre, sans s'arrêter à l'une ou l'autre espèce. Le pluriel, employé dans le texte latin, favorise encore cette interprétation peu restreinte.

Par l'adjectif *amara*, qu'on pourrait considérer comme une sorte de synonyme poétique d'*acris*, Virgile a peut-être voulu désigner plutôt les propriétés nuisibles que l'amertume de la plante. Ne dit-on pas au figuré, en français, une douleur amère, passer ses jours dans l'amertume?

HIBISCUS. *Viridis.* — *Gracilis.*

Hædorumque gregem VIRIDI *compellere* HIBISCO.

ECL. II, 30.

(1) Diosc. *lib. II*, *cap.* 171.

(2) Anguill. page 178. Comparez Spreng. *Hist. rei herb.* p. 145 et 178; Loisel. Deslonch., et Marq. Dict. des Sciences médic. XLVII, p. 458.

.... *Et* GRACILI *fiscellam texit* HIBISCO.
ECL. X, 71.

Ἰβίσκος, Ἀλθαία des Grecs.
Althæa Hibiscus (Dod. Pempt. 655).
Althæa officinalis (Linn. *gen.* 1132).
La Guimauve commune.

La guimauve, que les Grecs appeloient aussi mauve sauvage, ἄγρια μαλάχη (1), et qui se plaît dans les pâturages et près des haies, devait être connue des bergers de Virgile. Cette plante s'élève à plusieurs pieds de hauteur, et peut fournir des tiges assez fortes pour en frapper les chevreaux indociles, *hædorum gregem compellere hibisco.*

Cavanille (2) nous apprend que les fibres de la guimauve, préparées à la manière du chanvre, lui ont donné un fil souple, délié, blanc, assez fort, avec lequel on peut fabriquer des étoffes grossières qui auraient un grand degré d'utilité chez des peuples qui ne connaîtraient ni le lin, ni le chanvre. Nous avons vu à Madrid, chez le savant pharmacien D. Casimir Ortéga, de ces tissus, qui nous ont semblé fort remarquables. Ils étaient faits avec l'écorce des althéas *officinalis* et *cannabina*, et avec celle du *Malva sylvestris*. Ces essais heureux, qui auraient besoin d'être suivis, et qui mettent en évidence l'extrême souplesse des fibres de la guimauve, et en général de presque toutes les malvacées, fournissent peut-être la meilleure manière d'expliquer le vers 71 de la Xe églogue, où cependant, même avec ce système, il restera toujours bien des difficultés.

HORDEUM. *Grande. — Culmo fragili.*

GRANDIA *sæpe quibus mandavimus* HORDEA *sulcis,*
Infelix lolium, etc. ECL. V, 36.
Agricola, et FRAGILI *jam stringeret* HORDEA CULMO.
GEORG. I, 317.

Κριθὴ des Grecs.
Hordei (Linn. *gen.* 129) *species cultæ.*
L'Orge cultivé.

(1) Théophr. *IX*, 15; Diosc. *III*, 146. (2) Cavanille, Dissert. II, p. 94.

Ce mot *hordea*, pris au pluriel, est l'équivalent de l'expression employée par nos laboureurs : les orges. Il ne désigne aucune espèce.

HYACINTHUS. *Suave rubens.* — *Mollis.* — *Ferrugineus.* — *Languens.*

Munera sunt, lauri et SUAVE RUBENS HYACINTHUS.
ECL. III, 63.

Ille, latus niveum MOLLI *fultus* HYACINTHO.
ECL. VI, 53.

Et pinguem tiliam, et FERRUGINEOS HYACINTHOS.
GEORG. IV, 183.

Seu mollis violæ, seu LANGUENTIS HYACINTHI.
ÆN. XI, 69.

Voyez aussi CULEX, 400, et CIRIS, 95.

Ὑάκινθος de Théophraste (*lib.* VI, *cap.* 7).
Lilium floribus reflexis, flore rubente (C. Bauh. *Pin.* 77).
Lilium flore nutante, ferrugineo, majus (J. Bauh. II, 692).
Lilium Martagon (Linn. *gen.* 558).
Le Lys Martagon.

Avant d'émettre notre opinion sur l'*hyacinthus* des poëtes latins, nous allons faire connaître celles des divers commentateurs.

Linné pense que cette plante est le *Delphinium Ajacis.*

Saumaise (1) et Sprengel (2) que c'est le *Gladiolus communis.*

Sibtorp désigne plus particulièrement une variété du glaïeul ordinaire, à laquelle il donne la qualification de *triphyllos.*

Martyn (3) croit que l'*hyacinthus* est le *Lilium Martagon*, et il en donne une gravure dans ses commentaires sur les Géorgiques.

Enfin La Cerda, et quelques autres savans, cherchent à prouver que le *vaccinium* de l'églogue II, vers 18, est la même plante que l'*hyacinthus* des divers passages cités en tête de cet article, et la rapportent à une petite espèce du genre *Hyacinthus* des Modernes, laquelle est odorante et de couleur sombre. Voyez VACCINIUM, où cette opinion est discutée.

(1) *Salmas. ad Solin.* p. 1224. (2) *Hist. rei herb. II, cap.* 3.
(3) Martyn, *in Georg.* p. 351.

Examinons brièvement ces différents systèmes, afin de fixer l'incertitude du lecteur.

Suivant Golius et Chardin, le mot *hyacinthus* vient de *yâcout*, qui, dans les langues d'Orient, signifie rubis, pierre précieuse d'un rouge tendre, *suave rubens;* aussi toutes les épithètes données à l'hyacinthe expriment-elles cette couleur; et les commentateurs n'ont en effet désigné pour l'*hyacinthus*, si pourtant j'en excepte La Cerda, que des plantes à fleur rouge, comme le *Delphinium Ajacis*, les *Gladiolus*, et le lys martagon. Laquelle de ces plantes méritera de fixer notre choix?

Ovide, décrivant la plante en laquelle fut changé l'infortuné Hyacinthe, s'exprime ainsi (1):

> .... *Formamque capit, quam lilia; si non*
> *Purpureus color huic, argenteus esset in illis.*
> *Ipse suos gemitus foliis inscribit, et* AI, AI,
> *Flos habet inscriptum.*

L'hyacinthe des poëtes est donc un lys à fleur rouge, sur les pétales de laquelle doivent se trouver des lignes imitant la syllabe AI.

Ce n'est donc plus du *Delphinium*, qui n'est point une liliacée, qu'il s'agit; ni des glaïeuls, liliacées imparfaites, qui n'offrent à l'œil aucunes lignes imitant des caractères; ni de l'*hyacinthus melas* de La Cerda, plante rare, à la fleur de laquelle ne peut se rapporter aucune des épithètes données par les poëtes. Le lys martagon réunit seul toutes les conditions voulues pour l'*hyacinthus:* sa fleur est rouge, elle ressemble aux lys, et fait lire souvent sur ses pétales la syllabe AI.

Les épithètes de *suave rubens* et de *ferrugineus*, données par Virgile à son *hyacinthus*, se rapportent si parfaitement au lys martagon, que les deux frères Bauhin les lui ont appliquées dans leur synonymie, ignorant cependant que les deux plantes fussent les mêmes; ce qui doit faire admirer l'étonnante exactitude du poëte latin.

Le port de cette belle plante sert encore à fortifier cette opinion: malgré son élégance, elle est d'un aspect triste; ses fleurs

(1) *Metamorph. lib. X,* 212.

penchées, dont les pétales sont réfléchies, n'ont pas cette vivacité de couleur qui flatte l'œil, et qui invite la main à les cueillir. Elle semble se plaire sur les monts déserts, dans les vallons incultes, loin des lieux que la main de l'homme embellit par la culture. Enfin son existence est courte; peu de jours suffisent pour la voir briller, se faner, et mourir.

L'*hyacinthus* rappelle deux catastrophes funestes : la mort du jeune Hyacinthe et celle d'Ajax :

> *Littera communis, mediis, pueroque viroque,*
> *Inscripta est foliis : hæc nominis, illa querelæ* (1).

Ce passage des Métamorphoses démontre qu'il n'y a qu'une sorte d'hyacinthe, mais deux manières d'expliquer le AI des pétales, qui est tantôt un gémissement, et tantôt le commencement du nom du roi de Salamine. Ainsi s'éclaircit l'énigme proposée par Ménalque dans la IIIe églogue :

> *Dic quibus in terris inscripti nomina regum*
> *Nascantur flores.*

I.

ILEX. *Arguta.* — *Nigra.*

> *Sæpe sinistra* CAVA *prædixit ab* ILICE *cornix.*
> ECL. I, 18.
> *Forte sub* ARGUTA *consederat* ILICE *Daphnis.*
> ECL. VII, 1.
> ILICIS *et* NIGRÆ *species, et læta cupressus.*
> CULEX, 138.

Πρῖνος des Grecs.

Ilex (Tournefort, *Instit.* p. 583).

Quercus Ilex (Linn. *gen.* 1447).

En italien, *Elice.*

L'Yeuse.

(1) Ovid. *Metamorph. XIII*, 397.

Les botanistes modernes n'ont pas cru devoir séparer les *Ilex* de Tournefort et de Bauhin du genre *Quercus;* cependant leur port est fort différent, ainsi que leur aspect. Il était naturel que les peuples distinguassent l'*ilex* du chêne, auquel il ne ressemble que par la disposition et la structure des fleurs et du fruit. Les Français le nomment yeuse, les Espagnols *enzina*, et les Italiens *elice*.

On voit, par le passage cité du *Culex*, qu'il est question de plusieurs sortes d'*ilex:* sans doute des *Quercus Ilex*, *coccifera*, *Prinos*, *Bellota*, etc. C'est parmi ces espèces qu'il faut chercher les chênes à glands doux, qui servaient à la nourriture de l'homme.

Les feuilles de l'yeuse sont dentées, *argutæ;* son tronc est noirâtre, *niger*. Il n'était pas nécessaire de supposer que par *ilex nigra* Virgile ait voulu parler d'une espèce de cyprès.

La plante à laquelle les botanistes modernes ont donné le nom générique d'*Ilex* est fort différente. C'est le houx, arbrisseau commun dans nos contrées.

INTUBUM ou INTYBUM. *Fibris amaris.*

.... *Et* AMARIS INTUBA FIBRIS
Officiunt, aut umbra nocet. GEORG. I, 120.

Κιχώριον (Théophr. *lib.* VII, *cap.* 11).
Cichorium, *seu Intubum erraticum* (Pline, XXI, 15).
Cichorium Intybus (Linn. *gen.* 1251).
La Chicorée amère.

Originaire d'Égypte, où l'on en fesait depuis long-temps un grand usage (1), cette plante apporta en Europe son nom copte, qui devint en grec κιχώριον ou κιχώρη, et dont on se servit pour distinguer l'espèce sauvage du genre Σέρις. Les Arabes l'ont de même adopté, sous la forme *chikouriéh* (2).

On appelle *cichorium*, dit Pline, l'*intubum erraticum;* et par *erraticum*, il n'entend que sauvage, car ailleurs il avait dit :

(1) Plin. *XXI*, 15. Maillet, Descript. de l'Égypte, édit. de 1735, p. 12.
(2) Forskahl. 72. Gloss. bot. p. 113.

Erraticum, quod apud nos quidam ambulejam appellavere, in Ægypto cichorium vocant, quod sylvestre sit (1). Mais ce n'est pas là le vrai sens d'*erraticum intubum*, ni d'*ambuleja*. Il s'agit des racines longues, nombreuses et traçantes de la chicorée amère; et c'est là ce que Virgile avait en vue dans ces mots: *Intuba fibris officiunt*. Déja nous avons fait remarquer (2) cet emploi poétique du mot *fibra* pour *radix*.

INTUBUM. *Olus sativum.*

> .... *Canerem biferique rosaria Pæsti,*
> *Quoque modo potis gauderent* INTUBA *rivis.*
> GEORG. IV, 120.
> *Venales olerum fasces portabat in urbem,*
> ....
> INTUBAQUE, *etc.* MOR. 84.

هندب ou هندبية des Arabes.

Σέρις κηπευτὴ de Dioscoride.

Seris, seu sativum Intubum de Pline (XX, 8).

Intybum sativum (J. Bauh. II, 1011).

Cichorium Intybus, var. γ, *sativum* (Lob. *Icon. tab.* 229, *fig.* 1).

Cichorium Endivia (Linn. *gen.* 1251).

L'Endive.

Les passages rapportés ici motivent la division que nous faisons de l'*intybum* de Virgile en deux articles. On voit qu'il ne s'agit plus de la chicorée amère ou sauvage, mais de l'espèce cultivée, qui n'est peut-être, au reste, qu'une variété de la première.

Endive est venu du mot barbare *endivia*, usité dans le moyen âge, où l'on trouve une évidente corruption de l'arabe *hendib*, et du latin classique *intybum*. Mais de ces derniers mots, lequel a donné naissance à l'autre? Il y a des raisons pour et contre. Une considération doit pourtant faire attribuer l'antériorité au terme oriental, c'est qu'on ne trouve point ἴντυϐον en

(1) Plin. *lib. XX, cap.* 8. (2) Voyez l'article ALLIUM.

grec, et que les traducteurs employés par les califes à faire passer en arabe les richesses scientifiques de l'Europe, n'empruntèrent presque rien aux Latins.

INULA. *Oleracea.*

Hic olus..........................
.... INULÆQUE *virebant.*

MOR. 72.

Premier ἐλένιον de Dioscoride (*lib.* I, *cap.* 27).
Inula de Pline (*lib.* XIX, *cap.* 5).
Enula Campana du moyen âge.
Inula Helenium (Linn. *gen.* 1295).
L'Aunée.

L'aunée, comptée par les Modernes au nombre des plantes officinales, l'était autrefois parmi les légumes. Pline dit que l'impératrice Julia en mangeait tous les jours de l'année. Il nous apprend encore que pour lui ôter son âcreté, on avait soin de la confire. Malgré cette préparation, ce mêts devait être désagréable au goût. Il est probable qu'on attachait à son usage l'idée de quelque propriété salutaire.

Enula Campana est le nom sous lequel l'école de Salerne recommande cette racine, que Pline, qui l'appelle *inula*, nous dépeint comme plus courte, plus charnue, plus amère que celle du panais (1), et qui, bien certainement, est le premier ἐλένιον de Dioscoride (2). Quant à l'autre ἐλένιον, que le médecin d'Anazarbe dit abonder en Égypte dans le voisinage de la mer, avoir les feuilles de la lentille et le port du serpolet, c'est une plante toute différente, et dont Pline fait mention ailleurs (3) sous le nom d'*helenium.*

(1) *Hist. nat. XIX*, 5. (2) Diosc. *lib. I*, *cap.* 27. (3) *Hist. nat. XXI*, 10.

J.

JUNCUS. *Limosus.* — *Mollis.*

> LIMOSOQUE *palus obducat pascua* JUNCO.
> ECL. I, 49.
> *Viminibus* MOLLIQUE *paras detexere* JUNCO.
> ECL. II, 72.

Σχοῖνος des Grecs.
Scirpus lacustris? (Linn. *gen.* 94).
Le Scirpe des lacs.

Dans le premier de ces deux passages, *juncus* a la signification la plus vague, et peut s'entendre de toutes les espèces de joncs.

Le second vers offre quelques données de plus. On sait que la plante employée par les vanniers n'appartient point au genre *Juncus* des Modernes, mais au genre *Scirpus*. Le scirpe qui se trouve dans les étangs, et qu'on nomme *lacustris*, sert aux tourneurs pour rempailler les chaises; on l'emploie aussi à faire des paillassons et autres ouvrages de ce genre. Nous pensons donc que le *juncus mollis* de Virgile peut être rapporté avec quelque certitude au *Scirpus lacustris* de Linné.

JUNIPERUS.

> *Stant et* JUNIPERI, *et castaneæ hirsutæ.*
> ECL. VII, 53.
> JUNIPERI *gravis umbra.* ECL. X, 76.

Ἄρκευθος des Grecs.
Juniperus communis (Linn. *gen.* 1552).
Le Genévrier.

Le genévrier est un arbuste fort commun, dont on distingue deux variétés, différenciées par la grosseur du fruit. Il croît en Europe à toutes les latitudes; à cela près que, faible arbrisseau dans le Nord, il devient quelquefois, sous une température plus heureuse, un arbre élevé.

Sa baye, que les Grecs nommaient ἀρκευθὶς, et que nous appelons geniévre, a des propriétés énergiques bien connues, et une odeur forte dont l'arbre même n'est pas exempt; dernière circonstance qui justifie l'espéce d'arrêt porté contre lui dans la Xe églogue : *Juniperi gravis umbra.*

L.

LABRUSCA. *Sylvestris. — Densa.*

.... *Antrum*
SYLVESTRIS *raris sparsit* LABRUSCA *racemis.*
ECL. V, 7.

.... *Arbuta*........
DENSAQUE *virgultis avide* LABRUSCA *petuntur.*
CULEX, 52.

Ἀγριάμπελος des Grecs.
Vitis sylvestris Labrusca (Tournef. *Instit.* 613).
Vitis vinifera (Linn. *gen.* 396; Décand. *sp.* 4566, var. *α*).
La Vigne sauvage.

On croit que la vigne, améliorée par la nature, n'est autre chose que le *Labrusca*, arbrisseau qui se trouve dans presque toute l'Europe, où il est connu sous le nom de vigne sauvage, et qui ne produit qu'un petit nombre de grappes, *raros racemos.* Voyez VITIS.

LACTUCA.

Grataque nobilium requies LACTUCA *ciborum.*
MOR. 76.

Θρίδαξ des Grecs.
Lactuca sativa (Linn. *gen.* 1234).
La Laitue cultivée.

Peu nourrissante et presque sans saveur, la laitue pouvait être appelée avec autant de justesse que d'élégance, *requies grata ciborum nobilium.* Chez nous, quoique sous un ciel moins brûlant, pendant toute la saison où elle croît, il n'y a point encore de repas si pompeux qu'elle ne termine. Les fruits et les mêts sucrés peuvent seuls passer après.

Pline fait mention d'une plante dont la sève était laiteuse et purgative, et qu'on appelait *lactoris*. Ce nom et celui de *lactuca* ont la même étymologie. En effet, la laitue laisse découler de sa tige, si on la rompt, quelques gouttelettes d'un suc de couleur et de consistance lactée.

LANA MOLLIS. Voyez ARBOR ÆTHIOPICA.

LAPPA. *Aspera.*

.... *Subit* ASPERA *sylva*,
LAPPÆQUE, *tribulique*. GEORG. I, 153.
.... *Primum* ASPERA *sylva*,
LAPPÆQUE *tribulique absint*. GEORG. III, 385.

Ἀπαρίνη des Grecs.
Galium Aparine (Linn. *gen.* 162).
Le Glouteron, le Grateron.

La plante de Virgile ne diffère point de celle que Pline appelle aussi *lappa*. Or, le passage où ce naturaliste en parle (1) est la traduction littérale de celui où Théophraste (2) décrit son ἀπαρίνη. Cette ἀπαρίνη est donc l'herbe qu'a voulu désigner notre poëte.

Il est précieux d'avoir obtenu ce renseignement; car la plus grande incertitude a régné, chez les Modernes, sur le sens du mot *lappa*, qui paraît avoir désigné, dans le moyen âge, toutes les plantes qui s'attachent aux vêtements : le grateron, la bardane, etc. C'est même à la bardane (*Arctium*) que Linné a conservé pour nom spécifique la dénomination traditionnelle de *Lappa*. Cette composée cynarocéphale ne semble pourtant guère convenir au texte de Virgile qui nous occupe, car elle ne croît point dans les champs cultivés; à la différence des *Galium*, qu'on y trouve souvent.

D'ailleurs, la signification du mot grec n'ayant point varié, et différents détails, qu'on peut lire dans Bodæus de Stapel (3),

(1) *Hist. nat. XXI*, 17. (2) *Hist. plant. VII*, 14.
(3) *Not. et comm. ad Theophr.* p. 803.

prouvant que l'ἀπαρίνη de Théophraste est aussi celle de Dioscoride, nous avons, je le répète, un point de départ excellent, et c'est là qu'il faut chercher une solution. Or ce dernier auteur assure (1) que l'*aparine*, connue également sous les noms de *philanthropos*, *ampelocarpos*, *omphalocarpos*, etc., a la tige quarrée, les feuilles verticillées, les fleurs blanches, l'aspect général de la garance. Certes il s'agit ici du grateron, nommé fort à propos, par Linné, *Galium Aparine*. Rarement on a le plaisir, en étudiant la botanique des Anciens, d'arriver à une détermination aussi précise.

L'*aparine*, le *philanthropos*, etc., dont parle Pline en différents endroits de son livre (2), ne forment qu'un double emploi avec ce qu'il dit de sa *lappa* dans le premier passage cité (3).

LAURUS. *Phœbi.* — *Parnassia.* — *Odoratus.*

.... PHOEBO *sua semper apud me*
Munera sunt, LAURI, *et suave rubens hyacinthus.*
ECL. III, 64.

.... PARNASSIA LAURUS
Parva sub ingenti matris se subjicit umbra.
GEORG. II, 18.

Inter ODORATUM LAURI *nemus.* ÆN. VI, 658.
Etc. etc. etc.

Δάφνη des Grecs (Hom. *Odyss.* i, 183).
Laurus nobilis (Linn. *gen.* 688).
Le Laurier franc.

Il y aurait trop à dire sur le laurier, et les bornes de notre ouvrage nous forcent souvent au sacrifice des détails les plus intéressants. Nous renvoyons donc à Dioscoride, à Pline, et

(1) Diosc. *lib. III*, *cap.* 88. Bod. de Stapel cite à faux le chap. 104. Ce n'est pas la centième inexactitude que nous ayons corrigée dans les commentateurs ou les traducteurs de Théophraste, de Pline, de Dioscoride. Recourir sans cesse aux textes originaux est une nécessité pénible; mais c'est la seule manière de travailler, pour un auteur qui respecte le public.

(2) *Hist. nat. XXIV*, 19; *XXVII*, 5.

(3) Comparez, sur cet article, Galien, *de Medic. simpl. VI*, et Martyn, *Georg.* p. 33.

aux auteurs qui, sans même être botanistes, ont traité de la mythologie (1).

Que le lecteur nous permette une seule réflexion. Les arbres dont la verdure brave l'âpreté des hivers, et dont une éternelle jeunesse semble être le partage, ont été l'objet du culte particulier de l'homme. Le myrte, l'olivier, le pin, le cyprès, et plusieurs autres arbres à feuilles persistantes, ont reçu les honneurs d'une sorte d'apothéose, par leur dédicace aux divinités de l'Olympe : il était naturel que ce qui présente l'image d'une végétation non interrompue devînt l'attribut d'une vie qui ne devait point cesser. Parmi ces végétaux, le laurier se distingue par la beauté de son feuillage, l'élégance de son port, et la fragrance de toutes ses parties. Ornement des pays méridionaux, où il se plaît à croître, ce bel arbre était digne de parer les fronts victorieux, de devenir le prix de tous les genres de combats, où l'homme, par la force de son génie, décèle la noblesse de son origine et la grandeur de ses futurs destins. Symbole de l'immortalité, quel autre rameau pouvait mieux ombrager la tombe du chantre de Mantoue!

LENS. *Pelusiaca.*

Nec PELUSIACÆ *curam adspernabere* LENTIS.

GEORG. I, 228.

Φάκος et Φακὴ des Grecs (Théophr. VIII, 3).
Lens esculenta (Mœnch. meth. 131).
Ervum Lens (Linn. *gen.* 1188).
La Lentille.

Péluse est une ville du Delta qui avait donné son nom à l'une des sept embouchures du Nil. Les lentilles pélusiaques, autrefois fort estimées, devaient entrer pour quelque chose dans les regrets des Hébreux, si affligés de se voir privés des légumes d'Égypte. Aussi Mahomet nomme-t-il spécialement l'*adas*, عدس, qui est la lentille, parmi les aliments que demandaient les Israëlites à la place de la manne (2).

(1) Diosc. *lib. I*, *cap.* 90. Pline, XV, 30. Voyez aussi les commentateurs de Théophraste, p. 185 et suivantes; l'éloge du laurier, publié en latin par Passerat en 1594, etc. (2) Coran, *sur. II*, ℣ 58 de l'édit. de Hinckelmann.

Nous croyons que cette légumineuse, dont il est parlé sous le même nom d'*adas*, עדש, dans l'histoire si connue d'Esaü, ne diffère point de l'*Ervum Lens* de Linné. Toutefois Sprengel préfère y voir le *Cicer Lens;* et son opinion n'a rien d'inadmissible.

LIGUSTRUM. *Album.*

Alba ligustra *cadunt, vaccinia nigra leguntur.*
Ecl. II, 18.

Κύπρος des Grecs?
Ligustrum vulgare (Linn. *gen.* 23).
Le Troêne.

C'est à tort que quelques commentateurs ont prétendu qu'il fallait voir dans le *ligustrum album* de Virgile, le *Convolvulus sepium*, ou grand liseron des haies. Pline (1) et Dioscoride (2) disent positivement que c'est un arbrisseau. Ils en donnent l'un et l'autre une description qui ne permet pas de le méconnaître.

Le troêne a des fleurs blanches et des fruits noirs, ce qui lui a valu tantôt l'épithéte d'*album*, et tantôt celle de *nigrum*. Son nom latin lui vient du nom de la Ligurie, dont il est originaire.

LILIUM. *Album.*

.... *Mixta rubent ubi* lilia *multa*
Alba *rosa.* Æn. XII, 68.

لاله des Persans.
Lilie des Allemands.
Lily des Anglais.
Λείριον et Κρίνον des Grecs (3).
Lirio des Espagnols.
Lilium candidum (Linn. *gen.* 558).
Le Lys blanc.

(1) Plin. *lib. XXIV, cap.* 10. (2) Dioscorid. *lib. I, cap.* 107.
(3) Λείριον signifiait aussi narcisse, mais seulement chez les Attiques.

Le mot persan *laléh*, qui est le nom de toutes les belles liliacées, et principalement de la tulipe, que les Anciens paraissent n'avoir pas connue, a passé d'une part dans la famille des langues du Nord (*lilie*, *lily*, etc.), et d'une autre dans le grec et le latin; car *lirion* est pour *lilion*, par la permutation usitée de deux lettres fort voisines (1).

LILIUM. *Grande.*

Florentes ferulas, et GRANDIA LILIA *quassans.*
ECL. X, 25.

En grec, ὀρνιθόγαλον, ἢ ἄλλο τι εἶδος λειριώδους ἄνθους.
Liliaceæ sylvestres quælibet.
Diverses Liliacées sauvages.

Bien qu'il paraisse d'abord naturel de supposer que Virgile a voulu, dans le passage cité, désigner le lys blanc, on peut croire aussi qu'il s'agit des grandes espèces de l'*Ornithogalum* de Tournefort, que plusieurs botanistes du moyen âge nommaient encore *lilium* : espèces qui se rencontrent chez les Modernes dans les genres *Phalangium*, *Ornithogalum* et *Scilla*, et qui croissent spontanément dans les forêts d'Italie ou sur les bords de la mer. Cette opinion semble d'autant plus raisonnable que les *lilia* dont il est parlé dans l'églogue X sont portés par les Sylvains, dieux des forêts, et que pourtant le lys blanc, originaire d'Orient, n'était connu à Rome, du temps de Virgile, que dans les jardins des curieux. On le voit, de nos jours, croître spontanément dans plusieurs cantons de la Suisse; mais il n'y est que naturalisé.

LINUM.

Urit enim LINI *campum seges.* GEORG. I, 77.
Nec non et LINI *segetem et cereale papaver*
Tempus humo tegere. GEORG. I, 212.

(1) Les lettres L et R sont placées l'une près de l'autre, en samskrit, dans la classe des sémi-voyelles.

Λίνον des Grecs.
Linum usitatissimum (Linn. *gen.* 528).
Le Lin.

Columelle, Pline et Palladius, partagent l'opinion de Virgile sur la culture du lin, qui, suivant eux, dessèche la terre, et la rend peu propre à recevoir les semences céréales.

LOLIUM. *Infelix.*

Grandia sæpe quibus mandavimus hordea sulcis,
INFELIX LOLIUM....... *dominatur.* ECL. V, 37.
.... *Interque nitentia culta*
INFELIX LOLIUM *et steriles dominantur avenæ.*
GEORG. I, 154.

Αἶρα ou Ζιζάνιον des Grecs (1).
Lolium temulentum (Linn. *gen.* 126).
L'Ivraie.

L'ivraie, que nous nommons ainsi parceque ses effets nuisibles s'annoncent par une sorte d'ivresse, est nommée par Virgile *infelix*, soit à cause de ses propriétés dangereuses, soit parceque, venant habituellement dans les lieux arides, elle annonce la stérilité et la misère.

LOTOS ou LOTUS. masc. et fém. (2).

Les plantes dont la surface de la terre est embellie ont été données à l'homme pour servir à ses besoins, et multiplier ses jouissances. Armes, abris, vêtements, aliments, remédes, il doit tout au régne végétal, qui purifie jusqu'à l'air qu'il respire. Aussi, plein de reconnaissance et d'admiration, l'homme voulut associer les plantes à son culte, les dédier à ses dieux, et leur fit jouer, en les rendant le sujet des plus aimables fictions, un rôle important dans l'histoire et les coutumes des sociétés.

(1) Ces deux mots n'étaient pas absolument synonymes; mais la nuance s'en est perdue.

(2) Planche, dans son dictionnaire, ne donne Λωτός que comme un mot masculin. Ce nom n'a-t-il pas les deux genres en grec, comme il les a, sans contredit, en latin? *Videant doctiores.*

Plus éclairés, sans être beaucoup plus heureux que nos pères, nous avons dépouillé les plantes du doux prestige qui les environnait. L'olivier, le myrte, le laurier, le peuplier, ne sont plus, dans ce siècle ennemi des fables, que quelques individus de la grande famille végétale, que rien ne distingue de la foule. A peine couronne-t-on encore, dans les vers, les poëtes et les guerriers. Le gui meurt ignoré sur le chêne qui le nourrit; et le lotos épanouit sa fleur d'albâtre sur les eaux du Nil, sans que les temples de Memphis s'en décorent, et retentissent du chant sacré des prêtres de l'Égypte.

La nature, mieux connue, est peut-être aussi moins aimable. Un regret s'attache aux illusions détruites, et fait gémir jusqu'à l'homme qui a le plus contribué à les bannir. Les fictions mythologiques qui rattachaient le ciel à la terre et la terre au ciel, par qui tout était vie et mouvement, ne cesseront jamais de nous intéresser, même aujourd'hui que le règne des douces erreurs est passé sans retour.

De toutes les plantes qui rappellent des souvenirs historiques et mythologiques, et que l'antiquité rendit célèbres, il n'en est point qui le soit plus que les lotos; il n'en est point non plus dont l'histoire soit plus confuse. Ce point, si intéressant, de la botanique des Anciens, a fait naître d'innombrables erreurs. Arrivés à cette matière importante, qu'environne tant d'obscurité, nous croyons nécessaire de changer notre marche habituelle, et de commencer par débrouiller l'histoire de tous les *lotus*, avant d'essayer à déterminer les *lotus* de Virgile.

On convient d'abord assez généralement que ce nom fut autrefois donné à un arbre, et à deux plantes, l'une terrestre, l'autre aquatique. Ce premier fait indique la division de notre travail, et y jette un commencement de clarté.

PREMIÈRE SECTION.

LOTUS, arbre.

§. Ier.

Le plus célèbre des arbres qui ont porté ce nom, est l'arbre des Lotophages, illustré par Homère, et dont le fruit, doux comme miel, μελιχώδης, faisait oublier aux étrangers leur patrie (1).

Olaüs Celsius établit assez bien que ce fruit est le fameux דודאים, *doudaïm*, si vanté chez les Hébreux pour sa saveur et son odeur (2). En effet les anciens rabbins disent qu'on le cueillait sur l'arbre מייש, *miich*, que le botaniste arabe Abou'l-Fadhli assure être le *lotos* des Grecs.

Sprengel s'égare ici en voulant séparer des choses que Théophraste a visiblement réunies. Écoutons l'auteur même de l'Histoire des plantes :

« Le lotus est de la grandeur du poirier, ou un peu plus petit; ses feuilles, découpées, ressemblent à celles de l'yeuse (3). Il y en a plusieurs variétés, distinguées par le fruit. Ce fruit, de la grandeur d'une fève, naît parallèlement sur les branches, à la manière des bayes du myrte, et mûrit, comme les grappes de raisin, en changeant de couleur. On en fait un vin qui s'aigrit au bout de trois jours. Du reste, le fruit est très abondant sur l'arbre, et l'arbre lui-même est commun sur la côte de Carthage, où l'on conte que l'armée d'Ophellus, privée de toute autre nourriture, vécut, plusieurs jours, des seuls drupes du lotus. C'est dans l'île des Lotophages que le fruit atteint la saveur la plus exquise; mais le bois de l'arbre, qui est noir, et

(1) *Odyss.* I'. Voyez Saumaise, *Exerc. Plin.* p. 728, etc.; Riccius, *Diss. Homer.*; Shaw, *Voyages, I*, p. 292, etc.; *Travels of M. Bruce*, etc.

(2) Il n'y a rien, au reste, de plus divergent que les opinions des botanistes sur le *doudaïm*. On a voulu long-temps y voir l'*Atropa Mandragora*; Sprengel, comme Linné, désigne une sorte de concombre; Bruckmann, au contraire, prétend qu'on ne peut y méconnaître la truffe, d'après les propriétés qu'il lui suppose. M. Virey, partant du même principe, croit, avec plus de vraisemblance encore, que le *doudaïm* est le fameux salep des Orientaux, formé des bulbes desséchées de différents *Orchis*.

Mais qu'Olaüs Celsius se soit trompé, ce fait importe peu à la conclusion que nous prétendons tirer, savoir que le λωτὸς des Grecs est le *Zizyphus Lotus*. (Wild.)

(3) Sprengel traduit (*Antiq. bot. spec. I*) *foliis incisis, serratis, velut ilicis folia.* Je sais qu'on lit φύλλον δὲ ἐντομὰς ἔχον καὶ πρινῶδες, ou bien καὶ πριονώδες, mais il faut choisir; et si l'on admet *foliis serratis*, on ne peut plus ajouter *sicut ilicis folia.*

dont on fait des flûtes, est préférable, au contraire, dans la Cyrénaïque (1). »

Tous ces détails, fidèlement tirés de Théophraste, et dont nous n'avons un peu modifié que l'ordre, se rapportent à un seul et même arbre. Quel est-il?

C'est celui dont Hérodote compare le fruit aux dattes, Eustathe aux nèfles, et dont Polybe donne, d'après ses propres observations, une description, qu'Athénée nous a conservée (2), assez exacte pour lever tous les doutes :

« L'arbre, dit-il, est de médiocre grandeur, épineux, semblable au *rhamnus;* il a les feuilles petites, plus ovales que celles du *rhamnus*, et de couleur plus foncée. Son fruit, comparable à plusieurs égards aux bayes du myrte, porte un noyau très petit; il prend à l'époque de la maturité une couleur pourpre, et parvient à la grosseur d'une olive. Mûr, on le cueille pour être pilé avec une bouillie de froment, et servir à la nourriture des esclaves. Les maîtres le mangent aussi, après en avoir enlevé le noyau. C'est une datte pour le goût, mais l'odeur en est plus suave. »

Il faut donc voir, dans le lotus d'Homère et de Théophraste, un arbre de la famille des rhamnoïdes.

Sans savoir bien au juste quelle est l'espéce nommée par les Arabes *echkel*, l'espéce, plus connue, qu'ils appellent اراك, *arâc*, et qui paraît correspondre au *Rhamnus Lotus* (L.), nous semble mieux convenir à la description; d'autant que son fruit, connu sous le nom de عنّاب, *'onnâb*, passe du vert au rouge par la maturité (3).

Nous ne devons pas dissimuler pourtant que ce fruit croît pour ainsi dire en grappes, et non point parallèlement. Mais cette condition, exigée par Théophraste, repose sur quelque inexactitude; car aucun des arbres proposés, dans les différents systèmes, ne la remplit.

Le *Rhamnus Lotus* de Linné, *Zizyphus Lotus* de Wildenow, plante à laquelle nous ont conduits les descriptions combinées de Théophraste et de Polybe, est en effet très commun

(1) *Hist. plant. IV*, 4. (2) *Deipnosoph. XIV*. (3) *Gol. Lexic. col.* 76.

près des Syrtes, où l'on s'est toujours accordé à placer le pays des Lotophages. Shaw, d'Avity, Poiret, Desfontaines, en exaltent le fruit, comme la plus délicieuse production des côtes de Tunis et de Tripoli.

Bodæus de Stapel, malgré l'évidence de cette solution, se croit obligé de la combattre, parceque les jujubiers conservent leurs feuilles l'hiver, et présentent une écorce rude, tandis que le lotus perdait son feuillage dès l'arrière-saison (1), et présentait une écorce lisse, agréable à la vue (2). Mais ces derniers faits ne sont basés que sur une erreur de Pline, qui confond le *celtis*, improprement surnommé *lotus*, avec l'arbre des Lotophages. C'est ce que nous verrons plus en détail au §. IV.

La seule objection de quelque poids que nous ne puissions détruire, est celle qui se tire de la couleur du bois de lotus, s'il est vrai, comme l'assure le même commentateur, que le bois des jujubiers soit jaune, et jamais noir. Mais est-il bien sûr de son assertion?

§. II.

En parlant du lotus précédent, Théophraste ajoute (3) que la meilleure espèce de fruit est celle qui n'a point de noyau, car, dit-il, on en connaît de ce genre. Pline répète cette particularité sans l'éclaircir (4).

Robert Constantin, partant de l'erreur qui lui fait prendre le *lotus* et le *celtis* pour une même chose, et considérant le *celtis* comme un alisier, croit trouver cette variété sans noyau dans l'amalenchier, arbre dont le fruit se nomme amalenche en Savoie, et ambrozelle en Provence.

Bodæus de Stapel, pour qui *celtis* et *lotus* sont aussi deux idées confondues, se contente d'observer que le lotus à fruits sans noyaux ne saurait être, comme on l'avait supposé, le *lauro-cerasus*, ni même le gaïac de Padoue (*Diospyros Lotus*), sans déclarer s'il adopte l'opinion de R. Constantin.

Quant à Sprengel, il veut que cette espèce seule soit la jujube,

(1) Plin. *Hist. nat. lib. XVI*, *cap.* 30. (2) *Id. ibid.*
(3) *Hist. plant. IV*, 4. (4) *Hist. nat. XIII*, 17.

et que le fruit du lotus à noyau, du lotus ἡλίκος ἄπιος, πρινώδης, etc., soit la baye du *Celtis australis*. Par là il se trompe plus complétement que les deux autres, qui sont au moins conséquents dans leur erreur. En effet, entre ce lotus et le précédent, quels qu'ils soient, il n'y a d'autre différence essentielle, comme on peut le voir par Théophraste et Pline, que la présence ou l'absence du noyau. Si donc on adopte, pour l'un, le genre des jujubiers, des alisiers, des plaqueminiers, il ne faut pas s'en écarter pour le second.

Pour nous, qui avons désigné le *Rhamnus Lotus*, nous ne sortirons ni du genre *Rhamnus*, ni même de l'espèce. Parmi les variétés qu'elle présente, il doit aisément s'en trouver une où la culture ait fait disparaître le noyau. Est-ce la jujube appelée *zifzouf*, زفزوف? ou celle nommée *bérîr*, برير? ou quelque autre encore moins connue? Le fait peut se vérifier sur les lieux. Que les botanistes du Midi l'éclaircissent.

Quand même on ne trouverait pas de jujube entièrement dépourvue de noyau, il suffirait de choisir celle qui approche le plus de ce caractère. Les Anciens, en effet, n'employaient point strictement, et à la lettre, cette expression de fruits APYRÈNES ou sans noyau. Le hasard veut que nous en ayons conservé la preuve, dans une comparaison appliquée par Sénèque à la morale : *Sic sapiens imperturbatus dicitur, quomodo* APYRINA *dicuntur*, NON QUIBUS NULLA EST DURITIA GRANORUM, *sed quibus minor* (1).

§. III.

Martyn (2), dont l'article LOTUS est un des plus incomplets et des moins raisonnés que ce docte commentateur ait rédigés, observe pourtant une chose que Sprengel (3) a passée sous silence. C'est que Théophraste parle d'un λωτὸς παλίουρος. Le savant anglais pense qu'il s'agit du *nabka* des Arabes, du *lotus* de Polybe, et du *paliurus* de Virgile.

Sans nous arrêter à remarquer que le *nabka* est un fruit, et non point un arbre, nous dirons d'abord que le lotus de Polybe

(1) Senec. *Epistol.* 85. (2) *Comm. in Georg. II*, 84.
(3) *Antiq. botan. Specim. I.*

ne saurait trouver place ici, puisque nous l'avons déja classé au paragraphe précédent, et que c'est le *Zizyphus Lotus* (Wild.). Mais faut-il maintenant établir, pour notre seconde espèce, le *Rhamnus Paliurus* (L.)?

« Il y a aussi en Afrique, dit Théophraste (1), un lotus-paliure, qui diffère du lotus des Lotophages, ayant la tige plus entourée de rejetons, et la feuille du paliure grec. Le fruit n'en est point aplati, mais rond et rouge. Son noyau ressemble aux pépins de la grenade. Ce fruit est suave; on l'améliore encore en le faisant macérer dans du vin, qu'il améliore à son tour. »

Pline exalte aussi le paliure d'Afrique : *Cyrenaica regio loton ipsam suo postponit paliuro.*

Or le véritable paliure, *R. Paliurus* (L.), ne donne pas d'assez bons fruits pour qu'on ait jamais pu lui accorder le nom de lotus. Il est plus raisonnable de chercher un arbre analogue. Ce ne sera point l'*Ilex Aquifolium*, encore moins le *Cornus gharaf*, mais bien le *séder* des Arabes, que son fruit rapproche du lotus, et ses épines, du paliure.

Le *séder* ou *sidr*, سدر, dont le fruit, *nabka*, *nèbik*, etc., نبق, doit être servi par les houris aux bienheureux, et qu'à la description donnée soit par Abou Hanif Ed-Daynouri, soit par Ebn Alwam, on reconnait bien devoir appartenir au genre des jujubiers, est fort épineux, sans doute; tellement même, qu'au rapport d'Hasselquist, on croit en Orient que la couronne de Jésus-Christ fut faite des branches de cet arbuste. Mais cette qualité n'est point particulière au seul *R. Paliurus*. Les épines sont un caractère très prononcé du *Rhamnus divaricatus* de Forskahl; le même que Linné, d'après la tradition dont nous venons de parler, a nommé *R. Spina Christi.*

Voilà le *séder* des Orientaux, et le λωτὸς παλίουρος de Théophraste.

Mais c'est une erreur de Razi (2) et d'Abou Ali ben Sina (3) que d'avoir confondu leur *séder* avec le λωτὸς de Dioscoride (*Celtis australis*), plante toute différente, et dont nous allons parler.

(1) *Hist. plant. IV*, 4. (2) Rhazès. (3) Avicenne.

§. IV.

Pline, en copiant la description, donnée par Théophraste, de l'arbre des Lotophages, ajoute qu'il s'est naturalisé en Italie, où on l'appelle également *lotus* et *celtis* (1); mais que la différence du sol l'a changé.

Cette puissance du sol serait bien grande; car le *celtis* de Pline n'est plus épineux, et son fruit, qui, suivant cet auteur, *nascitur densus in ramis, myrti modo*, près des Syrtes et chez les Nasamons, croît en Italie *cerasi modo*.

Mais il n'en est rien, et Sprengel a parfaitement raison d'affirmer que Pline a confondu deux arbres dont il n'avait jamais vu qu'un seul. Le *celtis*, connu en Grèce et en Italie, avait été vulgairement surnommé *lotus* chez les Romains, vu l'agrément de son fruit, et par allusion au lotus d'Afrique, célèbre de toute antiquité. Nous voyons à chaque instant de ces exemples. N'appelons-nous pas ébène une sorte de cytise? baume, une espèce de menthe? ananas, une belle variété de la fraise? marronnier, un *Esculus* à fruit castaneïforme?

Le *celtis* de Pline reste à déterminer. C'est, dit Robert Constantin, le *perlaro* des Italiens et notre alisier. L'un ou l'autre, à la bonne heure; mais le *perlaro* est un *Celtis*, et l'alisier un *Cratægus*, ce qui ne se ressemble guère. *Perlaro*, micocoulier, dit Vénéroni.

Antoine du Pinet de Noroy établit mal-à-propos la même confusion, comprenant aussi le micocoulier dans les alisiers. Martyn se sert du mot *nettle-tree*, que les dictionnaires traduisent par alisier, sans dire dans quel sens ils l'entendent.

Puisque Robert Constantin fait du lotus apyrène (voyez §. II) l'amélanchier (*Cratægus rotundifolia*, Lamk.), il est probable qu'il entendait, sous le nom d'alisier commun, le *Cratægus Aria* de Linné, le droulier de quelques provinces. Il en existe une variété sans épines, la seule qui puisse convenir à la description du naturaliste romain; c'est celle qu'on appelle cormier-

(1) *Hist. nat. XIII*, 17.

sorbier, et même simplement sorbier, sorbier domestique, comme si on la confondait avec le *Sorbus domestica* (L.).

Mais, restituant au mot *perlaro*, synonyme de *menicocco*, sa véritable signification, nous préférons voir l'arbre de Pline dans le micocoulier, auquel Linné a fort bien fait d'attribuer le nom générique de *Celtis*.

Le fruit du *Celtis australis* naît *cerasi modo*, ce qui n'a pas lieu dans le *Cratægus Aria*. Sa feuille, à dents de scie, assez comparable à celle de l'yeuse, explique d'ailleurs pourquoi Pline a pu le confondre avec l'arbre de Théophraste. Une autre cause d'erreur a été la dureté du bois de lotus, recherché pour les flûtes et les lyres; dont étaient faits le fourreau de l'épée d'Hercule, selon Théocrite, les tables de la loi, selon les Arabes, etc. Car nul arbre en Italie ne doit offrir un bois plus dur que le *Celtis*, d'après la lenteur de la croissance de cet arbre. On en conservait un à Rome, qui passait pour avoir quatre cent cinquante ans.

C'est ici le lotus sans épines de Sérapion; c'est également le lotus de Dioscoride et de Galien, qui accordent à son bois râpé une vertu styptique et un principe colorant, caractères retrouvés par Scopoli dans le micocoulier. Les fruits du *Celtis australis* sont bien reconnaissables, aussi, à la description de Dioscoride (1) : doux au manger, astringents, plus gros que des grains de poivre.

§. V.

Dans tout ce que Pline a dit jusqu'à présent, il n'a point employé le mot de fève grecque. Voici qu'ailleurs (2) il décrit un lotos ou *faba græca*. Cet arbre n'a de branches que vers le sommet, et les a fort grosses; son écorce, lisse, est d'une couleur agréable. Son ombrage, très passager, disparaît avant l'hiver. Il porte un fruit suave, presque semblable à la cerise.

Pline veut-il réellement parler d'un nouvel arbre? ou n'est-ce encore que le *Celtis*? Un passage qui semblerait de nature à

(1) Diosc. I, 134. (2) *Hist. nat. XVI*, 31.

lever ce doute (1), est précisément susceptible de s'entendre dans les deux sens.

S'il faut se décider pour un arbre différent du premier, il n'y en a point qui convienne mieux que le *Diospyros Lotus*, dont Mathiole applique mal-à-propos la figure au lotus de Dioscoride.

Ce *Diospyros* n'est point le διόσπυρος de Théophraste, mais le gaïac d'Italie de Bauhin, *Guayacana* de Tournefort, nommé en France plaqueminier. Son fruit, cérasiforme, est l'*uva d'India* qui se vend à Florence.

Mais ne vaut-il pas mieux penser, avec Bodæus de Stapel, que Pline, accoutumé, comme les anciens botanistes, à s'affranchir de toute méthode, a simplement traité de la même plante sous deux noms, et dans deux chapitres différents? Quant à nous, la chose nous semble infiniment probable. Déja le fruit de sa féve grecque est une cerise, comme le fruit de son *lotus-celtis*. Il attribue ensuite à l'écorce et à la racine de cette *faba græca*, une vertu colorante (2) qui se trouve dans le lotus de Dioscoride. Columelle, en parlant de la féve grecque, qu'il range parmi les arbres fruitiers, ne lui donne aucun caractère qui la distingue du lotus italique ordinaire. Concluons donc, sans toutefois regarder comme inadmissible l'opinion contraire, que *celtis* et *faba græca* n'étaient que deux noms du micocoulier, ou lotus d'Italie (*Celtis australis*, L.).

En terminant l'histoire des lotus arborescents, une remarque importante se présente à nous. L'*aquatica lotos* d'Ovide (3) est un arbre; les mots *truncum, ramos*, ne permettent pas d'en douter. Ailleurs il place encore le lotus avec le saule (4). Voici donc un lotus ligneux qui ne peut se rapporter à aucune de nos cinq espèces, car aucune n'est aquatique. Il faut lui donner un paragraphe spécial, et chercher quelle plante ce peut être.

Mais nos travaux sur cette matière seraient les dissertations sur la dent d'or. Jamais un tel lotus n'exista dans la nature.

(1) *Hist. nat. XXIV*, 2. (2) *Ibid. XVI*, 30.

(3) *Metamorph. IX*, 341 : *Edit. nostræ*, Vol. IV, pag. 111.

(4) *Metamorph. X*, 96 : *Edit. nostræ*, Vol. IV, pag. 162.

Aucun auteur grec ou latin, poëte ou prosateur, ne dit un mot qui puisse en faire présumer la réalité. Ovide seul, Ovide, écrivain aimable et superficiel, occupé de raconter la métamorphose d'une nymphe sans trop s'inquiéter du reste, a pu donner à un lotus arborescent la qualité d'aquatique, qui n'appartient qu'à des lotus herbacés.

SECONDE SECTION.

LOTUS, plante aquatique.

Cette famille de lotos est encore plus célèbre que la précédente; et cependant l'obscurité qui y régnait est telle, que Paw lui-même, dans l'ouvrage savant, judicieux, et peut-être trop peu vanté, qu'il a consacré à des recherches sur l'Égypte (1), n'a pu sortir de la confusion qui régnait avant lui sur cette matière. Bélon, Prosper Alpin, n'avaient fait qu'embrouiller les noms et les choses; c'est Mathiole, Dodonæus, Clusius, qui, jusqu'à nos jours, s'étaient le plus approchés de la vérité, quand nos campagnes d'Égypte sont venues fournir des renseignements précieux.

§. VI.

Parlons d'abord du κύαμος αἰγυπτιακὸς des Anciens, de la féve d'Égypte, le plus remarquable des *lotus* aquatiques.

Théophraste qui décrit cette plante (2), la fait naître dans le Nil, quoiqu'elle vienne aussi, dit-il, dans quelques marais de Syrie, de Cilicie, etc. La racine en est épineuse au point de faire fuir le crocodile, qui n'a pourtant que les yeux de vulnérables. Passons sur cette fable, et voyons le reste. On mange cette racine, crue ou cuite. La fleur est rose, double de celle du pavot; le fruit, assez semblable à un rayon de miel circulaire, contient, dans ses alvéoles, une trentaine de féves propres à servir d'aliment, et qu'on a soin de semer dans du limon mêlé de paille, pour propager la plante.

(1) Recherches sur les Égyptiens et les Chinois, 2 vol. in-8°.
(2) Theoph. *lib. IV*, *cap.* 10.

Hérodote l'appelle lys rosé. Il en compare aussi le fruit à du miel en rayons.

Galien vante, comme aliment, les fèves que fournit le κιβώριον. On appelait κιβώριον le globe formé par les capsules réunies du fruit de notre plante. On s'en servit comme de vase à boire; et de là κιβώριον prit, en grec, le sens de coupe(1). Nous en avons formé notre mot CIBOIRE, que sans cela on aurait cru pouvoir dériver naturellement de *cibus*.

Athénée dit que la fève égyptienne se nomme aussi *lotos* ou *melilotos* (2). Nicandre la surnomme colocase. Ces deux appellations sont impropres et abusives.

Quel est donc enfin le κύαμος αἰγυπτιακὸς des Anciens? C'est le ترمس, *termous*, des Arabes, le *Nymphæa Nelumbo* de Linné, le *Nelumbium speciosum* de Wildenow.

C'est cette belle plante qui formait, au milieu du Nil, des masses de verdure, où l'on allait, au rapport de Strabon, prendre des repas délicieux. On ammarrait aux touffes épaisses des nymphéas, les barques légères où, sur des lits voluptueux, les convives, mollement couchés, jouissaient de la beauté du ciel et de la fraîcheur des eaux; enivrés du parfum de ces grandes rosacées, et garantis des ardeurs du soleil par les larges feuilles que des pétioles, de dix pieds de longueur, balançaient au-dessus de leurs têtes.

C'est cette plante, la coiffure des sphinx, la parure d'Isis, le siége d'Harpocrate, l'emblême du silence et de la perfection; c'est le *tamara* des Indes, portant Brahma sur l'abîme des

(1) Sprengel prétend, il est vrai, que c'est le mot κιϐώριον, coupe, qui a fourni le nom de la plante égyptienne. Cette progression d'idées est peu naturelle; et d'ailleurs κιϐώριον, qui ne dérive d'aucune racine grecque, offre toutes les apparences d'un emprunt fait aux étrangers. Pourquoi ne serait-ce pas un mot de la langue égyptienne, aujourd'hui oubliée? Ne pourrait-il pas venir de KEB, tête, l'un des radicaux les plus universels que l'on connaisse, et d'OR (que nous appelons Orus), divinité du pays?

On peut former, sur les mêmes bases, beaucoup d'autres conjectures. Cependant l'étymologie KEB-OR prendrait un degré de probabilité de plus, s'il ne restait aucun doute sur l'assertion de Prosper Alpin, quand il rapporte que le fruit du *Nymphæa Lotus* se nomme encore, vulgairement, tête du Nil.

(2) *Deipnosoph. lib. III, cap.* I.

eaux éternelles, ou servant de conque flottante à la divine Lakchmi.

Elle ne se trouve plus en Égypte; les *fabeta* du Nil ont disparu; mais elle existe encore dans les grands fleuves de l'Inde, et continue à jouer, dans la religion des Brahmes, le rôle important qu'elle occupait dans celle de leurs imitateurs. Le missionnaire Just Huern, dont la relation se trouve insérée dans les commentaires de Bodæus de Stapel sur Théophraste, l'avait vue dans l'île de Java, et l'appelait *Nymphœa glandifera.*

§. VII.

Il est un autre *lotus*, voisin du précédent, dont il a partagé la célébrité. Hérodote l'appelle simplement λωτός. Il naît, dit-il, dans les lieux inondés par le Nil. Son fruit, de la forme d'une tête de pavot, contient des semences qu'on fait rôtir pour en préparer une sorte de pain. Sa racine bulbeuse, de la grosseur d'un beau fruit, est également comestible.

Théophraste décrit en outre la fleur de ce lotus, blanche, et semblable à celle du lys. Il ajoute aussi qu'au soleil couchant elle se replie, et s'enfonce sous les eaux pour ne reparaître qu'au soleil levant; que les semences renfermées dans son fruit papaveracé, loin d'égaler le volume des féves d'Égypte, ressemblent à des grains de millet; qu'on entasse ses têtes pour en laisser pourrir l'enveloppe, qu'ensuite on en sépare la semence par des lavages, et qu'on en fait du pain; qu'enfin la racine du lotus est ronde, de la grosseur d'une pomme de coing, et blanche, sous une écorce brune; qu'elle se nomme κόρσιον· qu'on la mange crue et cuite, mais mieux de la dernière façon.

Voici donc une espèce bien distincte de celle que nous avons déterminée. Une bulbe au lieu d'une racine, une fleur constamment blanche et non rose, de petites graines pour semence au lieu de féves, sont des caractères saillants, qui l'en séparent, même aux yeux de ceux qui ne sont pas botanistes.

Nul doute sur le nom à lui donner. On y reconnaît la plante que les Arabes appellent بشنين, *bachenin*, et dont ils nomment la bulbe (le *corsium* des Anciens) بيمروم, *baymaroum* (1). On y voit clairement, en un mot, le *Nymphæa Lotus* de Linné.

Cependant Dioscoride, qui l'appelle, ainsi que plusieurs Anciens, κολοκάσιον, la confond avec le κιβώριον, et dit qu'on les surnomme, l'une et l'autre, fève pontique. Pline fait bien mieux : il transporte à la tige du *faba ægyptiaca* ce que Théophraste avait dit de sa racine; il attribue à une seule et même plante (la colocase) deux particularités dont l'une, l'usage des tiges comme aliment, ne concerne que le *Nymphæa Lotus*, tandis que l'autre, l'emploi des feuilles pour former des vases, ne convient qu'au *Nymphæa Nelumbo*. Il dit enfin qu'on la semait en Italie de son temps, et ceci a rapport à l'*Arum Colocasia*.

§. VIII.

Un troisième *Nymphæa*, que Sprengel passe sous silence, le confondant avec le *Nelumbo*, quoiqu'il se rapproche plutôt du *Nymphæa Lotus*, à la différence près de ses feuilles plus entières et de sa couleur bleue, est probablement le *lotus* dont parle Athénée dans le XVe livre de son Banquet des savants.

C'est l'espèce qui porte proprement le nom de لينوفر, *linoufar*: mot qui s'écrit aussi *niloufar, ninoufar* et *noufar*, et dont nous avons pris le nom français de nénufar. On la trouve encore dans le Nil. M. Savigny, qui l'a soigneusement observée, l'appelle botaniquement *Nymphæa cærulea*.

Sur les monuments de la sculpture égyptienne, on ne saurait distinguer l'une de l'autre les espèces VI, VII et VIII, principalement caractérisées par la couleur de leurs fleurs, circonstance qu'on ne pouvait y exprimer, ou par la forme de leur fruit, qu'on n'avait point de motifs pour y représenter.

(1) *Bayâroum* suivant Golius, *baymaroum* selon Sprengel (*Antiq. botan. specim.*). Ce savant ajoute, d'après Prosper Alpin, que le fruit se nomme tête du Nil, راس النيل. Je n'ai pas osé l'affirmer, craignant qu'il n'y eût là quelque erreur, fondée sur la ressemblance de deux mots arabes. En effet, les fleurs de cette plante se nomment très certainement عرائس النيل, *Arâïs el-Nil*, les épouses du Nil.

§. IX.

Il est singulier que le nom de colocase, donné si souvent au *Nymphæa Lotus*, ait pu s'appliquer aussi à une plante du genre des *Arum*. Le fait est néanmoins indubitable.

L'*Arum Colocasia* ne fleurit presque jamais, et ses fleurs diffèrent extrêmement de celles des nénufars. Mais il y a de la ressemblance dans les feuilles. La racine de l'*Arum*, quoiqu'assez âcre, se mange aussi à la manière du *corsium*. Ce légume, d'ailleurs, était originaire d'Égypte. En voilà plus qu'il ne faut pour que les Romains, qui en avaient naturalisé la culture en Italie, l'aient confondu avec la véritable colocase.

Jamais en effet ils n'en citent la fleur, qui, certes, s'il se fût agi d'un *Nymphæa*, n'aurait pu être oubliée. On voit, en outre, que la manière de le planter par bulbes au bord des eaux, rapportée par Columelle et Palladius, est la même qu'ont vu pratiquer, pour l'*Arum*, Clusius et Bélon. Il peut cependant aussi végéter dans les champs (1).

Quant aux Arabes, ils l'ont toujours bien distingué, et c'est à cette espèce seule qu'ils ont réservé le nom de *koulkas*, قلقس; Rhazès en recommande la racine comme stomachique. Abdou'l-Latif parle des bulbes qui l'accompagnent, et qui sont de la forme d'une fève, et de couleur rose. Le juif Maimonide l'appelle le gingembre de l'Égypte.

C'est assurément le *niliacum olus* dont Martial plaisante.

(1) Cette raison me fait grandement douter de l'utilité d'une correction que Sprengel propose au texte d'Avicenne. Il croit que le fruit du *niloufar* ne saurait s'appeler graine de l'époux (*el-'arous*), mais de l'*Arum* (*el-'aroun*). L'*Arum* est bien la colocase *koulkas*, mais non la colocase *Nymphæa;* et le nom de légume aquatique, donné par Avicenne, ne lui convient qu'à moitié. Ainsi nul prétexte pour changer. — Mais que signifie *Habb el-'arous?* — Qu'importe? Ce pourrait être un de ces noms insignifiants comme nous en avons mille. Et cependant, par bonheur, nous tenons le fil qui doit nous guider dans cette explication. Ce fil est l'expression *Arâïs el-Nil*, citée dans la note 1, page XCIII.

TROISIÈME SECTION.

LOTUS, plante terrestre.

§. X.

Homère fait mention, dans quatre ou cinq passages différents, d'un *lotos* qui couvrait les campagnes (1), et qui servait de fourrage choisi pour les bestiaux. Les chevaux d'Achille (2), les bœufs que déroba Mercure (3), en étaient nourris. On ne sait s'il faut attribuer au hasard le voisinage que le poëte établit toujours entre cette plante et quelque plante de marécages; le mettant constamment, dans ses énumérations, à côté du κύπειρος ou du σέλινον ἐλεόθρεπτον. Une circonstance pareille prouve moins dans Homère que dans tout autre écrivain: chez lui, une formule une fois adoptée, se reproduit sans cesse.

On trouve pourtant dans le poëte une exception bien notable; c'est le passage où il fait naître le lotus sur l'Ida, avec le safran et l'hyacinthe, pour servir de couche aux célestes époux (4).

Dioscoride, Galien, Paul d'Egine, n'en ont d'ailleurs tenu compte; ils ne font point de leur lotus trifolié une plante de marais. J'ai dit trifolié, car c'est ainsi qu'ils peignent le lotus herbacé des pâturages. Les auteurs anciens le rapprochent souvent du cytise; et ces deux particularités réunies l'ont fait avec raison chercher parmi les papilionacées.

Ceux qui pensent reconnaître, dans le cytise des Anciens, le *Medicago arborea*, désignent, pour le lotus de leurs bestiaux, le *M. falcata*, espèce voisine, et qui fournit l'excellent fourrage nommé *kadhb*, قضب. Il y a sur ce point mille opinions, celles de Comelin, de Plukenet, de Daléchamp, etc. La plus connue est celle de Linné; nous pourrions nous y tenir, et désigner son *Lotus corniculatus* comme la plante dont il s'agit. Mais, tout réfléchi, il nous semble voir plus de probabilité dans les raisons de Sprengel. Ce botaniste a tort de s'é-

(1) *Odyss.* Δ, 602. (2) *Iliad.* B, 776. (3) *Hymn. in Merc.* 107
(4) *Iliad.* Ξ; 348. — Voyez aussi Pline, XXII, 21.

tayer de Mathiole, qui n'a jamais affirmé ce qu'il lui fait dire, et qui ne parle ici que d'un *trifoglio cavallino* dont l'espèce n'est pas facile à préciser; mais à cela près, son opinion, quoiqu'isolée, paraît très admissible, et nous dirons avec lui que le λωτὸς ἥμερος τριφύλλος de Dioscoride est le *Melilotus officinalis* (L.). La tradition nominale attachée aux plantes dont la médecine a fait usage, est en effet l'une des boussoles les moins incertaines.

Si la correction insérée par plusieurs bons critiques, dans le texte de Théophraste, est admise, le botaniste athénien avait probablement parlé de notre plante sous le nom de μελίλωτος. Il ne décrit réellement, comme nous l'avons dit, que cinq lotus, deux aquatiques, et trois arborescents; mais, vers la fin de son ouvrage (1), en parlant de la ressemblance des noms des plantes : « Il est essentiel, dit-il, de faire attention aux particularités, aux différences des genres homonymes. Le lotos en est un exemple (2); car on en connaît beaucoup d'espèces, différenciées par les feuilles, les tiges, les fleurs et les fruits; au nombre desquelles espèces il faut compter celle qu'on appelle MÉLILOT. »

§. XI.

Après avoir parlé de ce lotus (3), surnommé ἥμερος parcequ'on le semait dans les pâturages, Dioscoride en décrit sommairement un autre (4) sous le nom de lotier sauvage, λωτὸς ἄγριος. Cette espèce était vulgairement nommée *libyon*.

Bodæus de Stapel, analysant les différentes conjectures formées à cet égard, et les comparant aux propriétés odorantes et médicinales accordées au λωτὸς ἄγριος, établit que ce n'est point le tréfle vulgaire, mais l'herbe que les bonnes femmes de son pays appellent, dit-il, baume des sept temps, herbe des sept odeurs.

Qu'est-ce que le baume des sept temps?

(1) *Hist. plant. lib. VII, cap.* 14.

(2) Ὥσπερ ὁ λωτός· τούτου γὰρ εἴδη πολλὰ, διαφέροντα καὶ φύλλοις, καὶ καυλοῖς, καὶ ἄνθεσι, καὶ καρποῖς· ἐν οἷς καὶ ὁ ΜΕΛΙΛΩΤΟΣ καλούμενος.

(3) *Diosc. IV*, 106. (4) *Id. ibid.* 107.

Parmi les plantes improprement décorées du nom de baume, on ne connaît qu'une seule papilionacée; le choix est donc facile. Et justement cette papilionacée a conservé le nom de lotus. C'est le *Meli-lotus cærulea* (L.), appelé aussi lotier odorant, baume du Pérou, etc., et dont l'odeur forte et le suc mielleux attirent puissamment les abeilles.

La seule difficulté consiste en ce qu'on regarde le *Melilotus cærulea* comme originaire de Bohême, et non d'Afrique. Mais il croît dans beaucoup de climats. Qui sait, d'ailleurs, si *libyon* n'était pas, chez les Anciens, une qualification aussi abusive que l'est chez nous celle de baume du Pérou?

Telle est l'histoire entière des lotus. Il y reste sans doute plusieurs points incertains, que nous desirons voir s'éclaircir par les investigations de plus savants que nous. Mais si nous n'avons pu résoudre avec succès toutes les questions, nous les avons clairement posées. Réduisant à des termes précis les difficultés d'une matière sur laquelle on a beaucoup parlé sans parvenir à s'entendre, nous avons espéré que le tableau synoptique, qui va suivre, servirait de fil pour les recherches ultérieures tentées dans ce labyrinthe, jusqu'à présent inextricable. Aucun sujet botanique n'offrait un intérêt comparable à celui-ci. Il s'agissait d'une plante que réclament à-la-fois l'agriculture, la médecine, (1) la religion, la poésie; d'une plante dont le nom remplit tous les livres, et se lie à l'histoire comme à la fable; d'une plante dont la célébrité peut s'apprécier par un seul trait, quand on se rappelle cette gracieuse tradition d'après laquelle un jardin, arrosé d'une eau où la fleur du lotus avait été broyée (2), devait produire, sans autre semence, tous les végétaux agréables, et se couvrir, par le luxe d'une fécondité subite, de tous les dons qui parent la corbeille de Flore.

Mais avant de récapituler les onze espéces de *lotus* que nous

(1) *Ferunt ventris non sentire morbum, qui eum mandant* (Plin. XIII, 17).
(2) *Geoponic. XII*, 6.

venons de voir, jetterons-nous, suivant notre usage, un coup-d'œil rapide sur l'étymologie de ce nom? Oui; si ce n'est pour établir une vérité, au moins pour dissiper des erreurs.

Il n'y a pas même d'apparence à celle qu'un rêveur a inventée, et que tout le monde copie, c'est-à-dire, λῶ pour θέλω. Qu'a de commun l'idée de VOULOIR avec celle de *lotus*?

Ce nom est plus ancien que la langue grecque. En lui supposant une origine sémitique (1), on pourrait le faire dériver, non de لات qui n'aurait aucun sens, mais de لاث qui, à la deuxième forme, signifie troubler l'eau, et d'où peut venir le mot latin *lutum*, boue; ou plutôt de لثّ, être arrosé, mouillé, ce qui convient très bien aux nénufars; peut-être aussi de لاط qui, entre autres sens, a celui de cacher, cacher des mystères, et pourrait s'appliquer à cette fleur symbolique et sacrée.

Mais pourquoi ne pas avouer notre ignorance? Pourquoi ne pas croire simplement que c'est un mot égyptien? LOT a dû servir à désigner, de toute antiquité, dans la bouche des indigènes, les nymphéas du Nil, etc.

Si ce mot avait un sens antérieur et plus général, c'est ce qu'on ne saura jamais. Hasardons pourtant une conjecture. La seule ressemblance entre les plantes si diverses qui ont porté le nom de lotus; le seul point de contact entre des Nénufars, des Jujubiers, un *Arum* et un Mélilot, c'est l'existence d'une sorte de féves, ou de quelque chose qu'on y ait comparé. On a vu que, pour les deux premières familles, c'est le fruit qui avait fourni aux Anciens cette similitude, et que pour la troisième, ce sont les bulbes oblongues de la racine; quant à la dernière, on sait bien que le fruit à gousse de toute papilionacée représente en petit celui de la Féve proprement dite. Ne pourrait-on pas raisonnablement induire de là que, dans son acception primitive, le mot égyptien LOT signifiait féve, et qu'il s'est ensuite étendu, avec plus ou moins de justesse, aux plantes dans lesquelles le peuple aura cru saisir cette analogie?

(1) Langues sémitiques : famille de langues, dont le nom vient probablement du nom de Sem, et que des caractères communs, très marqués, distinguent de toutes les autres. Les principales sont l'hébreu, l'arabe, etc.

TABLEAU SYNOPTIQUE DES LOTUS DES ANCIENS.

	NUMÉROS DES PARAGRAPHES de l'article.	NOMS VULGAIRES			NOMS BOTANIQUES.
		GRECS.	ARABES (écrits selon la prononciation française).	LATINS.	
LOTUS ARBORESCENTS.	I.	Λωτοφάγων δένδρον.	*Arâc?* Et le fruit, *onnâb?*	*Lotus.* *Lotus africanus.* *Lotophagorum arbor.*	*Rhamnus Lotus* (L.). *Zizyphus Lotus* (Wild.).
	II.	Λωτὸς ἀπύρενος.	*Arâc?* Fruit, *bérir? zifzouf?*	*Lotus sine nucleo.*	*Rhamnus Lotus* (L.) var.....?
	III.	Λωτὸς παλίουρος.	*Séder* ou *Sidr.* Et le fruit, *nabka.*	*Lotus paliurus.* *Pal. cyrenaïcus.*	*Rhamnus Spina Christi* (L.).
	IV.	Λωτός....	»	*Lotus italica.* *Celtis.*	*Celtis australis* (L.).
	V.	Λωτός....	»	*Lotus, sive Faba græca.*	*Diospyros Lotus?* *Celtis australis?*
LOTUS HERBACÉS aquatiques.	VI.	Λωτός. Κύαμος αἰγυπτιάκος. Κιβώριον.	*Termous.*	*Lotus sacra.* *Faba ægyptiaca.*	*Nymphæa Nelumbo* (L.).
	VII.	Λωτὸς λευκός. Κολοκάσιον. Sa racine, κόρσιον.	*Bachenine.* Et la racine, *baymaroum.*	*Lotus, sive Colocasium.*	*Nymphæa Lotus* (L.).
	VIII.	Λωτὸς στεφανωτικός.	*Linoufar, Niloufar*, etc.	*Lotus....?* (*cyaneus*).	*Nymphæa cærulea* (Sav.).
	IX.	Λωτὸς ἢ Κολοκάσιον.	*Koulkas.*	*Colocasium.* *Niliacum olus.*	*Arum Colocasia* (L.).
LOTUS HERBACÉS terrestres.	X.	Λωτὸς ἥμερος τριφύλλος. Μελίλωτος;	*Kadhb?*	*Lotus....?* (*pratensis*).	*Melilotus officinalis* (L.).
	XI.	Λωτὸς ἄγριος. Λίβυον.	»	*Id.*	*Melilotus cærulea* (L.).

Nous pouvons maintenant examiner quelles espèces de *lotus* Virgile a mentionnées dans ses écrits. Voici les passages où il en parle:

> .... *Inter quas* IMPIA LOTOS,
> *Impia, quæ socios Ithaci mœrentis abegit.*
> CULEX, 124.
>
> *Præterea genus haud unum nec fortibus ulmis*
> *Nec salici* LOTOQUE, *neque idæis cyparissis.*
> GEORG. II, 84.
>
> *At cui lactis amor, cytisum,* LOTOSQUE *frequentes*
> *Ipse manu...... ferat.* GEORG. III, 394.

Dans le premier, il s'agit évidemment de nos deux premières espèces, c'est-à-dire du *Zizyphus Lotus* (Wild.) et de sa variété apyrène. Le poëte appelle impie un arbre dont la douceur faisait oublier l'amour de la patrie, ce sentiment le plus noble et le plus naturel de tous, cette religion des grandes ames.

Dans le second, il a certainement en vue le *Celtis australis* de Linné, vrai lotus italique. Quand il dit *genus haud unum*, fait-il allusion aux lotus d'Afrique, différents du premier? ou n'a-t-il en vue que de légères variétés dans l'aspect du *Celtis?* ou enfin parle-t-il, à-la-fois, du *Celtis australis* et du *Diospyros Lotus*, deux arbres qui pouvaient, à la rigueur, porter en même temps, en Italie, le nom vulgaire de *Lotus?* Ceci est bien difficile, pour ne pas dire impossible à décider.

Le troisième passage correspond à la sixième de nos espèces, *Melilotus officinalis* (L.), et peut-être aussi à la onzième, *M. cærulea.*

Virgile a donc parlé des espèces de *lotos* qui, dans le tableau précédent, sont comprises sous les numéros I, II, IV, X, et peut-être V et XI.

Quant à l'espèce III, Virgile ne l'a point citée, comme on le prétend, sous le nom de *paliurus* (Voyez ce mot). L'a-t-il vaguement désignée, avec d'autres, dans le premier ou dans le second passage? N'en a-t-il point parlé du tout? Ce dernier système est le plus probable.

Il n'a fait aucune mention des espèces VI et VIII, malgré leur célébrité.

Restent les espèces VII et IX. Virgile a désigné l'une des deux, on ne sait laquelle, sous le nom de *colocasium*. Mais nous avons discuté ailleurs cette question, qui n'appartient plus à l'article LOTUS. Voyez COLOCASIUM.

LUCI INDICI, etc. Voyez ARBOR INDICA.

LUPINUS. *Tristis.*

> *Aut tenues fœtus viciæ,* TRISTISQUE LUPINI
> *Sustuleris.* GEORG. I, 75.

Θέρμος ἥμερος des Grecs.
Lupinus sativus (Bauh. *Pin.* 347, n° 1).
Lupinus albus (Linn. *gen.* 1176).
Le Lupin.

Le lupin servait autrefois de nourriture aux stoïciens et aux pauvres. Virgile le qualifie de *tristis*, semblant ainsi faire allusion à l'étymologie assez problématique, qui fait venir *lupinus* de λύπη, tristesse. Au moins est-il certain, que cette plante est peu agréable à la vue, et qu'elle fournit « un triste manger. »

LUTUM. *Croceum.* — *Corycium.*

> . . . . *Jam* CROCEO *mutabit vellera* LUTO.
> ECL. IV, 44.
> *Ut tibi* CORYCIO *glomerarem flammea* LUTO.
> CIR. 317.

Στρουθίον des Grecs?
Lutum herba (Dodon. Pempt. 80).
Reseda Luteola (Linn. *gen.* 831).
La Gaude, l'Herbe à jaunir.

Les Anciens, chez lesquels la chimie était à naître, n'avaient qu'un très petit nombre de substances employées en teinture : la pourpre, *murex*, la gaude, *lutum*, le sandyx (voyez ce mot) et quelques autres. Chez les Modernes, où elles sont variées à l'infini, la gaude joue encore un rôle important. Elle fournit une belle couleur jaune safranée, *crocea*. On la cultive dans quelques unes de nos provinces pour cet objet.

Le mont Corycus, en Cilicie, était célèbre par la récolte du safran. Il paraît qu'on y cultivait aussi la gaude. Ou bien le *lutum* n'aurait-il l'épithète de *corycium* qu'à raison de sa couleur, qui le ferait confondre, par le poëte, avec le safran?

Savoir quelle est la plante des Grecs qui correspond au *lutum*, si c'est le στρουθίον, l'ἰσάτις, le χυμένιον, etc., ce point forme une question très compliquée, qu'il n'entre pas dans notre sujet de résoudre, et sur laquelle on peut consulter principalement Bodæus de Stapel (1), qui, sans avoir à cet égard des idées très nettes, a du moins recueilli beaucoup de faits.

M.

MALUM. *Roscidum.* — *Suave rubens.*

Sæpibus in nostris, parvam te ROSCIDA MALA
. . . . *vidi, cum matre, legentem.*
ECL. VIII, 37.
. . . . *Mutatamque insita* MALA
Ferre pyrum. GEORG. II, 33.
. . . . *Et* SUAVE RUBENTIA MALA.
COP. 19.

Μῆλον des Grecs.
Fruit du *Malus communis* (Linn.).
La Pomme.

Malum correspond exactement au mot pomme, sans détermination plus précise. Dans le passage cité du *Copa*, l'épithète *suave rubens* peut cependant faire croire qu'il s'agit de la pomme d'api, fruit de la variété de pommier nommée *Malus apiosa* par les jardiniers; ce qui, après tout, n'est d'aucune importance.

(1) *Comm. in Theophr. lib. VI, cap. 7.*

MALUM AUREUM, MALUM HESPERIDUM.

Quod potui, puero, sylvestri ex arbore lecta,
AUREA MALA *decem misi; cras altera mittam.*
ECL. III, 71.
Tum canit, HESPERIDUM *miratam* MALA *puellam.*
ECL. VI, 61.

Χρυσόμηλον des Grecs.
Fruit du *Citrus Aurantium* (Linn. *gen.* 1218).
L'Orange.

Malgré l'opinion commune, M. Gallesio, dans son traité du *Citrus*, a voulu prouver que les Anciens ne connaissaient point l'oranger. Il est vrai qu'ils ne le décrivent pas clairement; mais n'ont-ils pas pu le confondre avec les autres espèces de citronniers?

A quel fruit, mieux qu'à l'orange, peuvent se rapporter ces qualifications de pomme d'or, de pomme des Hespérides? Ce ne pourrait être au citron, dont la saveur acide n'eût pas mérité qu'on en fît la pomme d'un autre paradis terrestre. Ce serait donc le coing, comme le croit M. Gallesio. « Goropius Bécanus, dit-il, rapporte qu'on découvrit à Rome une statue d'Hercule tenant à la main trois pommes de coing; or, on connaît la fable d'Hercule dépouillant l'arbre des Hespérides; cet arbre est donc le coignassier. » Mais il y a beaucoup de choses à dire sur ce témoignage isolé de Goropius Bécanus, et sur la conséquence du fait, qui, fût-il mieux prouvé, pourrait bien ne résulter que du caprice particulier d'un artiste. La couleur jaune sale du coing ne semble guère pouvoir être cette couleur éclatante et divine qui séduisit Atalante.

On insiste : « L'oranger ne croît pas dans les pays où les poëtes plaçaient le jardin des Hespérides. » Mais qui donc a si bien instruit M. Gallesio, et lui a pu dire quel était ce pays? En supposant que les poëtes anciens aient commencé par le savoir eux-mêmes, nous autres Modernes avons tant à choisir entre les différents systèmes qui le mettent l'un en Suède, l'autre en Arménie, celui-ci aux Canaries, celui-là à la Nouvelle-Zemble, que nous n'aurons jamais, je pense, d'opinion fixe sur ce merveilleux jardin, avant d'avoir retrouvé les dragons qui en gardaient l'entrée.

Rapportons-nous-en à l'opinion générale, puisque les objections paraissent peu fondées, et que l'étymologie la confirme. Pourquoi ne pas voir les oranges dans ces *mala aurea*, qu'au moyen âge on nommait en latin *aurantia*, et en français méridional *auranzes*? Les croisades propagèrent la culture de l'oranger en Europe, mais elles n'y donnèrent pas naissance. Sans doute, on la pratiquait dès le temps des Romains, au moins dans les provinces qui forment aujourd'hui le royaume de Naples. Ils en avaient, au moins, en tous cas, entendu souvent parler.

Cependant, si *mala Hesperidum* doit toujours se traduire par oranges, il ne nous semble pas que, pour *mala aurea*, la régle, quoique certaine, soit aussi impérieuse, et n'admette aucune exception. *Malum*, en principe, ne veut dire qu'une pomme; or une pomme peut recevoir accidentellement toutes les épithétes dont la poésie embellit les objets qu'elle décrit; et le hasard peut faire qu'on l'appelle dorée, comme on l'appellerait ronde, rougeâtre, appétissante.

C'est même probablement le cas du vers 71 de l'Églogue VII. En effet ces *mala aurea* envoyés par un simple berger, *ex sylvestri arbore*, peuvent très bien n'être ni des oranges, ni des coings, mais simplement des pommes, dont Ménalque, qui en a fait don à l'objet de ses amours, se plaît à vanter la belle couleur.

Toutefois nous croyons que la poésie seule a fait mettre dans cette circonstance *aurea* pour *flava;* et que si l'on rencontrait dans un prosateur latin *mala aurea*, il serait naturel de traduire ces mots par oranges, sans plus d'hésitation que pour *mala Hesperidum*.

MALUM CANUM. *Tenera lanugine.*

Ipse ego CANA *legam* TENERA LANUGINE MALA.

ECL. II, 51.

Κυδωνίον μῆλον des Grecs.

Malum cotoneum (C. Bauhin, *Pinax* 434).

Fruit du *Pyrus cydonia* (Linn. *gen.* 858).

Le Coing.

Voici le coing, à la bonne heure. Il ne s'agit plus de pommes d'or, mais de pommes blanchâtres et lanugineuses; la description est claire.

Le coing, fruit dédié à Vénus, et regardé comme l'emblême du bonheur et de l'amour, s'appelait chez les Grecs κυδώνιον μῆλον, pomme de Cydon. On l'avait primitivement cultivé à Cydon, ville de Créte.

Quant au nom de *malum cotoneum*, si c'était dans Bauhin, et dans les auteurs du seizième siècle, qu'on le trouvât pour la première fois, il n'y aurait point de difficulté sur son étymologie. Depuis l'invasion des Musulmans en Occident, le mot arabe قطّن avait passé dans toutes les langues européennes pour exprimer le coton, et l'on en aurait formé, en latin vulgaire, l'adjectif COTTONEUS. *Scriptum in charta cottonea*, dit un vieux diplôme, rédigé en Sicile au siécle des croisades, et tracé sur le papier de coton que le commerce apportait alors d'Égypte. Or il n'est point de fruit qui méritât plus que le coing l'emploi de cette épithète. On ne peut mieux comparer qu'à du coton ce duvet particulier, *tenera lanugo*, dont il est revêtu.

Mais Pline emploie l'expression de *mala cotonea*, qui, de son temps, ne pouvait aucunement signifier pommes cotonneuses. Quels sont les mots latins analogues? On n'en voit point, si ce n'est *cottonea* pour *cottona*, petites figues qu'on faisait taper et sécher. Pline appelle-t-il le coing, pomme semblable à un *coctonum*, à une petite figue (1)?

Non, mais *cotonea* n'est que la corruption vulgaire de κυδωνία (*cudonia*, *cudonea*, *cutonea*). L'*upsilon* n'était pas toujours, ainsi que se le figurent les Grecs modernes, l'équivalent de l'*iota*. Souvent, comme dans Ὑστάσπης, Ὕπανις, Τυφὼν, il fut employé pour rendre la diphtongue *ou* des mots orientaux. Souvent aussi, en passant en latin ou en français, il ne se changea point en *y*, mais en *u* ou en *ou*. Κύβος, *cubus*; πῦρ ἄγω, *purgos*

(1) *Juven. Sat. III*, 82.

πύξος, *buxus;* πύργος, *burgus;* βύρσα, bourse; θύειν, tuer; μύσταξ, moustache; etc., en sont des exemples.

MALUM FELIX. Voyez MALUM MEDICUM.

MALUM MEDICUM. *Tristi succo.*

> MEDIA *fert* TRISTES SUCCOS, *tardumque saporem*
> *Felicis* MALI.......................
> ....
> *Ipsa ingens arbos, faciemque simillima lauro;*
> *Et, si non alium late jactaret odorem,*
> *Laurus erat: folia haud ullis labentia ventis:*
> *Flos ad prima tenax: animas et olentia Medi*
> *Ora favent illo, et senibus medicantur anhelis.*
>
> GEORG. II, 126.

Μηδικὸν μῆλον, Κίτριον des Grecs.

Fruit du *Citrus medica* (Linn. *gen.* 1218).

Le Citron.

Le citronnier, décrit par le poëte latin avec une exactitude que nous avons eu déja l'occasion d'admirer, fut long-temps sans recevoir de nom chez les Grecs, comme chez les Romains. Théophraste l'appelle μηλέα μηδικὴ ἢ περσική. Pline, pommier de Médie ou d'Assyrie. Plus tard, μηλέα περσικὴ prit le sens de pêcher; *malus assyriaca* cessa d'être en usage; et la désignation du citronnier devint plus précise, sous le nom de *malus medica* ou de *citrus.*

Est-ce du citron que parle Josèphe, quand il fait mention de la pomme de Perse, qui, de son temps, servait de *hadar* (1)? Quand la chose serait certaine, il n'en résulterait pas que ce mot hébreu signifiât citron ou citronnier, comme l'ont cru quelques savants. On entendait uniquement par là un fruit remarquable et choisi qui devait servir d'offrande au Seigneur. Rien ne fait penser que les Juifs du temps de Moïse connussent le *citrus.* Ils employèrent donc à cet usage sacré divers fruits, jusqu'à l'époque où celui-ci fut transporté de Perse en Judée.

(1) Loisel. Deslonch. Dict. des Sciences nat. tome IX, p. 310.

De toutes les espèces du genre *Citrus*, celle dont nous nous occupons dans cet article, et à laquelle les botanistes ont conservé par excellence le nom de citronnier de Médie, fut probablement la première connue en Occident.

Felix indique l'heureux emploi du fruit comme moyen curatif, et *tristis succus* la saveur acerbe de son écorce ; car c'est de l'écorce que Virgile indique l'usage médical. Il ne fait point en effet allusion à la vertu rafraîchissante du citron, mais à son action tonique; or, celle-ci ne peut s'entendre du jus, dont il paraît que les qualités n'étaient pas encore assez connues.

MALUS.

Et steriles platani MALOS *gessere valentes.*

GEORG. II, 70.

Μηλέα des Grecs.

Malus communis (Lam. *Illust.* t. 435).

Malus sylvestris, var. α (Mill. Dict. n° 1).

Le Pommier commun.

Valens est ici pour exprimer que la branche de pommier, greffée sur le platane, n'en conserve pas moins une végétation vigoureuse : ce qui est une fable, comme on sait; la greffe ne réussissant point entre des genres d'arbres aussi différents. Mais alors cette invention était dans sa nouveauté, puisque Matius, son auteur, homme qui joignit à la probité, au savoir (1), un épicuréisme délicat, et dont on a perdu les ouvrages sur l'art de perfectionner les jardins (2), vivait peut-être encore. L'imagination, agréablement frappée d'une aussi piquante découverte, aimait à s'en exagérer les résultats. Ne vit-on pas, il y a trente ou quarante ans, lors des premiers aérostats, les Français, dans leur enthousiasme, se figurer qu'on allait voyager en ballon d'une partie du monde à l'autre?

(1) Cicer. *Epist. fam. XI*, 27.

(2) Colum. *de Re rust. XII*, 44; Pline, XII, 2, et XV, 14.

MALVA.

.... MALVÆQUE *inulæque virebant.*
MOR. 73.

Μαλάχη des Grecs.

Malvæ (Linn. *gen.* 1134) *species quælibet.*

La Mauve.

Les mauves se trouvent placées parmi les légumes, dans le passage auquel nous renvoyons; Dioscoride (1) et Théophraste (2) les désignent comme aliment; le premier de ces deux auteurs dit que la mauve des jardins est meilleure à manger que la sauvage, ce qui semble annoncer qu'on en mangeait de plusieurs espèces. Dans nos provinces méridionales, on fait encore entrer les mauves dans un mets assez estimé, que l'on nomme garbure.

La mauve avait reçu chez les Grecs un nom relatif à ses propriétés médicales. Μαλάχη dérive en effet de μαλάσσω, futur μαλάξω, amollir, adoucir : verbe qui n'est lui-même que la racine orientale ملك, dont le sens primitif est pétrir.

MEDICA.

Vere fabis satio : tum te quoque, MEDICA, *putres*
Accipiunt sulci. GEORG. I, 215.

Μηδικὴ des Grecs.

Medica sativa (Lamk. Fl. Franç. 2, p. 585).

Medicago sativa (Linn. *gen.* 1214).

La Luzerne (3).

Cette plante, cultivée d'abord par les Mèdes, a reçu le nom de son pays originaire. C'est ainsi que la pêche, l'abricot, la cerise, ont été appelés *persica*, *armeniaca*, *cerasum*, pour avoir été tirés de Perse, d'Arménie, du territoire de Cérasonte. La description que Pline (4) et Dioscoride (5) donnent

(1) Diosc. *lib. II, cap.* 111. (2) Théoph. *lib. I, cap.* 5.

(3) Confondue très improprement dans quelques provinces avec le sainfoin, *Hedysarum.*

(4) Plin. *lib. XVIII, cap.* 16. (5) Diosc. *lib. II, cap.* 141.

de la *medica* ne permet pas d'y méconnaître la luzerne, qui se cultive dans presque toute l'Europe, et qui même y croît aujourd'hui spontanément.

MELISPHYLLUM.

.... *Huc tu jussos adsperge sapores,*
Trita MELISPHYLLA. GEORG. IV, 63.

Μελισσοφύλλον, Μελισσοβότανον, Μελιττὶς, etc., des Grecs.
Apiastrum de Pline.
Melissa officinalis (Linn. *gen.* 983).
La Mélisse.

Comme on le voit, tous les noms donnés par les anciens auteurs à la mélisse, expriment le goût que les abeilles ont pour cette plante, dont la dénomination latine vient d'*apis* et non d'*apium*. On l'appelle en Provence le piment des abeilles, parcequ'on suppose qu'elle leur donne de l'appétit.

La labiée nommée par les botanistes modernes *Melittis, Melissophyllum*, n'a qu'un rapport assez éloigné avec la plante qui porte ce nom chez les Anciens; car elle est inodore. On ne saurait trop dire à quel point il est fâcheux que des noms consacrés, par les premiers botanistes connus, aient été donnés à des plantes différentes, ce qui a fait de la synonymie un chaos inextricable. Il serait bien à desirer, pour la science, qu'on soumît enfin à des règles invariables la nomenclature des plantes. Nous donnerons, dans un opuscule lu devant la Société de Pharmacie, et qui aura pour titre Essai sur la Phytonymie, les motifs et les développements de notre opinion à cet égard.

MILIUM.

.... *Et* MILIO *venit annua cura.*
GEORG. I, 216.

Κέγχρος des Grecs.
Milium semine luteo (Tournef. *Instit.* p. 514).
Panicum miliaceum (Linn. *gen.* 108).
Le Millet.

Les semences de cette graminée servent comme substance alimentaire dans plusieurs contrées du globe de la terre. Dans celles qui abondent en bled, généralement on en néglige la culture.

MORUM. *Cruentum.*

> *Sunt et* MORA CRUENTA, *et lentis uva racemis.*
> COP. 21.

Μόρον des Grecs.
Mori nigræ (Linn. *gen.* 1424) *fructus.*
La Mûre noire.

Nous renvoyons le lecteur à l'article FOLIUM SERICUM, où il est traité du Mûrier.

MORUM. *Sanguineum.*

> .... *Jamque videnti*
> SANGUINEIS *frontem* MORIS, *et tempora, pingit.*
> ECL. VI, 21.

Βατίον, Βάτινον des Grecs.
Rubi fruticosi (Linn. *gen.* 864) *fructus.*
La Mûre sauvage.

Malgré l'identité de nom et la ressemblance des deux épithètes, cet article-ci doit être séparé du précédent. Il s'agit des fruits du βάτος, et non pas de ceux de l'arbre μορέα.

Dans le vers du *Copa*, on énumérait les diverses productions d'un jardin; mais, dans la VIe églogue, la scène se passe au milieu des forêts, où l'on trouve force ronces et point de mûriers. C'est donc sur les ronces de ces lieux sauvages que la jeune Églé va cueillir le fruit qui doit la servir dans le tour innocent qu'elle veut jouer à Silène.

Nulle difficulté à notre système. *Rubi ferunt mora*, dit Pline; et nos paysans, nos enfants, ne connaissent encore aujourd'hui le fruit des *Rubus* que sous le nom de mûres sauvages.

MUSCUS. *Viridis.*

> *At liquidi fontes, et stagna* VIRENTIA MUSCO,
> *Adsint.* GEORG. IV, 18.

. Ad vada lymphæ
Quæ subter VIRIDEM *residebant cærula* MUSCUM.
CULEX, 105.

Μυίον, Βρύον, etc., des Grecs.

Muscorum, peculiariter Hypni (Linn. *gen.* 1656), *species variæ.*

La Mousse.

Ce mot de *Muscus* ainsi employé, ne peut se traduire que par mousse, dans le sens vague et ordinaire. Si pourtant, à l'imitation des savants allemands, on veut absolument préciser un genre, il faut choisir les *Hypnum.* Ce sont en effet les plus grandes mousses connues. Les *Hypnum* recouvrent le tronc des arbres, tapissent agréablement le bord des ruisseaux, forment des lits sur les rochers humides; attirent enfin, par leur importance, mieux que toutes les autres mousses, l'attention du poëte et du paysagiste.

MYRICA. *Humilis.*

Non omnes arbusta juvant, HUMILESQUE MYRICÆ.
ECL. IV, 2.
. . . . Te nostræ, Vare, MYRICÆ,
Te nemus omne canet. ECL. VI, 10.
Pinguia corticibus sudent electra MYRICÆ.
ECL. VIII, 54.
Illum etiam lauri, illum etiam flevere MYRICÆ.
ECL. X, 13.

Μυρίκη des Grecs.

Myrica de Lenæus et de Favorinus, cités par Pline (*lib.* XXIV, *cap.* 9).

Ericæ (Linn. *gen.* 659) *species.*

La Bruyère.

Les contradictions que l'on remarque dans les Anciens, quand ils parlent botanique, nous étonneraient moins, si nous voulions considérer que les noms de leurs espèces sont pour nous des noms de genres, et même de famille. On ne crée des mots qu'en proportion des idées, et les idées, restent simples tant qu'il n'y a pas nécessité de les subdiviser. De nouveaux besoins, qui font découvrir dans les êtres de nouveaux rapports, sont, pour les peuples naissants, la seule cause qui puisse augmenter le vocabulaire de la langue. Plus tard, une civilisation avancée introduit la méthode dans les sciences; et comme la méthode repose essentiellement sur l'analyse, il se fait une dissection d'idées toujours croissante, et une perpétuelle création de mots, dont, la veille encore, on ne sentait pas le besoin. Non seulement, par exemple, nos auteurs dédoublent aujourd'hui tous les genres de Linné, qui ne paraissaient pas, il y a trente ans, trop vagues ni trop étendus; mais (chose bien plus forte) ne voyons-nous pas des personnes de bon sens, fort instruites même en d'autres matières que la botanique, se contenter du mot de GAZON, comme peinture d'une idée simple et suffisamment précise, tandis que ce terme, qui nous paraît, à nous, d'un vague extrême, s'applique à plus de trente-six différents genres de plantes (1), divisés chacun en je ne sais combien d'espéces, sans compter les variétés!

Ces personnes sont encore ce qu'étaient les Anciens; et, par les réflexions que nous venons de faire, il est aisé de concilier ce qu'ils ont dit des plantes, entre autres de leur *myrica*.

Plus de difficulté, dès-lors, si nous lisons que la *myrica* est un arbre (2), qu'elle est une herbe (3); qu'elle est stérile (4), qu'elle fructifie (5); qu'elle est petite (6), qu'elle est grande (7). Tout consiste à savoir l'extension que pouvait avoir ce nom.

Or presque tous les commentateurs ont affirmé qu'il ne s'était donné qu'au tamarisc. Le tamarisc l'a porté sans doute; pourquoi? parcequ'on regardait cet arbrisseau comme la plus grande espéce de bruyère. Car, au fond, *myrica* ne voulait dire que bruyère. Aussi Lenæus, au rapport de Pline, confondait-il *erica* et *myrica*.

On peut, je crois, faire quatre classes principales des *myrica* de l'antiquité :

(1) Quarante-trois, selon de Candolle, pour les seules graminées de France.
(2) Dioscoride. (3) Favorinus. (4) Nicandre et Pline. (5) Dioscoride.
(6) Virgile. (7) Theophraste.

1° Μυρίκη de Théophraste; première μυρίκη de Dioscoride, à fruit cotonneux. . . . . *Tamarix gallica.*

2° Seconde μυρίκη de Dioscoride (1), à fruit semblable à une galle (2); *brya* de Pline. . . . . *Tamarix africana?*

3° *Myrica* de Pline,
- Les grandes bruyères. . . . *Erica vulgaris.*
- —— *Tetralix.*
- —— *mediterranea.*
- Et de plus, le. . . *Tamarix gallica.*

4° *Myrica* de Lenæus et de Favorinus. . *Erica* (jusqu'aux plus petites espèces).

C'est dans la quatrième classe que nous rangerons la plante de Virgile, caractérisée par l'adjectif *humilis.*

On prétend que μυρίκη vient de μύρω, couler, parceque l'arbrisseau dont nous parlons se plaît au bord des eaux. La chose est plus que douteuse. Μύρω veut plutôt dire laisser couler, répandre; il n'est pas sans analogie avec μῦρον, essence liquide; μύῤῥα, myrrhe; μυρόω, parfumer, etc. Mais ce dernier sens ne s'accorderait pas mieux avec les faits, puisque Virgile regarde comme impossible qu'une *myrica* distille des parfums :

Mala ferant quercus; narcisso floreat alnus;
PINGUIA CORTICIBUS SUDENT ELECTRA MYRICÆ;
Certent et cycnis ululæ.

L'étymologie, d'ailleurs, serait toujours mauvaise; car l'accent de μυρίκη, placé sur la pénultième, et non sur la dernière comme dans tous les dérivés en ικός, fait assez voir que cette dernière syllabe n'est point simplement accessoire, et que sa consonne, *cappa*, fait partie intégrante du radical.

Détruisons donc, avant tout, une assertion erronée, quand même nous n'aurions rien pour la remplacer. Mais nous avons,

(1) Diosc. *lib. I, cap.* 99.

(2) Belon (Singul. II, 25) dit que les tamarises d'Égypte portent des galles nombreuses, appelées par les Arabes *chersamel;* il est vraisemblable que cette plante est la deuxième μυρίκη de Dioscoride, qui pourrait être elle-même ce nouveau tamarisc désigné par Desfontaines, dans sa Flore de l'Atlas, sous le nom spécifique d'*africana.* Ce savant ne dit point s'il y a trouvé des galles, ce qui aurait levé tous les doutes.

pour *erica*, une étymologie excellente, qui, par l'addition usitée d'un מ servile, rend également compte de *myrica;* c'est la racine arabe ورق, hébreu ירק, *frondosus fuit ut frutex.*

MYRRHA. *Pinguis.*

.... *Et fœdare in pulvere crines*
Vibratos calido ferro, MYRRHAQUE *madentes.*
ÆN. XII, 100.
Non mihi jam PINGUI *sudabunt tempora* MYRRHA.
CIR. 438.

Μύῤῥα des Grecs.

Gomme-résine du......... (arbre inconnu).

On ne connaît pas jusqu'à présent le nom botanique de l'arbre qui fournit la myrrhe, gomme-résine fort célèbre dans l'antiquité, et encore usitée de nos jours en médecine. Théophraste le fait naître en Arabie, chez les Sabéens (1). Cet arbre, ajoute-t-il, est plus petit que celui qui porte l'encens, plus dur, plus tortu; et l'écorce en est lisse comme le pourpier. Sa feuille, semblable à celle de l'orme, est crépue, tandis que celle de l'arbre thurifère est de la nature de la feuille de laurier. Pline (2), en répétant à-peu-près les mêmes détails, ajoute que la hauteur de notre végétal est de cinq coudées. Dioscoride (3) donne encore moins de lumières. La description que Bruce et Niébuhr en donnent dans leurs voyages d'Abyssinie et d'Arabie, a fait croire qu'il s'agissait d'un *Mimosa;* mais d'autres voyageurs, qui se prétendent bien instruits, assurent que la myrrhe découle d'un *Amyris.* Cette opinion, trop peu développée pour faire autorité, est cependant plus vraisemblable que la première; tous les produits connus des *Mimosa* étant inodores.

Il paraît, par les deux passages de Virgile, que la myrrhe était, chez les Anciens, le parfum employé pour les cheveux, principalement pour la coiffure des gens efféminés qui se faisaient friser. Au reste, quelle que fût la mollesse phrygienne, nous doutons fort qu'Énée eût les cheveux *vibratos calido ferro;*

(1) *Hist. plant. IX*, 4. (2) *Hist. nat. XII*, 15. (3) Diosc. *lib. I*, 72.

et quoique le poëte latin se garde en général des anachronismes, il pourrait bien avoir ici transporté aux siécles d'Homère une idée du siécle d'Auguste.

MYRTETUM.

Litora MYRTETIS *lætissima.* GEORG. II, 112.

Lieu planté de Myrtes. Voyez le mot MYRTUS.

MYRTUM. *Cruentum.*

Et lauri baccas, oleamque, CRUENTAQUE MYRTA.
GEORG. I, 306.

Μύρτον et Μυρτὶς des Grecs.

Baye du *Myrtus communis.* Voyez MYRTUS.

MYRTUS. *Paphia. — Horrida. — Spartica.*

Et vos, o lauri carpam, et te PROXIMA MYRTE.
ECL. II, 54.
Hic mihi, dum TENERAS *defendo a frigore* MYRTOS.
ECL. VII, 6.
.... *Cingens* MATERNA *tempora* MYRTO.
GEORG. I, 28.
.... *Solido* PAPHIÆ *de robore* MYRTUS.
GEORG. II, 64.
At MYRTUS *validis hastilibus...... bona.*
GEORG. II, 447.
Pallentesque ederas, et amantes litora MYRTOS.
GEORG. IV, 124.
...... *Et densis hastilibus* HORRIDA MYRTUS.
ÆN. III, 23.
Et PASTORALEM *præfixa cuspide* MYRTUM.
ÆN. VIII, 817.
Queis aderat veteris MYRTUS *non nescia fati.*
CULEX, 143.
Et violæ genus omne hic est et SPARTICA MYRTUS.
CULEX, 399.

Μύρτος et Μυρσίνη des Grecs.

مرسين des Arabes modernes (آس des anciens).

Myrtus communis (Linn. *gen.* 844).
Myrtus communis italica (Bauh. *Pin.* 468).
Le Myrte.

Le genre *Myrtus* des botanistes modernes n'a qu'une espèce en Europe. Elle offre un assez grand nombre de variétés, toutes différenciées par les feuilles.

Le myrte était, comme on sait, consacré à Vénus; et de là lui vient l'épithète de *paphia*. Il croissait en abondance sur les coteaux du Taygète : *spartica*. Son bois était recherché pour former le manche des javelines : *hastilibus bona*.

Nous ne parlerons pas des épithètes *proxima*, *pastoralis*, *materna*, *tenera*, relatives à des circonstances particulières.

Pour comprendre le vers du *Culex* où Virgile dit *veteris myrtus non nescia fati*, il faut se rappeler que le myrte était en quelque sorte le gui d'Éleusis, et savoir que Virgile, initié fervent, ne perd jamais une occasion de faire allusion aux Mystères. On en a, dans la suite de l'un des vers cités en tête de cet article, une nouvelle preuve: c'est le rôle que joue le myrte dans la lugubre histoire de Polydore au IIIe livre de l'Énéide (1).

N.

NARCISSUS.

Mala ferant quercus; NARCISSO floreat alnus.
ECL. VIII, 53.

.... *Pars intra septa domorum*
NARCISSI *lacrymam*...................
Prima favis ponunt fundamina. GEORG. IV, 160.

(1) Consultez A. P. F. Guerrier de Dumast, note 4 du Ier chant de son poëme de la Maçonnerie (Paris, 1820); comparez-y les notes 11 et 12 du même chant, et la note 15 du chant III.

Ναρκίσσου des Grecs (1) εἴδη πάντα.
نرجس ou نرجيس des Arabes.
نركس des Persans.
Narcissi (Linn. *gen.* 550) *species quælibet.*
Les Narcisses.

Que le *nardjis* des Arabes soit le *Narcissus Tazetta*, comme le prétendent Forskahl et Delille, ou plutôt, comme le pense, avec Sprengel, M. Garcin de Tassy (2), le *Narcissus orientalis*, il doit toujours entrer dans la synonymie de notre article; car Virgile, dans ces passages du IVe livre des Géorgiques, donnant au mot *narcissus* toute son étendue générique, peut embrasser les deux espèces, et en outre le *N. poeticus*.

L'une et l'autre de ces deux plantes croissent dans les campagnes, à l'entour de la Méditerranée. La première se trouve principalement vers l'Espagne, et la seconde vers l'Asie mineure.

L'étymologie du nom de narcisse se présente, contre l'usage, dans les langues de l'Occident, à qui les langues de l'Orient l'ont emprunté. Cette marche, que les scoliastes ont si fréquemment supposée, quoiqu'elle ait eu lieu si rarement, se trouve vraie une fois. Il est certain que les Persans tiennent leur mot *narguis* du mot arabe *nardjis;* or, ce dernier qui, sous sa forme quadrilitère, ne présente pas une racine, n'offre pas même un dérivé naturel; tandis que νάρκισσος se tire aisément de νάρκη, torpille, mot dont on a fait NARCOTIQUE. Plusieurs médecins, entr'autres M. le docteur Roques, qui publie en ce moment un savant traité sur les plantes à vertus énergiques (3), ont en effet reconnu au narcisse des propriétés très actives, qui peuvent le faire ranger dans la classe des poisons désignés sous le nom de narcotiques âcres.

NARCISSUS. *Purpureus.*

Pro molli viola, pro PURPUREO NARCISSO.

ECL. V, 38.

(1) Le narcisse était aussi nommé λείριον par les Attiques.
(2) Les Oiseaux et les Fleurs, page 138.
(3) Phytograph. médicale, 7e livraison, page 115.

Νάρκισσος (κατ' ἐξοχὴν) des Grecs (Théocr. *Idyll.* I).

Narcissus poeticus (Linn. *gen.* 550).

Le Narcisse des poëtes.

Il ne peut plus être ici question des deux sortes de narcisse dont nous avons parlé, puisqu'elles ont le nectaire jaune. Le *Narcissus poeticus*, au contraire, a le nectaire bordé d'un rouge très vif; et c'est ce qu'a voulu peindre Virgile en l'appelant *purpureus*, car, du reste, sa corolle est blanche.

Quiconque a vu en observateur la plante qui vient de nous occuper, a dû admirer avec quel soin les Anciens établissaient leurs fables, et quelle vaste connaissance de la nature elles annoncent. Le beau Narcisse, suivant les mythologues, était un jeune adolescent qui s'éprit de ses propres charmes, et qui sécha d'amour en contemplant son image dans l'onde transparente des fontaines. La fleur en laquelle on suppose qu'il fut métamorphosé, aime à s'épanouir sur les bords des ruisseaux, où elle brille un instant dans la saison qui invite aux amours; sa couleur est celle de la jeunesse et de l'innocence, et le cercle empourpré de son nectaire semble la rehausser encore; les airs sont embaumés du doux parfum qu'elle exhale. Mais sa beauté n'est qu'éphémère. Penchée sur sa tige fragile, comme si elle cherchait son image dans les eaux qui murmurent près d'elle, elle se fane bientôt, et n'est plus digne de parer la couronne de Flore. Le jeune et malheureux Narcisse ne revit-il pas tout entier dans la fleur qui porte son nom? ou plutôt cette fleur n'est-elle pas admirablement personnifiée dans une fable que les poëtes ont su rendre si touchante!

NARCISSUS. *Sera comans.*

.... *Nec* SERA COMANTEM
NARCISSUM...... *tacuissem.* GEORG. IV, 122.

En grec, Νάρκισσος ὀπωρινός.

Narcissus serotinus (Linn. *gen.* 550).

Le Narcisse tardif.

Sprengel imagine avec vraisemblance (1) qu'il faut séparer ce narcisse du précédent, et désigner ici l'espèce qui fleurit en automne, et qu'on appelle *N. serotinus.*

NASTURTIUM. *Acre.*

Quæque trahunt ACRI *vultus* NASTURTIA *morsu.*
MOR. 84.

Κάρδαμον des Grecs (2).
Nasturtium sativum (Crantz, *Fl. Austr.* 21).
Lepidium sativum (Linn. *gen.* 1077).
Thlaspi sativum (Déc. Fl. Fr. esp. 4247).
Nasitort, Cresson alénois.

Pline (3) prétend que *nasturtium* vient de *nasus tortus*, par allusion à la grimace que fait faire l'âpreté de cette plante dès qu'on veut l'employer comme aliment. Toute bizarre que soit une pareille étymologie, les grossières idées du peuple la rendent possible; et le vers cité, de Virgile, ne contribue pas peu à l'appuyer.

O.

OLEA.

.... OLEÆQUE *Minerva*
Inventrix. GEORG. I, 18.
Et lauri baccas, OLEAMQUE. GEORG. I, 306.
.... *Atque* OLEA *magnum vestire Taburnum.*
GEORG. II, 38.

Sed truncis OLEÆ *melius*..................
Respondent. GEORG. II, 64.
.... *Tenent* OLEÆ, *armentaque læta.*
GEORG. II, 144.

(1) *Hist. rei herb. lib. II, cap.* 3. (2) *Theoph. VII,* 4; *Diosc. II,* 149.
(3) *Plin. lib. XX, cap.* 13.

.... *Neve* OLEÆ *sylvestres insere truncos.*
GEORG. II, 302.
Contra non ulla est OLEIS *cultura.* GEORG. II, 420.

Ἐλαία, Ἐλαία ἥμερος, des Grecs.
Olea europæa (Linn. *gen.* 25).
L'Olivier d'Europe.

L'importance de l'olivier, dont les fruits fournissent cette huile si connue et si utile, lui a valu chez toutes les nations une égale célébrité. Sa culture remonte au berceau des nations civilisées, pour lesquelles il fut tour-à-tour l'emblème de la paix, de la chasteté, de la clémence, et en général de toutes les vertus paisibles. Columelle (1) le désigne comme le premier de tous les arbres : *olea prima omnium arborum est.*

On pourrait demander la cause qui lui a fait prodiguer tant de louanges par les poëtes et par tous les écrivains. Ses formes, en effet, sont rudes, et n'ont rien d'agréable ; il ne s'éléve guère au-delà de vingt pieds ; ses rameaux tortueux ne forment qu'une cîme irrégulière ; son tronc est noueux, ses feuilles petites, coriaces, et d'une couleur vert-glauque qui déplaît à l'œil ; ses fleurs enfin, blanchâtres et fort petites, ne rompent en aucun temps la triste monotonie de son aspect. Mais il est éminemment utile, et tout est justifié. Une beauté stérile eût mérité moins d'éloges.

Olea n'est qu'une altération très légère du mot ἐλαία, *elæa;* car la prononciation de la diphtongue αι en *é* fermé, autorisée par l'exemple de la langue qui a formé le grec (2), et par la manière dont les noms de la langue hellénique ont été traduits en latin, est un des points sur lesquels il faut donner raison aux Grecs modernes, qui ne l'ont pas toujours.

Quand, au lieu d'*olea,* on emploie *oliva*, c'est encore la même étymologie. Le *v* ajouté représente l'insertion du digamma éolique, comme dans *ovis*, ὄϊς· *ovum*, ὠὸν· *ævum*, αἰών. Dans ce troisième exemple il n'y a pas eu de mutation de diphtongue ; mais le plus souvent il arrive, comme dans *oliva*,

(1) Colum. *lib. V, cap.* 7. (2) Le samskrit, où l'A et l'I font É.

que, devant le digamma, l'*æ* se change en *i* : ainsi d'Ἀχαιοὶ, Virgile fait *Achivi*, et d'ἀρχαῖα, nous avons fait ARCHIVES.

OLEAGINA RADIX.

Truditur e sicco RADIX OLEAGINA *ligno.*
GEORG. II, 31.

Virgile dit ici *radix oleagina* pour *radix oleæ* ou *olivæ*. Voyez OLEA.

OLEASTER. *Foliis amaris.* — *Ingens.*

Infelix superat FOLIIS OLEASTER AMARIS.
GEORG. II, 314.
Palmaque vestibulum, aut INGENS OLEASTER *inumbret.*
GEORG. IV, 20.
Forte sacer Fauno FOLIIS OLEASTER AMARIS
Hic steterat. ÆN. XII, 766.

Ἀγριελαία, Ἐλαῖος, Ἐλαιάγριον, des Grecs.
Oleaster, sive Olea sylvestris (Bauhin, *Pin.* I, 17).
Elæagnus angustifolia (Linn. *gen.* 213).
Le Chalef, l'Olivier sauvage ou de Bohême.

Cet arbre croît naturellement en Bohême, dans le midi de l'Europe, et dans le Levant. On le cultive pour l'ornement des jardins. D'après le témoignage d'Olivier, ses fruits se mangent en Turquie et en Perse. Bien qu'il diffère beaucoup de l'olivier sous les rapports botaniques, il lui ressemble extrêmement par le port, ainsi que par la forme des feuilles et du fruit.

OLEUM et OLIVUM. *Liquidum.*

Illa ferax OLEO *est.* GEORG. II, 222.
Nec casia LIQUIDI *corrumpitur usus* OLIVI.
GEORG. II, 466.

En grec, Ἔλαιον.

Oleum et *olivum* sont les deux noms latins de l'huile ; et tous deux dérivent du nom de l'olivier, la première plante d'où l'on apprit à extraire cet utile liquide. Mais le sens du mot *oleum* s'est généralisé ; à la différence d'*olivum*, qui n'a continué à signifier qu'une seule espéce d'huile, celle qu'on retire de l'olive.

OLIVA. *Pallens.* — *Tarde crescens.* — *Palladia.* — *Vivax.*

Lenta salix quantum PALLENTI *cedit* OLIVÆ.
ECL. V, 16.

...... *Et prolem* TARDE CRESCENTIS OLIVÆ.
GEORG. II, 3.

PALLADIA *gaudent* SILVA VIVACIS OLIVÆ.
GEORG. II, 181.

Hoc PINGUEM, *et placitam Paci, nutritor* OLIVAM.
GEORG. II, 425.

Ce mot dans beaucoup de cas, et spécialement dans les vers cités, est synonyme d'*olea*, olivier. Voyez OLEA.

OLIVA. *Pinguis.*

Nec PINGUES *unam in faciem nascuntur* OLIVÆ.
GEORG. II, 85.

Ἐλαία des Grecs.
Oleæ Europeæ fructus.
L'Olive.

L'*oliva* est le fruit de l'arbre nommé tantôt *oliva*, tantôt *olea*. Voyez OLEA.

ORCHAS ou ORCHIS.

ORCHADES *et radii, et amara pausia bacca.*
GEORG. II, 86.

Ὄρχις et Ὄρχας des Grecs.
Oleæ europeæ fructus, var. hispanica (Mill. Dict. n° 2).
Olive d'Espagne.

Plusieurs éditeurs de Virgile écrivent *orchites*, déterminés en cela par l'autorité de Pline (1), qui s'exprime ainsi : *Genera earum tria dixit Virgilius : orchites, et radios, et pausias.* Cette

(1) *Histor. natur. lib. XV, cap.* 1.

orchis de Pline, que Varron nomme également ainsi, est une sorte particulière d'olive, plus grosse que les autres.

Ce n'est pas que le naturaliste romain n'employe ailleurs le nom d'*orchis* dans le même sens que nos botanistes modernes. Il n'y a point à s'étonner que le mot grec ὄρχις, *coleus*, ait pu désigner également une plante bulbeuse aphrodisiaque et le fruit d'un *Olea;* car dans le premier cas, on avait égard aux propriétés, et dans le second, à la forme. Voyez OLEA.

ORNUS. *Rigida. — Sterilis. — Montana.*

Cantando RIGIDAS *deducere montibus* ORNOS.
ECL. VI, 71.
.... ORNUSQUE *incanuit albo*
Flore pyri. GEORG. II, 71.
.... STERILES *saxosis montibus* ORNI.
GEORG. II, 111.
...... SUMMIS *antiquam* IN MONTIBUS ORNUM.
ÆN. II, 626.

Βουμελία de Théophraste (*Hist. plant.* III, 2, et IV, 9).
Fraxinus sylvestris, seu Ornus, de Columelle.
Fraxinus rotundiore folio? (G. Bauhin, *Pinax* 416).
Fraxinus rotundifolia? (Lamk. Dict. II, p. 546).
En italien, *Orno*.
Le Frêne champêtre à feuilles rondes?

Pline (1) met l'*ornus* au nombre des arbres de montagne qui peuvent aussi croître quelquefois dans la plaine. Il est remarquable que Virgile, quand il le qualifie, le place toujours sur les montagnes.

Malgré l'opinion de Sprengel (2), il est prouvé que cet *ornus* des Latins n'est point le *Fraxinus Ornus.* Martyn, dans ses commentaires sur les Géorgiques (3), paraît incertain sur le nom moderne à donner à l'orne. Ce savant désigne d'abord le *Sorbus aucuparia*, que, dans plusieurs provinces d'Angleterre, on nomme frêne de montagne. Il rapporte le texte suivant de

(1) *Hist. nat. lib. XVI, cap.* 18. (2) *Hist. rei herb. lib. II, cap.* 3.
(3) *Comm. in Georg. II, p.* 122.

Columelle : *Sed si aspera et siticulosa loca arboribus obserenda erunt, neque opulus, neque ulmus, tam idoneæ sunt quam orni. Eæ sunt sylvestres fraxini, paulo latioribus tamen foliis quam cæteræ fraxini; nec deteriorem frondem quam ulmi præstant* (1). Mais il nous semble que ce passage, loin d'appuyer l'opinion dont il s'agit, en fortifie une seconde, que développe le même savant; c'est-à-dire que l'*ornus* pourrait bien être ce *Fraxinus* qui donne la manne, cet arbre rapporté de Calabre par Gaspard Bauhin, sous le nom de troisième *Ornus*, et dont il a fait, dans son fameux *Pinax*, une espèce de frêne, désignée par l'expression de *rotundiore folio*. Notre célèbre Lamark, adoptant cette espèce, en a fait le *Fraxinus rotundifolia* de l'Encyclopédie.

Une autre opinion, qui n'est point non plus improbable, désigne le *Fraxinus excelsior;* comme nous avons eu déja l'occasion de le dire à l'article Fraxinus. (Voyez ce mot.)

L'orne, en tous cas, est un frêne champêtre, qui croît sur les montagnes. Son nom même indique cette localité, *ornus* venant de ὀρεῖνος, dérivé de ὄρος.

P.

Paliurus. *Spinosus.*

Carduus et SPINIS *surgit* PALIURUS ACUTIS.

Ecl. V, 39.

Παλίουρος des Grecs.

Paliurus aculeatus (Décand. Fl. Fr. esp. 4081).

Rhamnus Paliurus (Linn. *gen.* 358).

Le Paliure, le Porte-chapeau.

On s'aperçoit aisément que, sous le nom de paliure, les Anciens désignent une foule de plantes diverses.

(1) Colum. *De arborib. cap.* 16.

1° « Le paliure, dit Théophraste (1), offre des différences; mais toutes les espèces portent fruit. Ce fruit consiste en trois ou quatre semences renfermées dans une gousse, et bonnes pour la toux, ayant les propriétés de la graine de lin. Les lieux humides, les lieux secs, paraissent lui convenir également. Il perd ses feuilles l'hiver, à la différence des *rhamnus* (2). »

2° Indépendamment de ces espèces, on a vu qu'ailleurs il parlait d'un paliure-lotus (Voyez l'article LOTUS, §. III).

3° Dioscoride (3) et Pline (4) donnent, du paliure, des descriptions fort incomplètes. Le premier dit que c'est un arbuste épineux fort commun. Au lieu de gousses, comme Théophraste, il lui donne des bayes grasses et de couleur de suie. Le second nous apprend que c'est une sorte d'épine, et s'en tient à-peu-près là.

4° Agathoclès, dans Athénée (5), parle d'un connare ou paliure d'Afrique, qui, visiblement, n'est point le *lotus paliurus*. On peut voir là-dessus les détails donnés par B. de Stapel (6).

Voilà donc au moins quatre espèces de plantes distinctes, et peut-être davantage; car les différences indiquées par Théophraste constituaient probablement plus que des variétés.

Si nous voulions faire de cet article une petite monographie, pareille à notre article LOTUS, la matière, comme on voit, ne nous manquerait pas. Nous en léguons la tâche à qui voudra l'entreprendre, satisfaits d'avoir une fois donné cet exemple, et desirant que les savants s'exercent sur des controverses de ce genre. Mais, pour nous renfermer dans la question qui concerne Virgile, nous dirons, sans nous arrêter à la détermination des plantes qui ont porté le nom de paliure, que le *paliurus* du poëte latin est, d'après toutes les apparences, l'arbuste épi-

(1) *Hist. plant. III*, 17.

(2) Je ne sais si le lecteur a déja remarqué tout l'art, toute l'exactitude, tout le pittoresque des descriptions de Théophraste. L'auteur athénien manque de méthode, comme tous les botanistes de l'antiquité; mais à cela près, comme il leur est supérieur! comme il sait mieux voir qu'eux, et mieux rendre ce qu'il a vu! Dioscoride, bien préférable à Pline, et bien plus exempt d'erreurs, n'est pas encore à comparer à l'auteur des Caractères.

(3) *Diosc. lib. I, cap.* 104. (4) *Hist. natur. lib. XXIV, cap.* 13.

(5) *Deipnos. lib. XV.* (6) *Comment. in Theoph. lib. III, pag.* 258 *et seq.*

neux auquel Linné et M. de Candolle en ont conservé le nom traditionnel.

PALMA. *Ardua.*

> .... *Etiam* ARDUA PALMA
> *Nascitur.* GEORG. II, 67.
> PALMAQUE *vestibulum, aut ingens oleaster inumbret.*
> GEORG. IV, 20.

Φοίνιξ des Grecs.
Palma major (Bauhin, *Pin.* 506, n° 1).
Phœnix dactilifera (Linn. *gen.* 1694).

Le palmier est trop connu pour qu'il soit nécessaire d'en parler ici. *Ardua*, élevé, inaccessible, exprime heureusement le port élancé de ce beau végétal, et ce manque absolu de branches qui donne aux arbres monocotylédones une physionomie si particulière, l'un des principaux traits des paysages d'Afrique et d'Asie.

PALMES. *Methymnæus.*

> .... *Vindemia......*
> *Quam* METHYMNÆO *carpit de* PALMITE *Lesbos.*
> GEORG. II, 90.

Κλῆμα des Grecs.
Tige du *Vitis vinifera.*
Sarment de vigne.

Palmes, qui, dans Pline, se prend pour la grande feuille du palmier, signifie ici tige ou sarment de vigne. Columelle l'emploie dans le même sens que Virgile.

La réputation du vin de Lesbos, chez les Anciens, n'est ignorée de personne. Voyez VITIS.

PAPAVER. *Lethæum.* — *Vescum.* — *Soporiferum.* — *Gelidum.*

> *Urunt* LETHÆO *perfusa* PAPAVERA SOMNO.
> GEORG. I, 78.
> *Lilia verbenasque premens,* VESCUMQUE PAPAVER.
> GEORG. IV, 131.

Inferias Orphei LETHÆA PAPAVERA *mittes.*
GEORG. IV, 545.
Spargens humida mella, SOPORIFERUMQUE PAPAVER.
ÆN. IV, 131.
Hic etiam nocuum capiti GELIDUMQUE PAPAVER.
MOR. 75.

Μήκων ἥμερος des Grecs. Sa capsule χωδεία, et l'opium νηπενθές (1).
Papaver somniferum (Linn. *gen.* 881).
Le Pavot des jardins.

On connaît plusieurs variétés du pavot cultivé; les plus remarquables sont les deux suivantes :

Papaver hortense, semine albo (Bauh. *Pin.* 170, n° 1).
Papaver hortense, semine nigro (Bauh. *Pin.* 170, n° 2).

Le pavot blanc est celui qui nous donne l'opium, et qui mérite le mieux le nom de *lethæum*, puisqu'il apporte le sommeil et la mort. Par une singularité qui n'est point sans exemple dans le régne végétal, il est digne aussi de l'épithète de *vescum;* car si la capsule est un poison, les semences forment un aliment que prisaient beaucoup les Grecs et les Romains. En Lorraine, le peuple mange encore avec délices, sous le nom de sémezan (2), les graines du pavot.

On retire de ces semences une huile qui ne le céde en qualité qu'à l'huile d'olive et à celle de faîne.

PAPAVER. *Cereale.*

Nec non et lini segetem, et CEREALE PAPAVER,
Tempus humo tegere. GEORG. I, 212.

Μήκων ῥοιὰς καλουμένη; (Théophr. *lib.* IX, *cap.* 13).
Papaver erraticum de Pline?
Papaver Rhœas? (Linn. *gen.* 881).
Le Coquelicot?

(1) Suivant l'opinion de Villoison et de M. Virey.

(2) Mot évidemment formé de *semen*, et peut-être de ξανθόν. L'existence des écoles d'Autun a laissé dans les jargons populaires de la France orientale bien plus de mots grecs qu'on ne le suppose. Nous ne serions pas embarrassés d'en fournir des exemples.

Théophraste, qui distingue plusieurs espèces de pavots sauvages, en décrit une dont le caractère essentiel convient à la plante de Virgile, puisqu'elle croît dans les champs cultivés, ἐν ἀρούραις, et principalement dans les moissons d'orge. « C'est, dit-il, cet autre μήκων appelé ῥοιάς. Sa fleur est rouge, ἐρυθρὸν, et la plante se mange comme la chicorée sauvage, à laquelle elle ressemble assez (1). » Or les paysans des environs de Trente mangent encore les jeunes feuilles du coquelicot, *Papaver Rhœas* (L.).

Dioscoride (2) parle aussi du μήκων ῥοιάς, qui, dit-il, a reçu ce nom διὰ τὸ ταχέως τὸ ἄνθος ἀποβάλλειν (probablement de ῥέω). Pline (3), qui le regarde comme intermédiaire entre les pavots sauvages et cultivés, donne à ce même mot une autre origine, mais je ne sais comment il l'entend : *Inter sativa et sylvestria medium genus*, QUONIAM IN ARVIS NASCERETUR, *rhœan vocavimus et erraticum*. Il a tort, d'ailleurs, de former de *rhœas* l'accusatif *rhœan;* l'imitation du grec aurait dû le conduire à *rhœada*.

Mécontent, avec raison, de ces étymologies, B. de Stapel (4) demande si ῥοιάς n'est pas venu de ῥοιὰ, grenade, *a colore puniceo*. La solution est bonne; à moins qu'on ne dise plutôt que ῥοιά et ῥοιάς, aussi anciens l'un que l'autre, viennent d'un mot oublié qui signifiait ROUGE. La lettre R est la première consonne de tous les termes qui ont cette valeur : ἐΡυθρὸς, *Ruber, Read*, Rouge, etc., etc.

Notre opinion sur le *cereale papaver* de Virgile est celle du plus grand nombre de lecteurs; mais on y fait des objections. Il est certain que le poëte semble indiquer sa plante comme l'objet d'une culture soignée, ce que l'on ne pratique plus pour le coquelicot, simple parure de nos blés.

S'il s'agissait du pavot blanc, on pourrait expliquer l'adjectif CÉRÉALE, en disant que cette plante n'a pas besoin de croître dans les sillons, et qu'il suffit que sa graine ait servi anciennement de nourriture, ce dont on ne peut douter (5).

(1) Théophr. Περὶ φυτῶν ἱστορίας, βιβλ. Ι', κεφ. ιγ' (*lib. I, cap.* 13).
(2) Περὶ ὕλης ἰατρικῆς, βιβλ. Δ', κεφ. ξδ' (*lib. IV, cap.* 64).
(3) *Hist. nat. lib. XX, cap.* 19. (4) *Comm. in Theophr. p.* 1101.
(5) Plin. *lib. IX, cap.* 8.

Peut-être aussi *cereale* veut-il simplement dire consacré à Cérès. On sait que cette fleur était un des attributs de la déesse (1).

PAUSIA. *Amara*.

> *Orchades, et radii, et* AMARA PAUSIA BACCA.
>
> GEORG. II, 86.

Πρημαδίας (Nicand. *in Alexiph.*).

Oleæ europeæ fructus, var. *præcox*? (Gouan, *Fl. Monspeliac.* 6).

L'Olive précoce ou Négrette?

L'amertume paraît avoir été le caractère distinctif de la *pausia*, espèce d'olive que Columelle (2) appelle *pausea*.

PINUS. *Alta*. — *Edita*. — *Hirsuta per artus*. — *Semper florida*.

> *Aut* TEMPESTIVAM *sylvis evertere* PINUM.
>
> GEORG. I, 256.
>
> .... *Tibique*
> *Oscilla ex* ALTA *suspendunt mollia* PINU.
>
> GEORG. II, 389.
>
> .... *Dant utile lignum*
> *Navigiis* PINOS. GEORG. II, 443.
>
> .... EDITA PINUS
> *Proceras decorat sylvas*, HIRSUTA PER ARTUS.
>
> CULEX, 135.
>
> .... *Et* SEMPER FLORIDA PINUS.
>
> CULEX, 406.

Πεύκη des Grecs (Hom. *Iliad.* Ψ, 328).

Pinus maritima (Décand. Fl. Fr. 2, esp. 2057).

—— *sylvestris* (*Id. ibid.* esp. 2054).

Les Pins sauvages.

Les deux espèces de pin que nous regardons comme particulièrement désignées dans ces passages, sont, plus souvent que

(1) Serv. *ad Georg. II;* Porphyr. *apud Euseb. Præpar. lib. III;* Ovid. *Fast. lib. IV*, etc. (2) Colum. *lib. XII, cap.* 47.

les autres, employées aux constructions navales. On les trouve sur les montagnes du midi de l'Europe, où quelquefois elles atteignent les proportions les plus élevées; aussi les pins ont-ils fourni de tous temps la mâture des vaisseaux. Leurs divers produits, les résines, les térébenthines les rendent importants pour les arts.

La forme pyramidale de ces beaux arbres, leur feuillage toujours vert, *semper florida*, les fait contraster agréablement avec le reste des arbres de nos contrées. Quand Virgile dit *hirsuta per artus*, il a sûrement en vue ces lichens qui les couvrent dans leur vieillesse, ces masses blanchâtres d'*Usnea barbata*, qui, se dessinant sur l'écorce noire, leur donnent souvent un aspect fort pittoresque : ornement étranger, qui présage au naturaliste la prochaine mort de ces géants du règne végétal.

De toutes les épithètes virgiliennes du pin, il n'y en a qu'une qui puisse arrêter; c'est *tempestiva*. Elle est uniquement relative à la phrase où elle se trouve, et y tient lieu de l'adverbe *tempestive*, par une figure de style, assez ordinaire en poésie.

PINUS. *Hortensis.* — *Uberrima.*

Fraxinus in sylvis pulcherrima, PINUS *in* HORTIS.
ECL. VII, 65.
.... *Illi tiliæ, atque* UBERRIMA PINUS.
GEORG. IV, 141.

Pinus Pinea (Linn. *gen.* 1456).
—— *sativa* (Lamk. Fl. Fr. 2, p. 200).
Πίτυς ἥμερος des Grecs.
Le Pin à pignon, ou Pin domestique.

Il s'agit ici du pin qu'Ovide nomme *culta;* du pin à pignons, commun dans l'Europe méridionale, et dont Théocrite veut peut-être parler dans les premiers vers de son Idylle I. Les Anciens qui en estimaient le fruit, l'admettaient dans leurs vergers. De nos jours le peuple espagnol est celui qui a conservé le plus de goût pour les pignons, et qui en fait la plus grande consommation.

La qualification d'*uberrima* n'est point générale. Virgile parle seulement de cette fécondité que savait faire naître autour de soi, par une bonne culture, le vieillard du Galèse.

PIX. *Idæa.* — *Phrygia.*

IDÆASQUE PICES. GEORG. III, 450.
Et visco et PHRYGIÆ *servant* PICE *lentius* IDÆ.
GEORG. IV, 41.

Résine du *Pinus Picea* (L.).
La Poix.

Il paraît par ce passage que ce n'était point le mont Ida de l'île de Créte, mais bien celui de Phrygie, qui abondait en pins.

PLATANUS. *Sterilis.* — *Aeria.*

Et STERILES PLATANI *malos gessere valentes.*
GEORG. II, 70.
Nam primum prona surgebant valle patentes
AERIÆ PLATANUS. CULEX, 123.

Πλάτανος des Grecs.
Platanus orientalis (Linn. *gen.* 1451).
Le Platane d'orient.

L'identité du platane des Anciens avec le nôtre est suffisamment prouvée. Denys le géographe avait observé, après Pline, que la feuille du platane représentait assez bien la forme du Péloponnèse, ce qui est vrai; on ne saurait pourtant regarder cette ressemblance comme exacte; mais elle est aussi bien marquée que celle qu'on se figure trouver entre une botte et l'Italie.

Par *steriles*, Virgile entend parler de l'inutilité des fruits, dont on ne peut tirer aucun parti. Par *aeria*, il exprime l'élévation de l'arbre, l'un des plus beaux du midi de l'Europe.

POPULUS. *Candida.*

.... *Hic* CANDIDA POPULUS *antro*
Imminet. ECL. IX, 41.

לבנה des Hébreux.
Λευκὴ des Grecs.
Populus alba (Linn. *gen.* 1531).
Le Peuplier blanc.

Les noms de *libenêh* et de *leukê*, donnés à cet arbre par les Hébreux et les Grecs, sont, l'un et l'autre, relatifs à sa blancheur. Un caractère aussi facile à saisir ne laisse planer aucune incertitude sur la détermination botanique du *populus* de la IXe églogue.

POPULUS. *Herculea.*

POPULUS ALCIDÆ GRATISSIMA. ECL. VII, 61.
.... HERCULEÆQUE *arbos umbrosa* CORONÆ.
GEORG. II, 66.

Αἴγειρος, Ἀχερωῒς, des Grecs.
Populus nigra (L.)
Le peuplier noir.

Beaucoup de souvenirs mythologiques se rattachent au peuplier. On connaît la fable de la couronne d'Hercule, et du voyage aux enfers, circonstance par laquelle les poëtes prétendaient expliquer les deux couleurs de la feuille de cet arbre : je dis les poëtes; car, pour les théosophes, cette légende, ainsi que tant d'autres, ne formait qu'une allégorie.

Une particularité intéressante, c'est qu'au rapport de Bertholdi, le peuplier est encore à présent fort commun sur les bords du lac *Acherusia*.

POPULUS.

Qualis POPULEA *mœrens Philomela sub* UMBRA.
GEORG. IV, 511.

Αἴγειρος, Ἀχερωῒς, Λευκή, des Grecs?
Populi (*Auct.*) *species quædam.*
Divers Peupliers.

S'il fallait absolument indiquer l'espèce dont Virgile veut parler ici, l'opinion la plus sage serait de choisir le *Populus fastigiata*, peuplier d'Italie. Mais puisque le poëte ne précise rien, pourquoi ne pas s'en tenir avec lui à l'idée générique?

On a peine à deviner l'étymologie du nom *populus*, donné à un arbre. Les langues du Nord et de l'Orient ne fournissent rien de satisfaisant. Est-ce quelque mot samnite, volsque, étrusque? Est-ce le mot latin si connu, détourné de sa signification première par une allusion dont la trace se sera perdue (1)? Mieux vaut avouer son ignorance que de s'égarer au pays des chimères.

PORRUM. *Capitatum.*

.... *Et* CAPITI *nomen debentia* PORRA.

COP. 74.

Πράσον κεφαλωτὸν des Grecs.

Allium porrum (Linn. *gen.* 557).

Le Porreau.

Le porreau a dû son surnom de κεφαλωτὸν, employé par Théophraste, et de *capitatum*, que lui donnent Pline et Virgile, au renflement du corps de sa bulbe.

PRUNUM.

.... *Et spinos jam* PRUNA *ferentes.*

GEORG. IV, 145.

Προῦνον ou Κοκκόμηλον des Grecs.

Fruit du *Prunus domestica* (Linn. *gen.* 849).

La Prune.

Nulle désignation particulière. Voyez PRUNUS.

PRUNUM. *Cereum.*

Addam CEREA PRUNA. ECL. II, 53.

Sunt autumnali CEREA PRUNA *die.* COP. 18.

En grec, Προῦνον κηροειδές.

Prunum coloris ceræ (Bauh. *Pin.* 443, n° 7).

Fruit du *Prunus domestica*, var. *cerea* (Linn. *gen.* 849).

Prune de Sainte-Catherine?

L'adjectif *cereum* désigne quelque prune jaune, comme la sainte-catherine, ou la mirabelle. Voyez PRUNUS.

(1) R. Etienne prétend que le nom de *populus* a été donné au peuplier, à cause de la multitude de ses feuilles (πόλυς), et Bullet, parceque son feuillage est dans un mouvement perpétuel, comme un peuple qui va et vient sans cesse (Gloss. botan. 380).

PRUNUS.

.... *Et* PRUNIS *lapidosa rubescere corna.*
GEORG. II, 34.

Κοκκυμηλέα, etc., des Grecs.

Prunus domestica (Linn. *gen.* 849).

Théophraste (1) et Dioscoride (2) désignent le prunier domestique sous le nom de κοκκυμηλέα· ailleurs il est appelé par Théophraste (3) προύνη· Galien le nomme προύμνη. Le mot composé κοκκυμηλέα, c'est-à-dire pommier qui porte pour fruit des balles ou pilules, est l'expression la plus hellénique; celui de προύνη, d'où vient évidemment sa dénomination latine, semble être un mot barbare grécisé. Cet arbre est originaire des montagnes des environs de Damas.

Cependant quelques auteurs croyent que le *Prunus insititia* de Linné, qu'on trouve dans les haies en France, est le type du prunier domestique.

PYRUM.

.... *Nec surculus idem*
CRUSTUMIIS, SYRIISQUE PYRIS, GRAVIBUSQUE VOLEMIS.
GEORG. II, 87.

Ἄπιον des Grecs.

La Poire.

Quoique Virgile parle de rejetons ou greffes (*surculi*), il est ici question des fruits du *Pyrus*, et non de l'arbre. Nous disons de même : j'ai planté des reinettes, pour « des pommiers qui donnent la reinette. »

Columelle distingue un bien plus grand nombre de poires que notre poëte, mais il fait mention des trois variétés virgiliennes.

La poire nommée *crustumium* ou *crustuminum*, nommée aussi, suivant Celse, *nævianum*, était réputée la meilleure de toutes. Columelle (4) la place en première ligne, et Pline dit en propres termes : *cunctis autem crustumina gratissima*. Dalé-

(1) Théophr. *Hist. I*, 18. (2) Dioscor. *lib. I*, *cap.* 138.
(3) Théophr. *lib. IX*, *cap.* 1. (4) Colum. *lib. V*, *cap.* 10.

champ croit que c'est l'espèce de poire que nous appelons poire perle, et que B. de Stapel (1) assure être connue des Flamands sous la qualification de poire de Saint-Jacques. Son nom de *crustumium* lui vient du nom d'une ville d'Italie dans le territoire de laquelle elle abondait.

La poire de Syrie, *syrium pyrum*, est, dans Columelle (2), un nom générique, qui embrasse le *crustumium* et le *tarentinum;* Pline au contraire sépare la poire de Tarente de celle de Syrie. Il semblerait, au reste, que l'épithète *syrium* n'est point relative au pays dont cette poire est originaire : *syria*, dit Servius, *id est*, *nigra*. Σύρος, en effet, signifie NOIR dans Théocrite, et Pline lui-même assure que la poire syrienne est noirâtre; mais qu'est-ce qu'une poire noirâtre?

La poire dite de Bergame, ou bergamotte, n'est pas, que je sache, de couleur beaucoup plus sombre qu'une autre; toutefois, noire ou non, c'est celle que Martyn suppose être le *syrium pyrum*. Libre au lecteur d'en croire ce qu'il voudra.

Quant au *volemum*, que Virgile qualifie de *grave*, uniquement à cause de sa pesanteur, son nom lui avait été donné comme à la plus grosse des poires : *quia manus* VOLAM *implebat*. Aussi les traducteurs anglais employent-ils l'expression de *pounder-pear*. Le Père La Rue croit qu'il s'agit de la poire dite de bon-chrétien. D'autres, pourtant, pensent que le bon-chrétien répond au ταλανταῖον ἄπιον, que Pline appelle *librale pyrum*, et qu'il ne paraît pas confondre avec le *volemum*.

Il existait aussi un ἄπιον κολοκύνθις, dont le volume devait être plus étonnant encore, si, comme son nom l'indique, on l'avait jugé comparable à la citrouille; mais B. de Stapel aime mieux penser que cette similitude gisait plutôt dans la forme que dans la grosseur.

PYRUS. *Inserendus.*

INSERE *nunc, Melibœe,* PYROS. ECL. I, 74.

Ὄγχνη des Grecs (Hom. Odyss. H, 120).

(1) Voyez Théophr. *Bod. a Stapel comm.* page 595.

(2) Colum. *loco citato*,

Pyrus sylvestris (Duham. Arb. II, T. 45).
Le Poirier sauvage.

PYRUS. *Edura.*

EDURAMQUE PYRUM, *et spinos jam pruna ferentes.*
GEORG. IV, 145.

Ἄπιος des Grecs.
Pyrus communis (Linn. *gen.* 858).
Le Poirier cultivé.

Le sens de tout le passage oblige à reconnaître ici le poirier cultivé, arbre convenablement placé dans le jardin du vieillard du Galèse. L'adjectif *edura* n'en est pas moins juste; il se rapporte à la nature de son bois.

Q.

QUERCUS. *Dura. — Sacra. — Jovis, etc.*

De cælo tactas memini prædicere QUERCUS.
ECL. I, 17.
Et DURÆ QUERCUS *sudabunt roscida mella.*
ECL. IV, 30.
. . . . . . *Eque* SACRA *resonant examina* QUERCU.
ECL. VII, 13.
. . . . *Torta redimitus tempora* QUERCU.
GEORG. I, 349.
. . . . *Atque habitæ Graiis oracula* QUERCUS.
GEORG. II, 16.
Sicubi MAGNA JOVIS *antiquo robore* QUERCUS
Ingentes tendat ramos. GEORG. III, 332.
Quam comitabantur fatalia carmina QUERCUS.
CULEX, 132.
Molliter hic viridi PATULÆ *sub tegmine* QUERCUS.
CAT. XI, 17.

Derw des Celtes.

Δρῦς des Grecs (Hom. *Odyss.* Ξ, 12).

Quercus (Linn. *gen.* 1447) *species omnes.*

Le genre Chêne, dans toute son acception botanique.

Tous les êtres, l'homme excepté, paraissent comme relégués dans un espace de terre plus ou moins circonscrit. Les déserts brûlants de l'Afrique, les plaines glacées du pôle, ont leurs animaux et leurs plantes qui n'émigrent jamais. Le chamois aime à bondir de rochers en rochers, à travers les précipices des régions élevées des Alpes; le renne se plaît à parcourir les plaines neigeuses de la triste Laponie; et la nature refuse aux bords de la Seine les bambous et les bananiers, qui ombragent les rives du Gange. Chaque contrée a des êtres différents qui l'habitent, et des productions particulières qui l'enrichissent. Le Sénégal voit croître le gommier et le baobab; l'Inde, le camphrier et la canelle; la Chine, le thé; et le Pérou s'enorgueillit de produire cette écorce à jamais célèbre (1), conquête plus précieuse pour nous que les trésors de ses mines. Parmi les végétaux du sol européen, on distingue le chêne, roi des forêts de notre continent. Consacré à Jupiter par les Grecs et par les Romains; déclaré arbre sacré par les Gaulois, moins sans doute parceque le gui s'y trouve parasite, que par l'importance des services qu'il rend dans nos climats, le chêne élance dans les airs sa tête majestueuse, *ramos ingentes.* Son tronc robuste, *dura*, contre lequel le lierre s'élève en grimpant, est couvert de mousses élégantes et de lichens aux formes bizarres; à ses pieds rampent quelques fougères; et sous le vaste abri de ses rameaux, *sub tegmine viridi patulæ quercus*, croissent une multitude de jolies plantes et de jeunes arbrisseaux dont quelques uns protègeront peut-être à leur tour, contre les orages, le protecteur de leur premier printemps. Près de lui tout est vie, tout est mouvement: des troupes innombrables d'oiseaux se jouent dans son feuillage; des milliers d'insectes bourdonnent à l'entour, y dépo-

(1) Le quinquina.

sent leurs œufs, ou vivent de sa substance sans l'épuiser jamais; le mulot établit ses magasins auprès de ses racines; les fourmis et les guêpes y fondent leur république au niveau du sol; tandis que l'écureuil saute de branche en branche, en rongeant quelques uns de ces glands qui nourrirent nos rustiques aïeux.

Un arbre si beau, si important, devait frapper l'imagination : les poëtes l'ont fréquemment chanté.

En lisant attentivement les divers passages de Virgile où il est question du chêne, il est facile de s'apercevoir que cet auteur en désigne plusieurs espéces, dont la déterminaison ne serait pas aisée. Cependant celle qui figure le plus ordinairement dans les vers comme le symbole de la force, et qui avait mérité, par sa beauté, d'être dédiée au maître de l'Olympe, est ce *Quercus* auquel les botanistes ont conservé le surnom de *Robur*, et qui abonde en Europe. Il y formait jadis des forêts impénétrables aux rayons du soleil; des forêts où régnait cette horreur mystérieuse, si favorable aux pratiques imposantes des religions de l'Antiquité.

Les traditions les plus respectables nous apprennent que les glands ont servi long-temps à la nourriture de l'homme; ce qui pourtant n'est vrai que d'un certain nombre d'espéces de chênes à fruits doux, et notamment des glands de plusieurs *Ilex* (1). Il paraît d'ailleurs prouvé que jamais le gland ne fut pour l'espéce humaine un aliment exclusif.

Glans, aussi bien que βάλανος, servait de nom aux fruits de divers arbres (*glans fagi; glans castaneæ;* Διος βάλανος, *Jovis glans*, *juglans*); on peut croire que ces deux mots signifiaient tous les fruits sauvages renfermés dans une enveloppe osseuse ou membraneuse. Homère distinguait cependant les glands co-

(1) Pendant la dernière guerre d'Espagne, en 1812, l'armée, cantonnée dans les environs de Salamanque, où se trouvent d'immenses forêts de *Quercus Ballota*, vécut pendant plusieurs jours des fruits de cet arbre. Ce sont des glands d'une saveur agréable, qui tient le milieu entre celle de la noisette et celle de la châtaigne. Les Espagnols en font une grande consommation.

mestibles, des glands âpres : il nomme simplement les derniers βάλανοι, et donne aux premiers le nom d'ἄκυλα (1).

Notre mot CHESNE, qu'on écrit aujourd'hui CHÊNE, vient de QUESNE ou QUERNE, qui se dit encore dans le patois picard, et qui a le même sens. Duquesne est synonyme de Duchêne; le nom de la ville du Quesnoy signifie la Chenaie, etc. Quant à ce mot QUESNE ou QUERNE, c'est la traduction de l'adjectif latin *quernus*, employé par abus pour le substantif *quercus* (2). On demandera maintenant l'étymologie de *quercus* : M. de Théis la trouve, non sans vraisemblance, dans le celtique *quer*, beau, *cuez*, arbre : le bel arbre, l'arbre par excellence; ce qui ne formait, au reste, qu'un des surnoms du chêne, désigné proprement, chez les Gaulois, sous le nom de *derw*, nom très analogue au mot grec δρῦς.

R.

RADIUS.

Orchites et RADII, *et amara pausia bacca.*
GEORG. II, 86.

En grec, Ἐλαία προμηκέστερα.

Oleæ europeæ fructus (*varietas Italis recentioribus* PIRRUTELLA *dicta*).

L'Olive longue.

Le *radius* était une olive de forme très alongée (3); il en est fait mention dans Columelle (4), qui le regarde, ainsi que l'*or-*

(1) Voyez notre Éloge de Pline à la suite duquel se trouve une liste des plantes d'Homère. (Paris, 1821.)

(2) Cet abus des adjectifs est ordinaire dans la vieillesse des langues; il envahit déja la nôtre. Au lieu de dire L'AME et LE CORPS, on dit maintenant LE MORAL et LE PHYSIQUE; un voyageur ne visite plus LES RIVAGES de l'Italie, il en a parcouru LE LITTORAL, etc. etc.

(3) Serv. *ad Georg. II*, 86. (4) Colum. *lib. XII*, *cap* 47.

chis, comme plus propre à fournir un aliment agréable qu'une huile de bonne qualité : *orchis quoque*, *et* RADIUS, *melius ad escam*, *quam in liquorem stringitur.* Ailleurs il la nomme *radiolus*, sans doute pour la distinguer, par cette forme diminutive, de l'espèce que Caton appelle *radius major* (1).

Il paraît, autant qu'on en peut juger d'après les faibles données que l'on possède, qu'il s'agit de la variété que les Italiens nomment *pirrutella.*

RACEMUS. *Lentus.*

> .... *Antrum*
> *Sylvestris* RARIS *sparsit labrusca* RACEMIS.
>
> ECL. V, 7.
>
> *Sunt et mora cruenta, et* LENTIS *uva* RACEMIS.
>
> COP. 21.

Racemus et *uva* signifient, l'un et l'autre, raisin; mais *uva*, mot de la même famille que *uvor*, *uvidus*, indique une grappe pleine de suc, et spécialement celle de la vigne cultivée. *Racemus*, au contraire, venu de ῥὰξ, ῥαγός, pepin, graine, n'a d'abord signifié qu'une seule des graines de la grappe (2). Plus tard il s'est appliqué à tout fruit composé de graines réunies, comme celui du *Vitis Labrusca*, du groseiller, etc.

Uva indique plutôt la substance du fruit, et *racemus* la forme : on pourrait dire, à la rigueur, *uvæ racemus*, la grappe du raisin.

De *racemus* on fait en français RÉGIME, mais seulement quand il s'agit du bananier, ou de quelque autre plante monocotylédone.

RHODODAPHNE.

> *Laurus item Phœbi surgens decus; hic* RHODODAPHNE.
>
> CULEX, 401.

Νήριον et Ῥοδοδάφνη des Grecs.

Nerium lauriforme (Lam. Fl. Fr. 2, p. 299).

Nerium Oleander (Linn. *gen.* 420).

Le Laurier-Rose.

(1) Cat. *de Re rustica*, *cap.* 6.

(2) C'est là le seul sens que lui donnent les Synonymes latins de Gardin Dumesnil.

Ce charmant arbrisseau, sur lequel les regards des poëtes ont dû s'arrêter de bonne heure, se trouve dans les pays méridionaux, sur le bord des eaux. C'est de là qu'il a pris son nom grec de νήριον, venu de νηρὸς, humide. Il abonde en Espagne sur les bords du Guadalquivir, le Bétis des Anciens. On le trouve aussi, communément, en Italie et en Provence.

Une ressemblance assez éloignée avec l'olivier lui a valu le nom d'*oleander;* mais le rapprochement de sa feuille avec celle du laurier, et de sa fleur avec celle de la rose, l'a fait appeler plus exactement *rhodo-daphne.*

ROS, et ROS MARINUS.

Vix humiles apibus casias RORENQUE *ministrat.*
GEORG. II, 213.

. . . . *Et* RORIS *non avia cura* MARINI.
CULEX, 402.

Λιβανωτὶς στεφανωματικὴ des Grecs.
Rosmarinus officinalis (Linn. *gen.* 49).
Le Romarin.

Les Grecs nommaient λιβανωτὶς une ombellifère qu'on croit être le *Cachrys Libanotis* des Modernes (1). Ils donnaient ce même nom au romarin, mais avec l'épithète de στεφανωματικὴ, propre aux couronnes (2). Cette labiée croît spontanément dans les pays méridionaux de l'Europe, sur-tout près des bords de la mer, et son odeur, agréable quoique forte, lui a donné de la célébrité.

Ros marinus ou *ros maris*, rosée de mer, a dû signifier aussi parfum de la mer; de même qu'on lit, dans Ovide et dans Tibulle, *ros arabus*, *ros syrius*, essence de nard.

Mais *ros*, employé seul, peut-il avoir le sens de romarin? Plus d'un lecteur en a douté, et l'on peut voir, dans Martyn, que cette difficulté jetait du louche sur l'interprétation du vers cité des Géorgiques. Le commentateur anglais se détermine néanmoins, et avec raison, pour l'affirmative; il aurait pu allé-

(1) Diosc. *lib. II, cap.* 87, *edit. Sarac.* 1598.
(2) *Id. ibid. cap.* 89, *id.*

guer un vers d'Ovide (1) après lequel il n'est plus permis de conserver la moindre incertitude :

Pars thyma, pars ROR]EM, *pars meliloton amant.*

J'ai sous les yeux la belle édition in-4° du Dictionnaire latin-français de Noël, et cette importante signification du mot *ros*, consacrée par Virgile et par Ovide, n'y est pas indiquée; en sorte que sans un commentaire, le meilleur latiniste, s'il prenait ce dictionnaire pour guide, ne saurait expliquer ni le vers 213 du second chant des Géorgiques, ni le pentamètre cité du quatrième chant des Fastes.

Quant aux expressions *rosmarinus, rosmaris*, on les y trouve; toutefois il aurait fallu écrire *ros marinus*, *ros maris*, pour en faire sentir la division. Car, non seulement on décline l'un et l'autre mot, comme dans *respublica* (disant au génitif *roris marini*, et non *rosmarini*) mais on peut encore jeter une demi-phrase dans l'intervalle, ainsi qu'on le voit par cet exemple :

.... *Et* RORIS *non avia cura* MARINI (2).

Encore une remarque. Ce serait déja bien assez qu'à l'article *ros* il ne fût pas fait mention de l'adjectif *marinus;* mais le pis est qu'on l'y trouve, et que cette locution n'y est traduite que par EAU DE MER; de façon que dans notre passage du *Culex*, il faudrait amener « le soin ou la culture, non inutile, de l'eau de mer. »

Ce ne sont pas là les seules fautes, à beaucoup près, qu'on puisse remarquer dans l'ouvrage d'un lexicographe dont l'érudition est pourtant justement estimée (3). Nous avons seule-

(1) Ovid. *Fast. IV*, 440. Je sais que plusieurs éditions éludent la difficulté, en plaçant *casiam* pour *rorem*. Mais plusieurs manuscrits démentent cette leçon.

(2) L'argument tiré du rapprochement de *ros* et de *marinus* dans les manuscrits est nul; personne n'ignore qu'autrefois les mots s'écrivaient tous sans interruption, et qu'un usage postérieur a seul servi de règle dans la manière de les séparer. De ces trois expressions latines *ros maris*, *ros marinus*, *rosmarinum*, il n'y a que la dernière, terme employé pour la première fois dans Pline, qui doive s'écrire sans division: le manque d'accord entre un nom masculin et un adjectif neutre, prouve que dès-lors la fusion des deux mots s'était opérée par l'effet du langage usuel.

(3) Voici quelques omissions que je me rappelle au hasard :

ment voulu montrer avec quelle défiance on doit consulter encore les meilleurs dictionnaires.

ROSA.

Primus vere ROSAM........ (*carpebat*).
GEORG. IV, 134.
Sparsaque liminibus floret ROSA. CIRIS, 98.

Ῥόδον des Grecs.
ورد des Arabes.
Rosa des Latins, des Italiens, des Espagnols, etc.
Rose des Allemands, des Anglais, etc.
La Rose.

Dans les deux passages cités, on le voit sans commentaire; le mot *rosa* ne peut avoir qu'une signification générique; toute détermination précise serait futile. Mais il s'agit de la rose, et cela suffit. La reine des fleurs ne saurait être méconnue.

Son nom, dans toutes les langues de l'Europe, est absolument le même, à la désinence près. Le mot grec ῥόδος ne s'éloigne pas non plus de cette analogie; car le Δ, chez les Grecs modernes, ressemble au *th* doux des Anglais; et l'on a lieu de penser que dès les temps les plus anciens, le son de cette lettre était déjà voisin du Z.

Si le mot arabe ورد est venu prendre place dans notre nomenclature, c'est qu'il pourrait bien n'être que le radical grec ΡΟΔ. On sait en effet combien le و initial est peu important; il disparaît dans le futur des verbes, etc.

ROSA. *Rubicunda.* — *Purpurea.*

...... *Aut* MIXTA RUBENT *ubi lilia* MULTA
Alba ROSA. ÆN. XII, 69.

Cacumeum (Arnob.), sorte de gâteau différente de l'*afritia*.

Plasea, le même mot que *palasea*, queue de bœuf enduite de farine et de sang. (On trouve un sens analogue, mais moins précis, à l'article *Palasea*.)

Oleo, dans le sens de CROÎTRE, est indiqué comme étymologie à l'article *olus*; je le crois bon, car il se retrouve dans *adolesco*; mais alors il fallait en faire l'objet d'un article, sauf à prévenir qu'il est inusité.

Etc. etc. etc.

Et ROSA *purpureo crescit* RUBICUNDA *colore.*
CULEX, 398.
Sertaque PURPUREA *lutea mista* ROSA.
COP. 14.

Restreint par des adjectifs, le mot *rosa* perd ici quelque chose de sa latitude. On peut encore l'appliquer à beaucoup d'espèces de roses; mais il faut en retrancher les variétés blanches, jaunes, etc., toutes celles dont la couleur n'approche point de la pourpre ou de l'incarnat.

ROSARIUM et ROSETUM. *Puniceum.* — *Pæstanum.*

PUNICEIS *humilis quantum saliunca* ROSETIS.
ECL. V, 17.
...... *Biferi* (*canerem*)...... ROSARIA PÆSTI.
GEORG. IV, 119.

Ces deux mots, d'une signification pareille, veulent dire un lieu planté de rosiers, une roseraie; mais il est évidemment question d'espèces différentes de roses, dans les passages cités.

Le vers de l'églogue V est mis dans la bouche d'un berger, et la scène est aux champs. Il ne peut donc être question que de roses sauvages; il serait difficile de croire que Ménalque cherchât ses objets de comparaison ailleurs qu'autour de lui. Nous présumons qu'on peut s'arrêter à cette espèce d'églantier à laquelle les botanistes ont consacré l'épithète de *punicea* :

Rosa punicea (Rœss. Rot. r. 5).
—— *Eglanteria* (Decand. Fl. Fr. 3694).

Quant à la rose de Pæstum, ville de Lucanie, aujourd'hui de Calabre, il n'est pas facile de la déterminer. On a proposé l'espèce que Pline (1) qualifie de *campania*, que Bauhin (2) nomme *Rosa alba vulgaris major*, et que De Candolle a conservée, dans sa Flore française, sous le nom spécifique d'*alba*. Ce qui doit faire rejeter cet avis, c'est que l'espèce en question ne fleurit qu'une fois l'an, et que le poëte la désigne par

(1) Plin. *lib. XXI*, *cap.* 4. (2) Bauh. *Pin.* 482.

l'épithéte de *bifera* (1). Au reste la discussion est d'une fort mince importance.

RUBUS. *Asper.* — *Horrens.*

Mella fluant illi, ferat et RUBUS ASPER *amomum.*
ECL. III, 89.
HORRENTESQUE RUBOS *et amantes ardua dumos.*
GEORG. III, 315.

Βάτος des Grecs.
Rubus fruticosus (Linn. *gen.* 864).
La Ronce.

Fuchsius pensait à tort que les fruits du *vaccinium* de Virgile devaient être regardés comme ceux de la ronce. (Voyez VACCINIUM.) Ces derniers fruits sont nommés par le poëte *mora sanguinea*. Voyez MORUM.

RUMEX. *Fecundus.*

FECUNDUSQUE RUMEX...... *virebat.* MOR. 72.

ὀξυλάπαθον des Grecs.
Rumex acetosa (Linn. *gen.* 613).
L'Oseille.

L'oseille a dû l'épithéte de féconde, que lui donne le poëte, à la rapidité de sa végétation, et à la facilité de sa reproduction, qui a lieu par rejets et par semences.

RUSCUS. *Horridus.* — *Asper.*

.... *Videar tibi*............
HORRIDIOR RUSCO. ECL. VII, 42.
.... *Nec non etiam* ASPERA RUSCI
VIMINA. GEORG. II, 413.

Κεντρομυῤῥίνη (Théoph. *lib.* III, *cap.* 17).
Μυρσίνη ἄγρια, ὀξυμυρσίνη (Diosc. *lib.* IV, *cap.* 141).
Myrtus sylvestris, ou *Chamæ-Myrtus* de Pline (XXIII, 9).

(1) Cette épithéte, dans le texte, se rapporte à Pæstum; mais il y a métonymie évidente.

Ruscus de Castor, suivant Pline (livre cité).
Ruscus aculeatus (Linn. *gen.* 1559).
Le Brusc, le Housson, le petit Houx, le Houx Fragon.

Du temps de Virgile, les tiges de ce petit arbuste servaient d'échalas pour soutenir les vignes, ce que démontre la suite du passage des Géorgiques cité plus haut. Les feuilles, quoique garnies d'aiguillons assez roides, rappellent celles du myrte, et cette ressemblance a motivé les divers noms qu'il a portés chez les Grecs ou les Romains. L'aspect général du *Ruscus* est peu agréable; et nulle plante ne mérite mieux les épithètes d'*horridus* et d'*asper*, données par le poëte.

Le petit houx abonde en Italie, et même en France.

RUTA. *Rigens.*

Inde comas apii graciles, RUTAMQUE RIGENTEM.
MOR. 89.

Πήγανον des Grecs.
Ruta graveolens (Linn. *gen.* 725, var. *α*).
Ruta hortensis (Lam. Fl. Fr. p. 527).
La Rhue ou Rue (1).

Cette plante, d'un emploi dangereux, ne sert plus qu'en médecine. Mais les Anciens, qui la cultivaient, la considéraient comme un condiment agréable. Pline (2) nous apprend que Cornelius Céthégus, ayant été élu consul l'an 421 de Rome, fit au peuple des largesses de vin aromatisé avec la rhue. Au reste, l'émanation nidoreuse de cette plante, si rebutante pour nous, trouve encore grace dans d'autres climats. A Naples, les dames, qui attribuent à la rhue des propriétés anti-septiques, paraissent en aimer l'odeur.

(1) Tous les anciens auteurs français écrivent RHUE, et jamais RUE. Sans doute la lettre H n'est pas rigoureusement nécessaire, car elle n'existe pas dans le mot latin; mais puisque l'usage l'avait introduite, on aurait dû soigneusement la conserver, à cause de la distinction que cette orthographe établissait entre la RHUE, plante, et la RUE d'une ville.

(2) Plin. *lib. XIX, cap.* 8.

S.

SABINA.

Herbaque turis opes priscis imitata SABINA.
CULEX, 403.

Βράθυς et Βάραθρον des Grecs.
Sabina ou *Savina* des Latins.
Juniperus Sabina (Linn. *gen.* 1552).
La Sabine.

Pline est d'accord avec Virgile sur l'emploi de la sabine: *a multis in suffitus pro thure assumitur* (1). Dioscoride en avait décrit deux espéces (2): l'une à feuilles de cyprès, l'autre à feuilles de tamarisc.

Beaucoup d'anciens manuscrits portaient *Herbaque thuris opes priscis imitata* SABINIS, mais la variante est moins importante qu'elle ne le paraît. Cette herbe « fameuse chez les Sabins » serait toujours la sabine.

SALICTUM.

.... *Sæpes*
Hyblæis apibus florem depasta SALICTI.
ECL. I, 55.
...... *Et glauca canentia fronde* SALICTA.
GEORG. II, 13.

Ιτέων des Grecs.

Salictum, dans Cicéron, est synonyme de *salicetum*, lieu planté de saules. Mais il semble que Virgile entende par ce mot le saule même, ou du moins le groupe des arbres dont la saussaie est plantée. Cette nuance manque à nos dictionnaires. Voyez SALIX.

(1) Plin. *lib. XXIV, cap.* 11. (2) Diosc. *lib. I, cap.* 88.

SALIUNCA. *Humilis.*

Puniceis HUMILIS *quantum* SALIUNCA *rosetis*,
.... *tantum tibi cedit Amyntas.*
ECL. V, 17.

נרד des Hébreux?

Νάρδος κελτικὴ des Grecs.

Saliunca et *Nardus gallicus* de Pline (XXI, 7 et 20).

Valeriana celtica (Linn. *gen.* 60).

Valeriana celtica } (Decand. Fl. Fr. esp. 3332).
——— *Saliunca* }

Le Nard celtique.

Un auteur, dont la réputation d'érudit est fort grande et très justement méritée, avec lequel nous regrettons de ne pas être plus souvent d'accord, Sprengel, prend la *saliunca* de Virgile pour cette valériane nommée *Saliunca* par Allioni, et qui diffère, selon lui, de la valériane celtique par ses feuilles, cunéiformes dentées, obtuses et entières dans la première espèce. Cette distinction, à peine suffisante aux yeux exercés d'un des premiers botanistes de notre époque (1), n'a pu être appréciée par les auteurs anciens, et encore moins par le vulgaire, dont ils avaient adopté la nomenclature, toujours établie sur des différences fortement tranchées. La *baccharis* et la *saliunca* ne peuvent être des plantes aussi voisines que le pense Sprengel. Les deux espèces de valériane qu'il indique n'avaient sans doute qu'un nom chez les Romains, comme elles n'en avaient qu'un chez tous les botanistes avant Allioni.

Nous avons adopté pour la *baccharis* d'après Mathiole, la digitale pourprée. Cette opinion peut paraître douteuse, car la digitale est inodore. Mais si la *baccharis* n'est point cette fleur, il est du moins certain que ce ne peut être la valériane celtique, plante qu'il est très facile de reconnaître (2) dans cette description de Pline : *Saliunca folio quidem subbrevi, et quod necti non possit, radici numerosæ cohæret : herba verius quam flos, densa veluti manu pressa, breviterque cespes sui generis.*

(1) M. de Candolle. (2) Plin. *lib. XXI, cap.* 7.

Pannonia hanc gignit et Norici Alpiumque aprica; tantæ suavitatis, ut metallum esse cœperit; et ailleurs (1) : *Saliuncæ radix, in vino decocta, sistit vomitiones, corroborat stomachum.* Quelques auteurs, malgré la ressemblance de ces descriptions avec les caractères reconnus par les Modernes dans la *Valeriana celtica,* universellement réputée être le nard celtique ou gallique des Romains, croient qu'il s'agit, dans ces passages, de toute autre plante, se fondant sur ce que Pline mentionne plus loin le nard celtique; mais ceci ne peut affaiblir l'opinion que nous émettons : car le naturaliste de Vérone ne décrit point ce nard; et sans doute, ici comme ailleurs, il parle d'une même plante sous deux noms différents.

La valériane celtique abonde dans les Alpes; elle forme des touffes épaisses, semblables à un gazon serré; sa racine est traçante, et a des propriétés stomachiques; ses feuilles et le port de ses tiges la font ressembler à une petite graminée, nommée, à cause de cette ressemblance, *Nardus,* et qui est peut-être le *nerd* des Hébreux.

SALIX. *Lenta.* — *Glauca.*

Dulce.................................
LENTA SALIX *fœto pecori.* ECL. III, 83.
LENTA SALIX *quantum pallenti cedit olivæ,*
Tantum.... ECL. V, 16.
Mecum inter SALICES *lenta sub vite jaceret.*
ECL. X, 40.
.... *Pascuntur (apes) et arbuta passim*
Et GLAUCAS SALICES, *casiamque.* GEORG. IV, 183.
Vel SALICIS LENTÆ, *vel*.... CULEX, 54.

Ἰτέα des Grecs.
Salicis (Linn. *gen.* 1493) *species.*
Les Saules.

Les saules se plaisent au bord des eaux. Leur port varie beaucoup: tantôt ce sont d'humbles arbrisseaux, tantôt des

(1) Plin. *lib. XXI, cap.* 20.

arbres assez élevés; mais quel que soit ce port, leurs branches sont toujours flexibles, *lentæ*.

Dans les divers passages cités, on s'efforcerait en vain de déterminer les espéces : il n'est permis que de former des conjectures; on peut croire que le saule agréable au bétail est le *Salix caprea*, ainsi nommé parceque les chèvres en sont très friandes; on peut penser aussi que le saule mis en opposition avec l'olivier dans la cinquième éclogue est le *Salix vitellina*, ou quelques espéces voisines. Par saule glauque, Virgile voulait peut-être indiquer le *Salix daphnoïdes* (1), espéce commune en Italie et en France, où on le nomme saule à bois glauque.

Dans le reste des passages cités, *salix* n'a qu'une acception ordinaire et générale.

SANDYX.

Sponte sua SANDYX *pascentes vestiet agnos.*

ECL. IV, 45.

Σάνδυξ des Grecs.

Le *sandyx* n'est point une plante, mais une composition métallique; Pline dit (2) qu'on le préparait avec la *sandaracha* (sulfure d'arsenic jaune), et une terre ochracée. Dioscoride (3) n'est pas d'accord avec le naturaliste romain; mais, comme il donne, avec toute l'exactitude que comportaient les connaissances de son temps, la manière de le préparer, son autorité a fait loi, et tous les savants reconnaissent dans le *sandyx* le *Minium* (per-oxide de plomb des chimistes). Notre travail sur Virgile ne s'étendant qu'aux productions végétales, nous n'aurions point parlé du *sandyx*, si nous n'avions voulu relever l'erreur de plusieurs commentateurs qui l'ont pris pour une plante.

Beckmann, d'après Hésychius, a cherché à prouver que le *sandyx* était la garance. Cette opinion n'est basée que sur une fausse interprétation du passage de Virgile, et probablement sur la propriété depuis long-temps reconnue, dans la garance,

(1) Villars, Fl. du Dauph. IV, p. 765, tom. 50, P. 7.

(2) *Hist. nat. lib. XXXV, cap.* 6. (3) Diosc. *lib. V, cap.* 63.

de colorer en jaune les os des animaux qui la mangent. Sans doute ce savant a cru que le poëte latin avait supposé l'extension de cette influence à leur laine. L'erreur de Beckmann, toute grossière qu'elle est, est plus pardonnable que celle du naturaliste de Vérone, dont l'autorité lui a peut-être imposé.

Hæc (*sandaracha*), dit Pline, *si torreatur, æqua parte rubrica admixta, sandycem facit. Quanquam animadverto Virgilium existimasse herbam id esse, illo versu,*

Sponte sua sandyx pascentes vestiet agnos.

Mais où donc voit-il qu'il soit ici question d'une plante? Écoutons Virgile:

Non rastros patietur humus, non vinea falcem:
. . . .
Nec varios discet mentiri lana colores:
Ipse sed in pratis aries jam suave rubenti
Murice, jam croceo mutabit vellera luto;
Sponte sua sandyx pascentes vestiet agnos.

En disant que « l'âge d'or va revenir, que les arts seront désormais inutiles, que la terre donnera ses fruits sans culture, et que la laine se couvrira des couleurs du safran, de la pourpre et du vermillon, tandis que le mouton paîtra dans les prairies, » le poëte n'a point exprimé, ni fait entendre, que le sandyx fût un végétal. Quel motif aurait-on de le croire? Serait-ce à cause de *pascentes agnos?* Les agneaux paissent, à la bonne heure; mais où voit-on qu'ils broutent le *sandyx?* A ce compte, il faudrait donc que le belier des vers précédents, dont la toison aussi se colore *in pratis*, y trouvât à manger non seulement le safran ou la gaude, *croceum lutum*, mais encore le coquillage appelé *murex*.

On doit s'étonner, en conséquence, que Pline ait aussi mal interprété ce passage, et qu'il ait pu penser que Virgile prît pour une plante une substance que toute l'Antiquité regarde comme une préparation minérale (1).

(1) Voyez sur le sandyx *B. a Stap. comm. in Theoph. lib. IX, cap.* 14.

SCILLA.

SCILLAMQUE, *elleborosque graves, nigrumque bitumen.*
GEORG. III, 451.

Σκίλλα des Grecs.
اسقيل des Arabes.
Scilla maritima (Linn. *gen.* 567).
La Scille maritime.

Cette plante, dont les propriétés énergiques étaient connues de l'antiquité, et dont la célébrité remonte si haut que Pythagore avait, dit-on, écrit un livre entier sur son emploi médical, est encore classée de nos jours parmi les substances les plus héroïques. Son nom grec, que les Arabes ont emprunté sous les formes *iskîl, sîkel, sikâl*, paraît venir de σκύλλω, *noceo.*

SERPYLLUM.

Allia SERPYLLUMQUE, *herbas contundit olentes.*
ECL. II, 11.
SERPYLLA.... (*apibus grata*). GEORG. IV, 31.

Ἑρπυλλον, Ἕρπυλλος, des Grecs.
Thymus Serpyllum (Linn. *gén.* 982).
Le Serpollet.

Les Anciens mentionnent deux espèces de serpollet, l'un sauvage, l'autre qui croît dans les jardins. C'est du premier qu'il est question. On le trouve abondamment dans toute l'Europe; il n'est pas extraordinaire qu'on l'ait fait entrer autrefois dans quelques mets rustiques: car il sert encore de nos jours à parfumer certains aliments. On a remarqué que les abeilles dont les ruches étaient près des coteaux couverts de serpollet ou de thym, donnaient un miel bien supérieur à tous les autres.

Le nom grec du serpollet, copié par les Latins, vient de l'idée de ramper, et tient à la procombence de ses tiges.

SILER. *Molle.*

Sponte sua veniunt.....................
.... MOLLE SILER, *lentæque genestæ.*
GEORG. II, 12.

Ἰτέα μικρὰ des Grecs, (ἙΛΙΚΗ καλουμένη;)
Siler de Pline.
Helice du même?
Salix græca de Columelle?
Salix vitellina? (Linn. *gen.* 1493).
L'Osier?

Les incertitudes, les contradictions des commentateurs, et tous les genres de difficultés que nous avons tant de fois signalés, vont se reproduire encore. Quelle est la plante que Virgile appelle *siler*? On a bâti mille systèmes, dont aucun n'offre de certitude.

Césalpin croyait devoir entendre ici l'εὐώνυμος de Théophraste. Mais c'est dans les haies que croît le fusain, tandis que Pline, dans la mention abrégée qu'il fait du *siler* (1), nous le montre comme naissant au bord des eaux. La même raison devait éloigner La Cerda de son bizarre système: car il n'y a rien de moins aquatique que le *Siler montanum* (L.). De plus, comment aller choisir une herbacée ombellifère, quand toutes les probabilités sont pour un arbrisseau?

L'opinion la plus générale et la plus saine nous ramène au genre *Salix.* C'est toutefois bien peu que cette donnée. Plus, en effet, on lit Théophraste, Pline, Columelle, plus on voit la difficulté de saisir clairement les espèces de saules connus de l'Antiquité. L'ἑλίκη des Grecs paraît mieux convenir que toutes les autres; il ne faut pourtant pas dissimuler au lecteur que Pline a quelque part une *helice*, distincte de son *siler;* mais plus d'une fois il lui arrive de parler de la même plante sous des noms différents.

L'ἑλίκη ou *siler* des Anciens devait être probablement l'osier,

(1) *Hist. nat. lib. XVI, cap.* 18.

Salix vitellina (L); à moins que ce ne soit, comme l'a répété Sprengel d'après Anguillara, le *Salix caprea*, notre saule marceau, dont les branches n'ont pourtant point une mollesse, une flexibilité aussi remarquable.

SISER.

Hic SISER, *et capiti nomen debentia porra.*

MOR. 73.

Σίσαρον des Grecs?

Sium Sisarum (Linn. *gen.* 480).

La Berle Chervi.

Il est assez généralement admis, on ne sait trop sur quel fondement, que cette plante est originaire de la Chine. Du moins avait-elle pénétré de bien bonne heure, par la Tartarie, jusqu'aux limites de l'Europe, puisqu'au rapport de Pline (1), Tibère exigeait annuellement des Germains un tribut de chervi.

La description de Pline ne pourrait conduire à la détermination de son *siser* que par des inductions tirées des propriétés médicales; car il regarde cette plante comme diurétique, aphrodisiaque, analeptique, et anti-mercurielle (2). Mais comme il n'y a point de raison suffisante pour croire, avec Sprengel, que le *siser* de Pline diffère de celui de Columelle (3), qui passe à bon droit pour être le σίσαρον de Dioscoride (4), la critique peut marcher avec quelque certitude.

Ce σίσαρον de Dioscoride et de Galien (5), qui n'en disent pas autre chose que Pline, ou moins encore, est représenté comme doué de qualités trop énergiques pour n'être, comme on l'a prétendu, que la carotte ou le panais. Il avait cependant une racine mangeable; mais cette condition est remplie dans le *Sium Sisarum* de Linné, bien qu'il soit devenu hors d'usage d'y chercher une substance alimentaire.

Il faut avouer, en finissant, que plusieurs savants ont pro-

(1) *Hist. nat. lib. XIX, cap.* 5. (2) *Id. ibid. lib. XX, cap.* 5.
(3) *De Re rustic. lib. XI, cap.* 13. (4) Diosc. *lib. II, cap.* 90.
(5) Galian. *de simpl. medic. facult. lib. VII.*

posé la substitution du mot *cicer* à *siser*, dans le texte de Virgile ; ce qui dépouillerait de toute son importance la question que nous venons de traiter.

SORBUM. *Acidum.*

Hic noctem ludo ducunt, et pocula læti,
Fermento, atque ACIDIS *imitantur vitea* SORBIS.
GEORG. III, 379.

ὄον, οὖον, des Grecs ; et l'arbre, οὖα, ὄα, οἴη.

Fruit du *Sorbus domestica* (Linn. *gen.* 855 ; Decand. Fl. Fr. esp. 3693).

La Sorbe.

Les sorbes, ou cormes, sont les fruits d'un grand arbre qui croît dans presque toute l'Europe ; tous les auteurs de l'Antiquité en font mention. Les cormes ne mûrissent que fort tard et après avoir été détachées de l'arbre ; on peut en préparer par la fermentation un suc vineux qui ressemble au poiré.

Plusieurs auteurs prétendent que le poëte par le mot *sorba* a entendu parler de tous les fruits à cidre qui fournissent une liqueur potable, qu'on peut avaler, *sorbere*. Rien n'indique que Virgile ait voulu donner une telle extension au mot *sorbum*, réservé par les auteurs latins au fruit du sorbier.

M. de Théis (1), dont nous avons eu plusieurs fois l'occasion de faire connaître les étymologies, quelquefois hasardées, mais presque toujours ingénieuses, prétend que *sorba* vient du celtique *sormel*, composé de *sor*, rude, âpre, et *mel*, pomme, parceque ce fruit est âpre ou rude. De ce mot *sormel*, les Français ont fait CORMEL et ensuite CORME. L'étymologie la plus connue et la plus naturelle fait venir *sorbus* de *sorbere*, parceque la chair de sorbes mûres est molle et facile à avaler.

SPINUS.

Eduramque pirum, et SPINOS *jam pruna ferentes.*
GEORG. IV, 145.

(1) Gloss. botan. p. 437

Ἀγριοκοκκυμηλέα (Diosc. *lib.* I, *cap.* 138).
Prunus insititia (Linn. *gen.* 849).
Le Prunier sauvage.

Spinus, qui ne semble signifier qu'un arbuste épineux en général, est employé, par le naturaliste romain, dans le même sens que l'a fait Virgile.

STYRAX. *Idæum.*

Non STYRACE IDÆO *fragrantes picta capillos.*
CIR. 168.

Στύραξ des Grecs.
اصطرك des Arabes.
Styrax des auteurs latins.
Styrax officinale (Linn. *gen.* 735).
L'Aliboufier ou Styrax.

Le *Styrax*, que les Français méridionaux, chez lesquels il croît, nomment aussi aliboufier, ressemble par son port et la forme de ses feuilles au coignassier; mais ses feuilles sont plus petites, ses fleurs se rapprochent de celles de l'oranger. Il ne produit que très peu de baume dans nos contrées; celui qui est liquide et qu'on emploie dans les pharmacies, où il se nomme *styrax* et *storax*, vient le plus ordinairement d'Amérique, et découle du *Liquidambar;* mais le *storax calamita*, ainsi désigné parcequ'on le conservait dans des roseaux, est produit par le *Styrax officinale.* Le meilleur venait de Syrie et de Cilicie. Virgile qualifie le sien d'*idæum*, quoique Pline regarde celui de Créte comme inférieur en qualité.

Ce baume, nommé encore, en Orient, *istorak* ou *isterk*, entre dans la composition de divers remédes; il est plus employé encore dans des parfums, et sert comme tel depuis des milliers d'années. On croit que le *storax* est le véritable *thus Judæorum*, présenté par les Mages au Christ: opinion contraire à celle qui veut que ce soit le baume fourni par l'*Amyris.*

SYRIUM PYRUM.

Crustumiis SYRIISQUE PYRIS, *gravibusque volemis.*
GEORG. II, 87.

La Bergamotte? Voyez PYRUM.

T.

TÆDA et TEDA.

.... TÆDAS *sylva alta ministrat.*
GEORG. II, 431.

Πεύκη de Théophraste? (*lib.* I, *cap.* 9).
Pinus Mugho? (Mill. Dict. n° 5; Décand. Fl. Fr. 2056).
Pinus sylvestris, var. γ? (Vill. Dauph. Part. IV, 805).

Ordinairement on ne traduit le mot latin *tæda* que par TORCHE; il est très possible d'y donner ce sens, dans notre passage de Virgile. Toutefois il existe un autre système, que nous allons développer.

« Ce n'est là, dit-on, qu'une signification secondaire, bien qu'elle soit devenue la plus commune. *Tæda* est proprement le nom d'une espéce de pin, la sixième de celles que Pline décrit. Plus abondante que les autres en sucs résineux, elle était employée à fournir les flambeaux sacrés (1).

« Dans le mot *tæda*, il est aisé de reconnaître δᾴς, δᾳδὸς, dérivé de δαίω, brûler, parfait moyen δέδηα. Théophraste, qui donne ce nom à des concrétions résineuses qui se forment à l'intérieur des arbres ionifères, dit (2) que la πεύκη, plus encore que les pins nommés πίτυς et ἐλάτη, a la moelle ligneuse, διὰ τὸ ἔνδᾳδος εἶναι, ce que le traducteur latin rend ainsi: *quod plurimum tedæ ingerat.*

« Ce passage du botaniste d'Erèse, et celui où il attribue à ce même arbre πεύκη l'espéce de fruit fétide que Pline donne à la *tæda*, doivent déterminer à regarder le pin, nommé *tæda* par les Latins, comme répondant à la πεύκη de Théophraste. »

Voilà le système en son entier. S'il est vrai, nous avons dû donner une place, dans cette Flore, au mot *tæda;* et comme

(1) *Hist. nat. lib. XVI, cap.* 10. (2) *Hist. plant. lib. I, cap.* 9.

nul arbre n'est plus résineux que le *Pinus Mugho* (Mill.), il convenait de le présenter comme celui de Virgile.

Mais si tout cet échafaudage reposait sur une méprise? Si *tæda* n'avait jamais été proprement le nom d'un arbre? Si Pline s'était trompé?

Bodæus de Stapel le croit, et non sans apparence. Pline, avec les erreurs et les distractions qu'on lui connaît, n'est qu'une mince autorité quand il est seul. Or, aucun autre que lui n'a pris *tæda* pour *pinus*. Seulement les poëtes ont employé *pinus* pour *tæda*, ce qui est très différent : car les torches étant faites de bois de pin, on pouvait donner au produit le nom de la matière première. Ne dit-on pas aussi *pinus* pour *navigium*? Et qui jamais en a conclu que l'on pût dire *navigium* au lieu de *pinus*? Dans notre poésie, où le glaive s'appelle FER, le fer se nomme-t-il GLAIVE?

Quand donc Pline assure qu'une maladie du *larix* est de se changer en *tæda*, il défigure singulièrement Théophraste, qui, sans métamorphoser un arbre en un autre, fait mention seulement d'une maladie dont l'effet est d'augmenter les sécrétions du *larix*, au point qu'il semble se tourner en résine. Son expression ἔνδᾳδος εἶναι, qu'on a citée, est tout-à-fait générique; en parlant des forêts du Pont, il dit (1) qu'on y trouve bien des ormes, des pommiers, etc., mais ni pins, ni sapins, ni mélèses, rien enfin de résineux : οὐδὲν ἔνδᾳδον.

Concluons que *tæda*, venu réellement de δεδῇα, parf. moy. ou de δᾴς, δᾳδος, résine, ne signifie en latin que flambeau; principalement, il est vrai, celui qui se formait de morceaux de bois réunis et goudronnés (torche qu'un usage antique conservait à Rome, à l'exclusion de tout autre luminaire, pour les cérémonies nuptiales, et dont les voyageurs se servaient en Grèce sous le nom de γράβιον, comme on le voit (2) par Athénée); mais aussi toutes les autres sortes de flambeaux, quelque postérieure qu'en fût l'invention. Apulée nomme un cierge *tæda cerea*.

(1) *Hist. plant. lib. IV, cap.* 6. (2) Athen. *Deipnosoph. lib. XV*.

TAXUS. *Cyrnæa.* — *Nocens.* — *Arcubus idonea.*

Sic tua CYRNÆAS *fugiant examina* TAXOS.
ECL. IX, 30.
...... *Amant....* *aquilonem et frigora* TAXI.
GEORG. II, 113.
.... TAXIQUE NOCENTES.
GEORG. II, 257.
.... *Ituræos* TAXI *torquentur in arcus.*
GEORG. II, 448.
Neu propius tectis TAXUM *sine.* GEORG. IV, 47.

Μίλος de Théophraste (*lib.* III, *cap.* 4).
Σμίλαξ de Dioscoride (*lib.* IV, *cap.* 80, *ed. sarac.*).
Taxus baccata (Linn. *gen.* 1553).
L'If.

L'if a reçu de Virgile l'épithète de *nocens*, parceque les bayes et les feuilles de cet arbre passent pour vénéneuses, *lethale quippe baccis, in Hispania præcipue, venenum inest* (1). A ces paroles de Pline on peut joindre le témoignage de J. César, décrivant, dans ses commentaires, la mort de Cativulcus. *Taxo, cujus magna in Gallia Germaniaque copia est, se exanimavit* (2). Cette opinion sur les propriétés mortifères du *Taxus baccata* n'avait jamais été combattue, ni dans le moyen âge, ni même chez les Modernes; et l'on allait jusqu'à regarder comme dangereux de dormir quelques heures sous son ombre. Tout-à-coup s'élève un système contraire, sous l'abri d'un nom qui semble déja former seul une autorité. M. le baron Percy, dans des mémoires composés *ad hoc*, soutient l'innocuité de l'if, et prétend qu'une faible vertu purgative, dont la médecine peut tirer un parti avantageux, est tout ce qui distingue cet arbre si redouté du peuple. En attendant que les choses soient éclaircies par une plus longue expérience, nous croyons qu'il est bon de s'en tenir, à cet égard, à la maxime de Zoroastre (3).

Indigène des pays du Nord, l'if, dans les climats méridio-

(1) Plin. *Hist. nat. lib. XVI, cap.* 10. (2) J. Cæs. *de Bell. gall. VI.*
(3) « Dans le doute, abstiens-toi. »

naux, cherche un sol montueux et froid. Aussi doit-il prospérer en Corse, comme l'indique le surnom de *cyrnea.*

Après le buis, le bois d'if est le plus fin et le plus serré que produise l'Europe. L'industrie peut en tirer grand parti. Il paraît qu'autrefois on en faisait des arcs, principalement chez les Ituréens, peuplade belliqueuse de la Cœlésyrie.

Mais ce qui en avait sur-tout propagé la culture, aujourd'hui négligée, c'est la coutume qu'avaient nos pères de tailler l'if en statues effrayantes ou grotesques : décoration recherchée alors dans les parterres. Je ne crois pas qu'il reste un exemple plus saillant de ce luxe bizarre et de mauvais goût, que le jardin de l'*Alcazar* de Séville.

Quand les croyances religieuses, plus puissantes, ramenaient plus souvent l'esprit aux idées de la mort, il était aussi d'usage de planter l'if dans les cimetières. Le feuillage sombre, l'attitude sévère de cet arbre, devaient y frapper l'imagination par des rapports mélancoliques, et y multiplier les harmonies funèbres.

TEREBINTHUS. *Oricia.*

> .... *Quale per artem,*
> *Inclusum buxo, aut* ORICIA TEREBINTHO,
> *Lucet ebur.* ÆN. X, 136.

Τέρμινθος et Τερέβινθος des Grecs.
Terebinthus vulgaris (Clus. *Histor.* 15, *ic.*).
Pistacia Terebinthus (Linn. *gen.*).
Le Térébinthe.

Oricium, ville d'Epire, voisine des monts Cérauniens, dont la chaîne était couverte de forêts, et principalement d'arbres résineux et toujours verds.

Tout le monde connaît la térébenthine, substance fréquemment employée dans les arts, et qui prend son nom du térébinthe, dont elle découle.

Quoique le nom de cet arbre si poétique, et si connu dans l'Orient, doive tirer son origine de quelque langue d'Asie, les recherches dirigées dans ce sens n'ont encore rien produit de bien satisfaisant sur son étymologie. En effet, toutes les fois que la Vulgate emploie le mot *terebinthus*, on ne trouve pour terme correspondant, dans le texte sacré, que אלה ou אלון, *élah* ou *alôn*, mots qui n'y ressemblent en rien, et dans lesquels on a plutôt cherché l'étymologie d'*ilex;* car ce sont des noms extrêmement vagues, interprétés également de l'orme, du châtaignier, du chêne, de l'yeuse et du térébinthe. D'une autre part, les mots arabes et persans sous lesquels Léonard Bauwolf prétend que le térébinthe est connu (1) ne se trouvent ni dans Golius ni dans Méninski; et quant au nom turc طرمنتين اغاجى, arbre à la térébenthine, ce n'est qu'un composé de l'adjectif τερμίνθινος, emprunté par les stupides usurpateurs de la Grèce.

THUREA VIRGA. *Sabaïca.*

.... *Solis est* THUREA VIRGA SABÆIS.
GEORG. II, 117.

Λίβανος, Λιβανωτὸς, Λιβανωτρὶς, des Grecs.
Juniperus Lycia (Linn. *gen.* 1552).
L'Arbre à Encens (2).

THUS. *Panchæum.* — *Arenosum.* — *Masculum.*

Verbenasque adole pingues, et MASCULA THURA.
ECL. VIII, 65.
India mittit ebur; molles sua THURA *Sabæi.*
GEORG. I, 57.
.... *Bactra* (*ne certent*), *neque Indi,*
Totaque THURIFERIS PANCHAIA PINGUIS ARENIS.
GEORG. II, 139.
Ille colit lucos; illi PANCHAIA THURA
.... *adsunt.*
CULEX, 86.

En hébreu, לבונה.
En grec, Λιβανωτὸν et Λίβανος.
En vieux français, *l'Oliban.*
L'Encens mâle.

(1) *Hodœporic. lib. II, cap.* 8.

(2) Consultez, au XXXVIIe vol. du Dictionnaire des Sciences médicales, l'article OLIBAN par le docteur Mérat.

L'arbre qui donne l'encens avait été déja regardé par Théophraste comme originaire de l'Arabie; Pline a dit plus tard la même chose : Virgile est d'accord avec tous deux, comme on le voit dans les vers cités. En effet la Panchaïe n'est que le Yémen; et les Sabéens, que le poëte qualifie assez légèrement de *molles*, étaient les Arabes civilisés, distingués des nomades ou Bédouins.

La résine de la *thurea virga* fut, de temps immémorial, brûlée sur les autels des Dieux. La sensation bien connue qu'elle procure, sensation qui dispose aux idées grandes et religieuses, l'a fait considérer comme le parfum par excellence; en sorte que le mot générique *incensum*, substance que l'on brûle, est devenu sa désignation particulière.

Notre vieux mot français OLIBAN n'est que le mot grec λίβανος, joint à l'article ὁ (comme dans HOQUETON, venu de ὁ χίτων). Quant à l'origine de ce nom grec λίβανος, qu'on a voulu rattacher à la racine λείβω, verser, λιβάς, source, par allusion à l'écoulement de cette résine, elle se retrouve dans l'hébreu לבנה, *lebonah*. Qui sait, d'ailleurs, si les premiers Grecs, assez mal instruits de tout ce qui concernait l'Asie, n'ont pas pu croire que l'encens leur venait du Liban?

D'après le même système, et avec plus de probabilité encore, on pourrait croire que le nom qu'il portait chez les Latins est celui de la montagne de *Thour*, طور, qui est le Sinaï. Mais cette étymologie, si vraisemblable, s'évanouit devant la vérité. En effet le mot est samskrit : dans la langue des Brahmes, *tourouzca* signifie encens (1).

Il ne reste plus qu'un mot à dire sur l'épithète *masculum*, dont l'interprétation semble vague et livrée aux systèmes. Nous croyons, quant à nous, qu'elle désigne seulement quelque variété de cet aromate, plus odoriférante que les autres, plus recherchée dans le commerce, et choisie de préférence pour les cérémonies superstitieuses de la magie; celle peut-être que Dioscoride appelle encens stagonial.

(1) *Vyâcarana*, p. 206.

THYMBRA. *Spirans graviter.*

> .... *Et* GRAVITER SPIRANTIS *copia* THYMBRÆ.
> GEORG. IV, 31.

Θύμβρα (Diosc. III, 45, *edit. Sarac.*).
Satureia Thymbra (Linn. *gen.* 961).
La Sarriette *Thymbra.*

La *thymbra* des Anciens est généralement regardée comme une sorte de sarriette; cependant Columelle fait mention de la *satureia* et de la *thymbra*, comme de deux plantes différentes (1). C'est que par le premier de ces noms il entend désigner la sarriette vraie, *Satureia hortensis* (L.).

THYMUM ou THYMUS. *Hyblæus.* — *Cecropius.*

> *Nerine Galatea*, THYMO *mihi dulcior* HYBLÆ.
> ECL. VII, 37.
> *Ipse* THYMUM.........................
> *Tecta serat late circum.* GEORG. IV, 112.
> .... *Proderit* (*apibus*) *admiscere*.....
> CECROPIUM.... THYMUM. GEORG. IV, 270.

Θύμον et Θύμος des Grecs.
Thymus capitatus, qui Dioscoridis (Bauh. *Pin.* 219).
Satureia capitata (Linn. *gen.* 961).
La Sarriette en tête.

L'importante labiée que les Anciens ont connue sous le nom de thym, a joui chez eux d'une grande célébrité. Son nom, en grec, est celui de cœur, et se rapporte peut-être à ses vertus énergiques et cordiales. Virgile, qui attribue quelque part à l'influence de cette plante l'odeur suave qu'exhale le miel:

> .... *Redolentque thymo fragrantia mella*,

fait mention, dans nos passages, des deux contrées qui fournissaient le miel le plus exquis: l'Attique et la Sicile, le mont Hymette et le mont Hybla.

(1) Colum. *lib. X*, *v.* 233.

L'examen des expressions de Dioscoride (1) avait décidé l'auteur du *Pinax* à ne pas regarder le thym des Anciens comme le nôtre, et à donner le nom de *Thymus Dioscoridis* à une labiée dont les fleurs sont rassemblées en tête, et qu'on trouve en abondance dans les climats méridionaux. Martyn est également d'avis que le *thymus* de Virgile est la plante ainsi déterminée par Bauhin. Or Linné l'a rangée parmi les sarriettes, et son nom botanique est maintenant *Satureia capitata.*

TILIA. *Levis.* — *Lævis.* — *Pinguis.*

Cæditur et TILIA *ante jugo* LEVIS.........
GEORG. I, 173.
Nec TILIÆ LÆVES *aut*........... *buxum,*
Non formam adcipiunt. GEORG. II, 449.
.... TILIÆ (*in horto*) GEORG. IV, 142.
Et PINGUEM TILIAM... *pascuntur* (*apes*). GEORG. IV, 183.

Φίλυρα des Grecs?
Tilia microphylla (Decand. Fl. Fr. 4503).
—— *europæa,* var. γ (Linn. *gen.* 894).
Le Tilleul d'Europe.

Le tilleul est un arbre très connu; il embellit nos forêts, et sur-tout nos promenades. Son bois, qui est léger, *levis,* devient poli, *lævis,* sous le ciseau de l'ouvrier; car il s'emploie à de nombreux usages. *Mollissima tilia,* dit Pline; *tiliæ ad mille usus petendæ* (2).

Les feuilles du tilleul sont souvent recouvertes pendant l'été, sur-tout après les longues sécheresses, d'une sorte de mannite qui les rend onctueuses et luisantes : c'est sans doute ce que Virgile entend par *pinguis.*

Il nomme le tilleul parmi les plantes que doivent butiner les abeilles. Columelle (3), au contraire, l'en excepte positivement: *at tiliæ solæ ex omnibus sunt nocentes.* La vertu sédative qu'on

(1) Θύμος... θαμνίσκιον φρυγανοειδὲς, φυλλαρίοις πολλοῖς καὶ στενοῖς περιειλημμένον, ἔχον ἐπ' ἄκρου κεφάλαια ἄνθους πορφυρίζοντα. Diosc. περὶ ὕλ. ἰατρικ. III, 44. (*Sarac.*)

(2) Plin. *lib. XXIV, cap.* 8. (3) Colum. *de Re rust. lib. IX, cap.* 4.

s'accorde à reconnaître aux fleurs de tilleul les ferait-elle agir comme narcotiques sur ces petits animaux? Je laisse à d'autres à décider, qui s'est trompé, du poëte ou de l'agronome.

On ignore l'origine du mot latin *tilia;* mais c'est de là qu'est venu notre mot TILLEUL, par le diminutif *tiliola;* car les troubadours écrivaient et prononçaient TILIOL, avant que la diphtongue EU fût venue prendre, dans la langue, cette prédominance qui la substitue si fréquemment à l'O (1). Qui ne sait la vogue extrême qu'obtinrent les diminutifs, à l'époque de la décadence du grec et du latin, vogue dont il est resté des traces dans la formation de l'italien, du français, du grec moderne, etc. *Figliuolo* ne vient point de *filius*, mais de *filiolus; augello*, non d'*avis*, mais d'*avicella* devenu *aucella;* OREILLE, qui dériverait mal d'*auris*, se retrouve dans *auricula;* ψῶμι, πάρι, découlent bien mieux de ψώμιον et d'ἱππάριον, que de ψωμὸς et d'ἵππος.

TRIBULUS. *Asper.*

.... *Subit* ASPERA SYLVA,
Lappæque, TRIBULIQUE. GEORG. I, 153.
.... *Primum* ASPERA SYLVA,
Lappæque, TRIBULIQUE *absint.* GEORG. III, 385.

Τρίβολος des Grecs.
Tribulus terrestris? (Linn. *gen.* 732).
La Tribule-Croix-de-Malte.

Linné a particularisé le nom de *Tribulus*, en le donnant à un genre de plantes épineuses, de la décandrie monogynie, qui infeste les moissons du midi de l'Europe. Ce choix n'a rien de blâmable; mais le mot *tribulus* avait, chez les Anciens, une valeur moins précise. Lorsque, dans la Genèse (2), le Seigneur irrité force la terre à produire des épines et des chardons, les Septante traduisent : ἀκάνθας καὶ τριβόλους. Or le mot *dardad*, דרדר, qui correspond à τρίβολος, signifie diverses plantes, entre autres le *Fagonia arabica* (L.).

(1) HEURE, *hora;* SEIGNEUR, *senior;* FLEUR, HONNEUR, *flor.em, honor.em;* etc.
(2) *Gen. cap. III*, ✝ 18.

TRITICUM.

At si TRITICEAM *in* MESSEM *robustaque farra*
Exercebis humum.... GEORG. I, 219.

Πυρὸς des Grecs (1).

Triticum hybernum (Linn. *gen.* 130) et ses variétés.

Le Bled.

C'est parmi les plantes en apparence les plus disgraciées de la nature que se trouvent les céréales, dont les graines ont remplacé les racines et les fruits sauvages, premiers aliments des hommes. L'agriculture, dont le prince des poëtes latins a si éloquemment chanté les bienfaits, n'est que l'art de rendre la terre propre à recevoir les semences de quelques graminées: trésor inestimable des peuples civilisés, auquel ils devraient le bonheur et la paix, si le bonheur et la paix pouvaient être le partage de l'homme. C'est aux Dieux que les Anciens attribuaient l'invention de l'art de cultiver la terre, ce qui veut dire qu'ils déifièrent les hommes dont ils avaient appris l'agriculture: douce apothéose, touchante coutume des temps que nous appelons barbares!

Sans affirmer quelle est la patrie du *Triticum*, on croit pouvoir lui assigner la Perse; du moins, Michaux a-t-il observé, dans la province de Hamadan, la végétation spontanée de l'épeautre, *Triticum Spelta* (2). Strabon (3) dit qu'on trouvait le froment dans la Musicanie (4). Les Hébreux le connaissaient déja, et l'appelaient *khitah*, חטה, d'où probablement est venu *Githago,* nom d'un *Agrostemma* qui ne croît que dans les bleds. Le froment est aujourd'hui cultivé chez presque tous les peuples civilisés; il s'accommode de la plupart des terrains, et la nature a pris un soin particulier de sa reproduction, en lui donnant ainsi qu'à l'orge et au seigle trois radicules, tandis que les autres plantes n'en ont qu'une: prévoyance admirable, qu'on s'indignerait d'entendre appeler hasard.

TUREA VIRGA, TUS. Voyez THUS.

(1) Voyez à la fin de ce travail la synonymie que nous en avons donnée.
(2) Lmk. Encycl. méth. II, 560.
(3) Strab. *lib. XV, p.* 988. (4) Région méridionale de l'Inde.

U.

ULMUS.

Semiputata tibi frondosa vitis in ULMO *est.*
ECL. II, 70.
Hic corulis mixtas inter considimus ULMOS.
ECL. V, 3.
.... *Et curvi formam adcipit* ULMUS *aratri.*
GEORG. I, 170.
Pullulat ab radice aliis densissima sylva,
Ut cerasis ULMISQUE. GEORG. II, 18.
.... *Glandemque sues fregere sub* ULMIS.
GEORG. II, 72.
Illa tibi lætis intexet vitibus ULMOS.
GEORG. II, 221.
Ille etiam seras in versum distulit ULMOS.
GEORG. IV, 144.

Πτελέα des Grecs (Hom. *Iliad.* Φ).
Allemand, *Ulme.*
Hollandais, *Olm, Olm-boom.*
Anglais, *Elm-tree.*
Espagnol et italien, *Olmo.*
Vieux français, *Oulme, Olme.*
Ulmus campestris (Linn. *gen.* 443).
L'Orme ou Ormeau.

On a lieu de croire, d'après le nom latin *ulmus*, qui a tant d'homonymes dans les langues du Nord, que les Romains avaient primitivement reçu l'orme des Gaules ou de la Germanie, plutôt que de la Grèce : non que les Grecs ne le connussent aussi dès les plus anciens temps, l'ayant probablement tiré de la Thrace, pays limitrophe pour eux. Il faisait partie de leur matière médicale, comme on le voit par Dioscoride (1). Théophraste (2) en distinguait deux, l'orme de montagne et celui de plaine; Pline (3) porte cette division à quatre espéces.

Peu d'arbres ont une célébrité poétique pareille à celle de l'ormeau. Planté près du manoir féodal, il prêtait communément son ombre aux divertissements des vassaux dans les jours de fête; et dans toutes nos vieilles ballades, comme dans nos modernes idylles, comme dans nos plus simples chansons, son nom semblait déja la rime obligée des DANSES DU HAMEAU. Mais dans les climats du midi, son rôle est plus remarquable encore au milieu du paysage, par l'effet pittoresque que produisent les pampres aux larges feuilles, aux branches flexibles, dont il devient l'appui. Ce soutien, prêté par la force à la faiblesse, à la grace, semblait un mariage dans la nature; aussi l'union de la vigne et de l'ormeau a-t-elle fourni l'image la plus juste et la plus universellement adoptée, par conséquent aujourd'hui la plus usée, de l'union conjugale.

ULVA. *Viridis. — Glauca.*

Propter aquæ rivum VIRIDI *procumbit in* ULVA.
ECL. VIII, 87.

Limosoque lacu, per noctem, obscurus, in ULVA
Delitui. ÆN. II, 135.

Tandem trans fluvium incolumes vatemque virumque
Informi limo GLAUCAQUE *exponit in* ULVA.
ÆN. VI, 415.

En grec, τελματικῶν Φυκέων καὶ Ποιῶν εἴδη πάντα.

En vieux français, *le Feulu.*

Diverses plantes aquatiques.

Pour exprimer la généralité des plantes aquatiques, les poëtes latins semblent presque toujours employer indifféremment *alga* et *ulva.* On croit cependant que le premier de ces

(1) Diosc. *de Mat. med. I,* 112 et 183.

(2) Théophr. *lib. III, cap.* 14.

(3) Plin. XVI, 17. H. Estienne cite par erreur XVII, 16.

deux mots ne désigne que les algues marines, et le second que les algues d'eau douce :

> ALGA *venit pelago, sed nascitur* ULVA *palude.*

C'est en effet ce qui arrive le plus souvent ; mais quand Mathiole (1) soutient sans restriction cet avis, il ne voit pas que Lucain (2), Valerius Flaccus (3), etc., négligent même une distinction si simple. Et comment cela pourrait-il étonner, quand une fois on a remarqué l'identité réelle des deux mots *alga* et *ulva*, qui ne sont que deux prononciations différentes d'un seul type, dont la forme et le sens primitifs peuvent fournir matière à discussion, mais dont l'existence est certaine (4)?

L'*ulva viridis* de l'églogue VIII n'est point la même plante que l'*ulva glauca* du VIe chant de l'Enéide. Si nous les réunissons dans un même article, c'est que l'une n'est pas plus déterminée que l'autre. Dans quelques éditions, *ulva viridis* a été remplacé par les mots *herba viridis*, qui, dans ce vers, offrent à peu près le même sens.

Quant à l'*ulva* du second chant de l'Enéide, quelque vague qui règne sur la signification de ce mot, on est sûr, du moins, que Virgile entendait par là quelque grande plante des marécages, assez élevée pour que ses touffes pussent cacher un homme : circonstance qui exclut l'idée du *Festuca fluitans*, dont nous allons parler.

ULVA. *Palustris* (*vesca*).

> *Interea pubi indomitæ* (*juvencis*) *non gramina tantum,*
> *Nec vescas salicum frondes,* ULVAMQUE PALUSTREM,
> *Sed frumenta.... carpes.* GEORG. III, 174.

Τίφη de Théophraste (*Hist. plant.* VIII, 9).
Ἄγρωστις ποτάμιος de Dioscoride (*Mat. med.* IV, 30).

(1) Comm. sur Diosc. IV, 102. (2) *Phars. V*, 520. (3) *Argon. I*, 252.

(4) Il n'est pas nécessaire de rappeler ici ce qu'aucun étymologiste n'ignore, que le *v* et le *g* sont la même lettre. Disait-on, dans le principe, *alga* et *ulga*, ou *alva* et *ulva*? voilà la seule question.

Ulva ovium de Caton (*de Re rust.* 37).

Gramen aquaticum fluitans, multiplici spica (C. Bauh. *Pin.* p. 3).

Festuca fluitans (Linn. *gen.* 119).

La Fétuque flottante, l'Herbe à la manne.

S'il est vrai de dire que le plus souvent le mot *ulva* n'est qu'un terme générique, quelquefois aussi l'on peut, sans ridicule, chercher à le particulariser. Le vers 175 du IIIe chant des Géorgiques est un exemple de ce cas.

Virgile en parle comme d'un aliment ordinaire des bestiaux. Il est vrai qu'il s'agit de jeunes taureaux; mais M. Thiébault de Berneaud, auteur d'une savante dissertation sur cette matière (1), n'en présume pas moins que la plante indiquée doit être celle que désigne Caton (2) sous le nom d'*ovium ulva.*

Appuyé sur des considérations tirées de la constitution physique des bêtes à laines et des aliments qui leur conviennent, ce naturaliste ne veut donc admettre ni la πίσταvα des Grecs, qui est notre flèche d'eau (*Sagittaria sagittifolia*), appelée déja par les Romains *sagitta* (3), ni la massette ou glois, τύφη de Théophraste, *Typha latifolia* (L.); deux plantes que repoussent les moutons, et dont le cheval seul fait sa nourriture. Amené à ne choisir que dans la famille des graminées, il s'arrête au *Festuca fluitans* de Linné (4).

(1) Voyez les Mémoires de la Société linnéenne de Paris, tome I, p. 573.

(2) *De Re rustica, cap.* 37.

(3) Plin. *lib. XXI, cap.* 17.

(4) « Au *Festuca fluitans* de Linné. » Comme il serait possible qu'un lecteur inattentif demandât pourquoi nous ne disons pas « à la *Festuca fluitans*, » *festuca* étant du féminin, il faut expliquer ici la régle que nous avons toujours suivie dans cette Flore, et dont les botanistes instruits se seront aperçus dès les premières pages :

Toutes les fois que nous citons un mot grec, ou un mot latin en tant qu'employé par les Latins, nous lui donnons, dans la phrase française, son genre particulier; nous disons LE PREMIER πλάτανος, LA SECONDE τίφη de Théophraste; LE *ruscus* et LA *myrica* de Virgile ou de Pline, etc. Mais les noms botaniques modernes, formés suivant la méthode linnéenne, sont des noms consacrés, techniques, qui n'ont plus rien d'usuel, et pour ainsi dire de

La fétuque flottante, avidement recherchée des brebis, est un gramen fort connu, également abondant aux deux extrémités de l'Europe, dans la Gréce et l'Italie, en Pologne et en Suéde, et qui porte les noms d'herbe à la manne, de manne de Pologne, parcequ'elle fournit même à l'homme un aliment aussi sain qu'agréable, au moyen de sa graine mondée, cuite avec le lait comme le sagou. On peut lire, dans la dissertation que je cite, tous les détails de cette récolte.

Ce n'est pas sans raison que le *Festuca fluitans* passe pour être la τίφη des Grecs, dont Amyot, dans Plutarque (1), à mal à propos traduit le nom par MASSE, confondant τίφη avec τύφη. La τίφη, comme on le voit par la comparaison de Théophraste

flexible. On emploie alors le masculin, uniformément et sans distinction. Nous écrirons donc très bien : « La *festuca* de Plaute est le *Festuca rubra* (L.). »

Par un soin du même genre, nous n'avons JAMAIS donné la lettre majuscule aux noms latins des plantes, quand nous les citons comme employés par les Latins (excepté, bien entendu, au commencement des phrases, et dans la nomenclature placée en tête de chaque article, au-dessous des vers qui en font le texte); tandis que nous avons soigneusement conservé la majuscule aux dénominations linnéennes, quand il le fallait; c'est-à-dire, au premier des deux noms, TOUJOURS, et au second, quand c'est un terme vulgaire employé antérieurement à Linné. Nous écrivons, en conséquence, et c'est ainsi qu'on ne devrait jamais négliger de le faire :

« Le *Populus alba* est l'arbre désigné par Virgile sous le nom de *populus candida*. »

« La *myrica* des Anciens est le *Tamarix gallica* (L.). »

« Leur *ruscus* est le *Ruscus aculeatus*. »

« Mais leur *ulva* n'est point l'*Ulva Lactuca*. »

« La τίφη, différente de la τύφη, est le *Typha latifolia* (L.).

« Le *Pinus sylvestris* (L.) s'appelait πεύκη. »

« Le *Pinus Pinea* se nommait en grec πίτυς ἥμερος. »

Par cette méthode rationnelle une foule d'obscurités ou d'erreurs sont évitées. Si par exemple le lecteur rencontre, dans une de nos phrases, les mots *Pinus sylvestris*, on aura beau avoir oublié d'y ajouter ce signe (L.), la majuscule initiale suffit pour lui donner la certitude que c'est un nom moderne, un nom botanique consacré. Qu'il trouve au contraire *pinus sylvestris* sans autre détermination, sans doute il ne saura pas si l'expression est de Pline, de Columelle, de Virgile; mais il sera sûr, au moins, qu'on s'occupe d'une locution vulgaire, usitée dans le temps où le latin était une langue parlée. Dans beaucoup de cas, cette différence est importante.

(1) Plut. *Quæst. natur.* 2.

et de Pline (1), était une graminée commune dans les lieux marécageux. Beaucoup de scholiastes anciens prétendaient, à ce que Galien nous apprend (2), qu'Homère l'avait eue en vue sous le nom de πυρὸς, dans cette graine céréale qu'Andromaque donnait à manger aux chevaux d'Hector. Il est certain qu'on regardait la τίφη comme une nourriture excellente pour les animaux, et comme pouvant devenir, en cas de besoin, celle de l'homme : ce sont là les caractères de la fétuque flottante. On les retrouve aussi dans l'ἄγρωστις ποτάμιος de Dioscoride, dont l'imprimeur de M. Thiébault de Berneaud s'obstine à défigurer le nom, l'appelant toujours ἄγροσις ou ἄγρωσις (3).

Jusqu'ici j'ai pris pour guide M. de Berneaud, et je ne pouvais qu'y gagner. Il me permettra seulement de l'abandonner, quand, poursuivant trop loin les conséquences de son principe, il prétend décider aussi que sa fétuque est cette *ulva* qui, suivant Ovide (4), servait de couchage, ainsi que l'ulve dont on faisait des paniers, selon Vitruve (5). Certes, il y a plutôt lieu de croire que c'était quelque espèce de jonc, ou du moins qu'on rentre ici dans le sens général et vague du mot *ulva*. (Voyez l'article précédent.)

Il en est de même de son opinion sur l'*akhou* (6) des Hébreux. En traduisant אחו par *ulva*, saint Jérôme n'a probablement voulu employer qu'une expression indéfinie, et l'idée

(1) Théophr. *Hist. plant. VIII*, 9; Plin. *Hist. nat. XVIII*, 8.

(2) Gal. *De aliment. facult. I*, 5.

(3) Je n'ai garde d'attribuer au secrétaire perpétuel de la Société linnéenne de Paris les innombrables fautes que renferme le mémoire cité. Voici, par exemple, un échantillon de la manière dont les textes grecs y sont transcrits : Τὸ δέ σπέρμα, τὸ τῆς τίφης ἔχει μὲν ἔξοθεν λεμμα, καθαπερ καὶ ὀλύρα, καὶ κριθῄ. M. de Berneaud sait distinguer les vers pentamétres des hexamétres, et ne pas les écrire sur le même alignement; il n'ignore pas non plus, sans doute, qu'ἔθηκε n'est point synonyme d'ἔθηκα; et si je lis dans la traduction *ferebam*, au lieu de *ferebat*, je ne puis l'imputer qu'à l'imprimeur.

(4) *Metam. VIII*, 655; *Fast. I*, 197, et *V*, 519.

(5) Vitr. *de Archit. V*, 12.

(6) Qu'un Allemand écrive *achu*, c'est tout simple; il imite dans sa langue la prononciation hébraïque. Pourquoi un Français n'en fait-il pas autant dans la sienne? pourquoi n'écrit-il pas *akhou*, et se croit-il obligé de copier une orthographe étrangère?

du *Festuca fluitans* n'était pas plus présente à son esprit que celle de toute autre plante aquatique.

UVA.

Et turpes, avibus prædam, fert UVA *racemos.*
GEORG. II, 60.

Voyez RACEMUS et VITIS.

V.

VACCINIUM. *Nigrum.*

Alba ligustra cadunt, VACCINIA NIGRA *leguntur.*
ECL. II, 18.

Et nigræ violæ sunt, et VACCINIA NIGRA.
ECL. X, 39.

Ὑάκινθος μέλας des Grecs.
Vaccinium Myrtillus (Linn. *gen.* 658).
L'Airelle-petit-Myrte, le Vaciet.

Les commentateurs veulent que le *vaccinium* des Latins soit indistinctement le ὑάκινθος des Grecs, s'appuyant sur je ne sais quelle ressemblance qu'ils s'imaginent découvrir entre ces deux noms : comme si *vaccinium*, dérivé de *vacca*, n'était pas devenu VACIET; comme si ὑάκινθος, venu de *yâcout*, ياقوت, n'avait pas formé JACINTHE.

En s'égarant ainsi, on a fait du *vaccinium* soit une sorte de jacinthe à fleur brune, assez recherchée dans les jardins d'Italie, mais à laquelle les bergers de Virgile n'ont jamais songé; soit le *Delphinium Ajacis*, qui n'a pu mériter à aucun titre l'épithète de *nigrum*.

N'était-il pas bien plus simple de penser que le poëte opposait l'un à l'autre deux arbrisseaux, et que sans cela l'antithèse serait inexacte et froide? Les deux arbrisseaux mis en regard sont d'une part *ligustrum album*, le blanc troêne, et de l'autre *vaccinium nigrum*, le noir vaciet. Ce nom de vaciet, conservé par la tradition, servait de guide pour retrouver le *vaccinium* de Virgile; et en effet la plante du poëte est le *V. Myrtillus* de Linné, dont les petits fruits noirs en corymbe, susceptibles de donner une nourriture champêtre, peuvent être mis en parallèle avantageux avec la grappe blanche des fleurs du troêne.

Maintenant qu'il est bien expliqué que le *vaccinium* est notre vaciet, cherchons un peu la véritable cause de l'erreur. Tout vient de la confusion jetée, jusqu'à nous, sur le sens du mot *hyacinthus*.

Étayés de Martyn, nous avons éclairci l'histoire de cette plante (voyez HYACINTHUS), et donné une solution simple et satisfaisante de toutes les difficultés que présentait sa description, en montrant qu'il fallait entendre par là le *Lilium Martagon* (L.) L'*hyacinthus* des Latins n'a rien de commun avec le vaciet.

Mais en est-il de même en grec? c'est là la question. Observons d'abord que si ὑάκινθος n'est pas le nom du *Vaccinium Myrtillus*, il n'a point de nom grec, car on ne lui en sait point d'autre; et pourtant les Grecs ont dû avoir un terme pour le désigner. Ensuite nous trouvons un ὑάκινθος noir, μέλας (1), qui ne peut être le *Lilium Martagon*. On ne saurait guère non plus rapporter qu'à un arbrisseau la baguette d'hyacinthe, ῥάβδος ὑακινθίνη, dont l'Amour se sert comme d'une houssine pour chasser Anacréon devant lui (2).

Que conclure de tout cela? Que le mot ὑάκινθος désignait deux plantes différentes:

La première (avec l'épithète ἐρυθρός, rouge, ou sans épithète), *hyacinthus* des Latins, *Lilium Martagon* de Linné;

La seconde (avec l'épithète μέλας, noir), *vaccinium nigrum* des Latins, *Vaccinium Myrtillus* de Linné.

VERBENA.

VERBENASQUE *adole pingues et mascula thura.*
ECL. VIII, 65.

Lilia VERBENASQUE *premens, vescumque papaver.*
GEORG. IV, 131.

(1) Μέλας ou μέλαινα, car le mot a les deux genres; il est même plus souvent féminin que masculin : ἁ γραπτὰ ὑάκινθος, dit Théocrite.

(2) Anacr. *Od. VII.*

ἱεροβοτάνη ou Περιστερεὼν des Grecs.
Herba sacra, *Verbena* des Latins.
Verbena officinalis (Linn. *gen.* 43).
La Verveine.

On ne connaît pas trop l'origine des croyances superstitieuses attachées à cette plante, si respectée des Gaulois, et nommée par excellence chez les Grecs, plante sacrée. Les bardes, les prophétesses, se couronnaient de verveine. Notre mot français VERVE, inspiration poétique et divine, n'a peut-être pas d'autre étymologie.

VIBURNUM. *Lentum.* — *Humile.*

> ..... *Alias inter tantum caput extulit urbes* (*Roma*),
> *Quantum* LENTA *solent inter* VIBURNA *cupressi.*
>
> ECL. I, 26.

...... des Grecs.
Viburnum Lantana (Linn. *gen.* 503).
La Viorne.

Suivant certains auteurs, Virgile indique, dans ce passage, quelque sorte de genêt; mais on l'a vu ailleurs employer le mot *genista.* Il existe, de plus, un arbrisseau, connu des Italiens sous le nom de *lantana*, et qui a conservé en France celui de viorne, *viburnum:* la tradition nous conduit à le désigner.

Le *Viburnum Lantana* (L.) ne s'élève jamais à plus de deux mètres; ordinairement il n'atteint pas cette hauteur. Son bois mérite éminemment la qualification de flexible, *lentum,* qui ne saurait guère s'appliquer à l'obier, *V. Opulus* (L.)

Quel nom les Grecs donnaient-ils à notre viorne? Impossible de le savoir, ni même de trouver une conjecture probable. On peut lire Bodæus de Stapel, dans son commentaire sur le chapitre 6 du Ier livre de Théophraste.

VICIA. *Tenui fœtu.*

> *Aut* TENUES FOETUS VICIÆ, *tristisque lupinus.*
>
> GEORG. I, 75.
>
> *Si vero* VICIAMQUE *seres*, *vilemque faselum.*
>
> GEORG. I, 227.

Κύαμος d'Homère?

Ἀφακή; Théophr. VIII, 8, et Diosc. II, 142.

Vicia sativa (Linn. *gen.* 1187).

La Vesce cultivée.

La vesce étant une plante plus forte et plus élevée que le lupin, et les semences étant au contraire plus petites, le poëte leur a donné par comparaison l'épithète de *tenues*. On croyait autrefois que la culture de la vesce fertilisait la terre au lieu de l'épuiser : *vicia pinguescunt arva*, dit Pline.

L'ἀφακὸς des Grecs paraît être la lentille; mais on ne sait si leur ἀφακὴ est notre vesce, où cette espèce de gesse (*Lathyrus*) que Linné appelle *Aphaca*. Rien ne prouve mieux le peu de différence que l'on faisait entre ces légumineuses semées dans les champs, que l'identité des mots GESSE et VESCE (*Lathyrus* et *Vicia*); car anciennement on écrivait d'ordinaire VESSE par deux S, et quelquefois GESCE par SC.

VIOLA. *Mollis.* — *Nigra.*

Pro MOLLI VIOLA, *pro purpureo narcisso.*
Ecl. V, 38.

Et NIGRÆ VIOLÆ *sunt.* Ecl. X, 39.

Ἴον μέλαν des Grecs.

Viola odorata (Linn. *gen.* 1364).

La Violette odorante.

Viola est le mot grec ἴον, précédé du digamma éolique, et mis à la forme diminutive. Du nom de la fleur est venu celui de la couleur violette, comme on dit olive, rose, etc.; et c'est avec peu de connaissance du mécanisme de la formation des langues qu'on a supposé le nom de la violette venu de sa couleur.

Sprengel a rédigé sur les violettes un travail d'une érudition immense (1), dont le but est de faire élargir les limites du genre VIOLETTE chez les anciens. Nous ne le suivrons pas dans cet examen; et bien qu'il soit difficile de croire que des plantes

(1) *Antiq. botan. Spec. prim.* 1798.

aussi différentes que le *Viola* et le *Cheiranthus* aient pu être comprises sous un même nom, nous ne préjugeons rien sur la question de savoir si les Grecs ont donné ou non à leur ἴον cette acception indéfinie.

Mais il n'y a aucune raison pour s'écarter de la tradition reçue, à l'égard des vers de Virgile. *Mollis* peint à merveille la délicatesse de la violette; *nigra* s'applique à la couleur sombre de cette fleur. Le poëte a dit ailleurs (voyez AMELLUS), *violæ sublucet purpurà nigræ*.

VIOLA. *Pallens*.

> PALLENTES VIOLAS *et summa papavera carpens.*
>
> ECL. II, 38.

Ἴον des Grecs γένος ὠχρότερον.

Viola palustris? (Linn. *gen.* 1364).

—— *montana?* (*Id.*).

La Violette des marais.

———— des montagnes.

« On trouve, dit Matthiole (1), des violettes blanches, qui croissent dans les lieux bas et humides, et tapissent souvent, du côté de Trente, une grande étendue de terrain. »

En effet le *Viola palustris* (L.) est d'un violet très pâle; on en peut dire à peu près autant de l'espéce *Viola montana*. L'*odorata* même a une variété à fleurs blanches. Ces fleurs pâles, offertes au jeune Alexis par l'amoureux Corydon, peuvent donc être fort bien de véritables violettes, et l'on n'a pas besoin de supposer ici des *Cheiranthus* ou des *Leucoïum*.

Il y a plus: les fleurs que donne Corydon sont évidemment symboliques: *palleat omnis amans*, dit quelque part Ovide. Or, cette couleur du visage des amants (couleur que les Orientaux, nés sous un soleil plus ardent qui brûle la peau, comparent à celle de l'or) était simplement considérée, par les Latins, comme un blanc où la nuance rose était remplacée par une teinte violette (2). Le doute ne peut donc plus avoir lieu,

(1) Comm. sur Diosc. pag. 424.

(2) *Et tinctus viola pallor amantium.* Hor. *Carm. III*, 10.

et les fleurs cueillies pour Alexis étaient, sans contredit, quelque espéce ou variété blanchâtre du genre *Viola.*

Quant à la *viola alba* de Pline, qui est le λευκό-ϊον des Grecs, il ne peut en être question dans le vers cité de Virgile, puisque c'était la première fleur qui sortît des neiges et qui vînt annoncer le printemps (1): circonstance décisive; car des pavots, auxquels on la mêle, aucune espéce ne s'épanouit d'aussi bonne heure. Nous savons d'ailleurs, par Théophraste, que le λευκόϊον ne différait pas seulement de l'ἴον par la couleur, mais aussi par l'aspect, ayant des feuilles moins larges et moins couchées à terre (2): ce qui indique assez clairement notre *Leucoïum*, plante à laquelle les Modernes ont fort à propos appliqué le nom qu'elle portait en Grèce. En résultat, le *Leucoïum vernum* (L.) est la *viola alba* de Pline, mais non la *viola pallens* de notre poëte.

VIOLA. *Omnis generis.*

Et VIOLÆ GENUS OMNE. CULEX, 399.

Λευκοΐου, ἴου, κ. τ. λ. des Grecs εἴδη πάντα.

Leucoii (Linn. *gen.* 548) } *species.*
Violæ (Linn. *gen.* 1364) }
Cheiranthi (Linn. *gen.* 1091) *species?*

Ce passage de Virgile est le seul qui prête quelque fondement au système de Sprengel; encore est-il très permis de ne pas donner ici au mot *viola* d'autre sens que celui des deux articles précédents. Voyez VIOLA I, VIOLA II.

VIOLARIUM.

.... *Irriguumque bibant* VIOLARIA *fontem.*
GEORG. IV, 32.

Ἰωνιὰ des Grecs.

Ce mot signifie un lieu tapissé de violettes. Voyez VIOLA.

(1) Plin. *lib. XXI, cap.* 11. (2) Theophr. *lib. VI, cap.* 7.

VISCUM.

Quale solet sylvis, brumali frigore, VISCUM
Fronde virere nova, quod non sua seminat arbos.

ÆN. VI, 205.

ἰξὸς des Grecs.
Viscum album (Linn. *gen.* 1504).
Le Gui.

On croit que le nom celtique de cette plante fameuse est *gwid;* quelques conjectures sont pour *gwisc*, qui s'éloigne moins du mot latin *viscum*, et dont un dérivé se retrouve dans le nom normand Guiscard. Quant au mot grec ἰξὸς, prononcé quelquefois ἰσκὸς, les Éoliens en faisaient βισκός : de cette manière il ne diffère plus du nom latin.

Si l'on veut chercher la cause physique de la célébrité du gui, on la trouvera dans son existence parasite, dans sa manière, en quelque sorte miraculeuse, de croître et de s'implanter sur un arbre, contre les règles ordinaires de la végétation. La renommée du gui de chêne surpassait tout le reste, parcequ'ici la singularité était encore plus grande, cet arbrisseau ne naissant presque jamais sur le chêne (1), et le peuple regardant comme un phénomene de l'y trouver.

Mais il y avait à cela d'autres causes. On sait que le gui passait pour nécessaire, même à Rome (2), dans toutes les opérations magiques. Il porte encore dans le Mecklenbourg le nom de rameau des spectres (3). Pour se rendre raison de sa valeur symbolique, pour comprendre son importance religieuse, il faut lire avec soin la XXVIIIe fable de l'Edda, où il est question de la mort de Balder, et comparer ce mythe funèbre à tous ceux où l'on trouve, comme circonstance nécessaire de la fable, un rameau mystérieux (4).

(1) Voyez Dict. des Sciences naturelles, édition de Levrault, t. XX, p. 68.
(2) *Læl. apud L. Apul. in Apolog. prim.*
(3) Mallet, notes de l'Edda.
(4) Voyez Guerrier de Dumast, la Maçonnerie, p. 50 et 51.

VISCUM.

Tum laqueis captare feras, et fallere VISCO
Inventum. GEORG. I, 139.
...... *Collectumque hæc ipsa ad munera gluten,*
Et VISCO *et Phrygiæ servant pice lentius Idæ.*
GEORG. IV, 41.

En grec, ἰξός.
La glu.

La glu ne portait point d'autre nom que celui du gui, parce-qu'on la tirait de cette plante éminemment VISQUEUSE.

Dans le second de nos deux passages, *viscum* pourrait être pris aussi bien pour la plante que pour son produit. La présence du mot *gluten*, qui fait pléonasme, semblerait même exiger que l'on traduisît *viscum* par GUI, si le reste du dernier vers n'engageait à suivre un système opposé. On y lit, en effet, *pice;* non point *pinu*, ni *picea.* L'analogie subsiste donc : *gluten collectum et visco et pice.*

VITIS. *Lenta.*

Semiputata tibi frondosa VITIS *in ulmo est.*
ECL. II, 70.
LENTA *quibus torno facili superaddita* VITIS.
ECL. III, 38.

(Voyez aussi GEORG. I, 2; II, 63, 91, 221, 262, et ailleurs.)

Ἄμπελος des Grecs (Hom. *Odyss.* I).
Ἄμπελος οἰνόφορος (Diosc. *lib.* V, *cap.* 1).
Vitis vinifera (Linn. *gen.* 396).
La Vigne.

Notre mot VIGNE vient du latin barbare *vinia*, pour *vinea*. *Vinea*, qui n'était point synonyme de *vitis*, et qui ne signifiait point le végétal ἄμπελος, mais le lieu où on le plantait, n'était au fond que le féminin de l'adjectif *vineus* (*vinea cultura*), formé de *vinum*. Quant à ce dernier mot, on voit bien qu'il dérive d'οἶνος, mais là se brise entre nos mains le fil étymologique.

Les Romains laissaient la vigne parvenir à toute sa hauteur, et ne lui donnaient d'appui que les arbres : les Grecs préféraient le système des vignes basses, qui est le nôtre, et qui se conserve encore dans l'Archipel, et dans les parties de l'Italie où furent fondées les villes de la grande Grèce. Il ne faut point perdre de vue cette différence, en lisant les agronomes des deux nations; car les préceptes qu'ils donnent, applicables à l'un de ces systèmes, ne conviennent pas toujours à l'autre.

Et qu'on n'aille pas croire qu'une telle lecture serait inutile: faite avec soin, elle pourrait donner d'importantes lumières. Les Anciens, en effet, et sur-tout les Grecs, avaient poussé fort loin, dans ce genre de culture, l'étude et l'observation; et, comme l'a judicieusement remarqué M. Reynier, dans un excellent mémoire sur l'objet dont nous parlons, ils donnaient moins que nous à la routine. Toutefois il conviendrait, en pareil cas, de peser les différences motivées par d'autres sols et par une autre température. Des Français, par exemple, n'iront jamais choisir, pour leurs vignes, l'exposition du nord; malgré le conseil du Carthaginois Magon, conseil relaté par Columelle (1), et que l'on a raison de suivre encore en Égypte, comme l'a vu pratiquer M. Reynier aux environs d'Alexandrie (2).

C'est de toute antiquité que la vigne fut connue aux Grecs. Homère décrit une vendange, où les jeunes garçons et les jeunes filles recueillent le raisin au son de la flûte (3); il parle même de pressoirs (4) ainsi qu'Hésiode (5), qui donne aussi des préceptes sur la taille (6).

Rien, en cela, qui doive étonner; car le culte de Bacchus, apporté d'Orient, est d'origine immémoriale; et l'Écriture (7) fait remonter la plantation de la vigne aux premières années qui suivirent le déluge. Il n'est guère de peuple si ancien chez lequel le vin ne se trouve connu, au moins comme boisson de luxe ou comme remède, pour peu que la latitude du climat permît d'y faire venir le raisin à maturité. On excepte commu-

(1) Colum. III, 12. (2) Mémoires de la Soc. linnéenne, p. 557.
(3) Hom. *Iliad.* Σ, 567. (4) Hom. *Odyss.* H, 125. (5) Hes. *Oper. et dies.*
(6) Hes. *ibid.* Les vers que cite M. Reynier ne parlent point de cet objet.
(7) *Gen. cap. X*, ℣ 20.

nément de cette assertion l'Amérique, qui passe pour n'avoir pas connu la vigne avant l'arrivée des Européens. Mais les anciens voyages des Danois et des Islandais en Vinelande, c'est-à-dire sur une partie de l'Amérique septentrionale où le raisin croissait en abondance et sans culture (1), sont des faits aujourd'hui sanctionnés par l'épreuve d'une critique éclairée et sévère, et qui ne peuvent plus être révoqués en doute.

Chez nous, la vigne, apportée par les Phocéens de la colonie de Marseille, ne se propagea d'abord que dans les parties méridionales qui formaient la Province romaine. De proche en proche on parvint à la cultiver jusqu'aux environs d'Autun, ville devenue fameuse sous les empereurs par ses écoles grecques. Des ordres dictés par une politique fausse et cruelle firent arracher toutes les vignes établies dans nos contrées. Mais, sur la fin du troisième siècle, l'empereur Probus, aussi bon prince que brave guerrier, permit de les replanter; et c'est l'époque où l'on en vit la culture prendre le plus grand développement. César n'eût jamais pu croire, quand il traversait les humides forêts de la Gaule, qu'au sein de ces froides contrées, par-delà même le territoire des Éduens, naîtraient un jour les vins les plus délicats, les plus agréables de la terre.

VOLEMUM. *Grave.*

Crustumiis, syriisque pyris, GRAVIBUSQUE VOLEMIS.

GEORG. II, 87.

Ἄπιον ταλανταῖον des Grecs?

Le Bon-Chrétien? Voyez PYRUM.

(1) Voyez Mallet, Histoire du Danemarck, tom. I.

SUPPLÉMENT

CONTENANT

LES ARTICLES OMIS DANS LA FLORE.

ACER.

Præcipue quum jam, TRABIBUS *contextus* ACERNIS,
Staret equus. ÆN. II, 112.
Accipit Ænean, SOLIOQUE *invitat* ACERNO.
ÆN. VIII, 178.
Lucus in arce fuit summa..............
Nigranti picea TRABIBUSQUE *obscurus* ACERNIS.
ÆN. IX, 87.

Σφένδαμνος (Théophr. III, 11).
Acer campestre (Linn. *gen.* 1590).
L'Érable des champs.

Dans les deux premiers passages, le poëte ne cite l'érable qu'au sujet de son bois, recherché dans les arts. Il suppose qu'on en avait construit le cheval de Troie, et le trône du bon monarque Évandre.

Dans le troisième, où l'on décrit les arbres qui formaient sur les monts de Phrygie une futaie sacrée, *acerna trabes* ne peut plus vouloir dire une POUTRE, mais un TRONC d'érable encore sur pied. Cette signification forcée du mot *trabes* nous paraît donner du poids à l'opinion des savants qui, pour d'autres raisons, ont cru devoir regarder ces vers comme supposés.

Entre les différentes sortes d'érable que reconnaît Théophraste, et que Pline a multipliées, on voit seulement que l'*acer*, surnommé ζυγία, est notre charme, *Carpinus*, et n'a rien de commun avec les passages de Virgile. On peut, du reste, discuter sur le choix parmi les espèces restantes. L'*Acer campestre*, plus répandu que les autres sur toute la surface de l'Europe, plus employé aux ouvrages de menuiserie, paraît seulement préférable.

ADOR.

> .... *Et* ADOREA LIBA *per herbam*
> *Subjiciunt epulis.* ÆN. VII, 109.

Ζεία des Grecs?
Triticum Spelta? (Linn. *gen.* 130).
L'Épeautre?

Par *adorea liba* Virgile entend les plateaux de pâte grossière qui tenaient anciennement lieu de plats et d'assiettes. On les faisait avec la farine de l'*ador*, nommé aussi *adoreum* quand l'on sous-entendait *semen*.

Il règne, sur l'*ador*, le *far*, la *siligo*, une extrême confusion d'idées. Columelle est de tous les auteurs latins celui dont le texte donne le plus de notions positives.

Il place d'abord au premier rang parmi les céréales (*frumenta*), le *triticum* et le *semen adoreum* (1). Divisant ensuite ces deux classes, il fait l'énumération des *tritica*, ce qui n'est point ici de notre sujet; puis, lorsqu'il en vient à l'*adoreum*, il en distingue quatre espèces principales, et plus usitées que les autres : savoir, 1° le *far* surnommé clusien, blanchâtre; 2° le *far* dit *vennuculum* (ou suivant les éditions, *vernaculum*, *vermiculum*), d'un roux doré; 3° un autre *far*, blanc comme celui de Clusium, mais plus pesant; 4° enfin l'*halicastrum*, nommé aussi grain de trois mois, parcequ'il ne lui faut que ce temps pour croître : dernière espèce qu'il regarde comme préférable à toutes les autres variétés d'*adoreum*.

Ador et *far* ne sont donc point, comme on le dit, entièrement synonymes; mais trois espèces diverses de *far*, et une

(1) Colum. *de Re rust. lib. II, cap.* 6.

céréale appelée *halicastrum*, portaient ensemble le nom générique d'*ador*.

J. M. Gesner croit être sûr que tous les passages qui se rapportent à l'*adoreum* conviennent au grain appelé, dans la Haute-Allemagne, *dünckel*. Reste à savoir quel est le vrai nom botanique de ce *dünckel*.

Il faudrait des recherches, d'une longueur que ce supplément ne comporte pas, pour déterminer les espèces d'*Hordeum* ou de *Secale* qui ont pu être rangées sous ce nom vague et général d'*ador;* mais puisque le plus souvent il se confond avec *far*, on ne se hasarde guère en le prenant pour la ζεία des Grecs, ou notre *Triticum Spelta*.

AMARACUS. *Mollis*.

> .... *Ubi* MOLLIS AMARACUS *illum*
> *Floribus et dulci adspirans complectitur umbra.*
>
> ÆN. I, 693.

Ἀμάρακος (Théophr. I, 15), Σάμψυχον (Diosc. III, 47).
Sampsuchum (Colum. X, 171).
Amaracus (Plin. XXI, 11).
En espagnol, *Amoradux*.
Origanum majoranoïdes (Linn. *gen*. 981).
L'Origan-fausse-Marjolaine.

Suivant la fable, un prince de Chypre, Amaracus, avait été changé après sa mort en une plante à laquelle on donna son nom. C'est en effet dans les bois d'Idalie, que le poëte, toujours observateur des couleurs locales, a placé cette fleur.

L'opinion de presque tous les commentateurs s'accorde pour désigner la marjolaine comme le *sampsuchon* des Grecs, dont le nom paraît n'être qu'un des synonymes d'*amaracus;* en effet, Dioscoride nous apprend que le σάμψυχον était nommé ἀμάρακος par les Siciliens et les Cyzicéniens, et Pline dit que le médecin Dioclès, à l'exemple des Siciliens, appelait *amaracus* la plante à laquelle les Égyptiens et les Syriens attribuaient le nom de *sampsuchon*. Cependant le nom d'*amaracon* paraît aussi donné par Dioscoride (*lib. III, cap.* 155) à la matricaire; et peut-être Galien avait-il en vue cette dernière plante, quand il parlait de son ἀμάρακος, qui, suivant lui (*Antidot. I*, 431), croissait aussi bon que dans l'île de Crète, d'où les herboristes avaient coutume de le faire venir.

AVIARIUM.

Sanguineisque inculta rubent AVIARIA *baccis.*

GEORG. II, 430.

Aviarium signifie un buisson de quelqu'un de ces arbres dont les fruits attirent les oiseaux : le *Cornus*, le *Berberis*, le *Cratægus*, le *Prunus insititia*, etc.

CALAMUS.

ECL. I, 10; II, 34; GEORG. I, 76; ÆN. X, 140; etc.

Κάλαμος des Grecs.

Voyez ARUNDO dans tous ses sens généraux : chaume, flûte, flèche, etc. Il ne s'agit d'aucune plante spéciale.

FRAGUM. *Humi nascens.*

Qui legitis flores, et HUMI NASCENTIA FRAGA.

ECL. III, 92.

Fruit du *Fragaria vesca* (Linn. *gen.* 865).

La Fraise.

Chose digne de remarque : les anciens Grecs n'ont point connu la fraise, ce joli fruit, qui paraît originaire des Alpes et des forêts de la Gaule. Nicolas Myrepsicus, médecin du treizième siècle, est le premier Grec qui en fasse mention. Le nom de φραγοῦλι, sous lequel il en parle, est encore à présent usité. Planude, dans sa traduction d'Ovide, emploie le mot κόμαρον, et c'est ce qu'il pouvait faire de mieux; cependant les κόμαρα ou μεμαίκυλα étaient proprement les fruits du κόμαρος, arbre toujours verd, que l'on regarde comme l'*arbutus* des Latins. Voyez ARBUTUS.

NUX.

. . . . *Quum se* NUX *plurima sylvis*
Induet in florem, et ramos curvabit olentes.

GEORG. I, 187.

Inseritur vero et fetu NUCIS *arbutus horrida.*
GEORG. II, 69.

Καρύα des Grecs.
Juglans regia (Linn. *gen.* 1446).
Le Noyer.

Nux, que Virgile n'emploie que dans le sens de noyer, jouit, chez les Latins, d'une signification fort étendue. On dit *nux juglans*, *nux avellana*, *nux amygdala*, le noyer, le noisetier, l'amandier. De plus, il s'applique indifféremment aux arbres et aux fruits.

PAMPINUS.

Heu! male tum mites defendet PAMPINUS *uvas.*
GEORG. I, 448.
.... *Nec metuit surgentes* PAMPINUS *Austros.*
GEORG. II, 333.

Le Pampre, le Cep de Vigne garni de ses feuilles.

Pampinus, abrégé à la manière des Francs, et devenu PAMPNE par le retranchement de sa voyelle, ne pouvait plus se prononcer qu'avec peine; il fallut dire PAMPRE. C'est ainsi que de *Londinum*, ou de *London*, on a formé LONDRE au lieu de LONDNE.

Voyez PALMES et VITIS.

PICEA. *Nigrans.*

Procumbunt PICEÆ; *sonat icta securibus ilex.*
ÆN. VI, 180.
Lucus in arce fuit summa ....
NIGRANTI PICEA *trabibusque obscurus acernis.*
ÆN. IX, 87.

Picea, l'un des synonymes du mot *pinus*, était particulièrement le nom des espèces de pins qui donnent la poix. Voyez PINUS.

POMUM.

ECL. I, 38, 81; VII, 54; IX, 50; GEORG. II, 59; etc.

Tous les fruits, principalement les plus gros.

LISTE

DES ARTICLES DE LA FLORE

ET DU SUPPLÉMENT.

Abies .... page 9
Acanthus I 9
Acanthus II 11
Acer. 183
Aconitum 12
Ador. 184
Æsculus, voyez *Esculus*.
Alga 12
Allium 13
Alnus. 13
Amaracus. 185
Amarantus 14
Amellus. 15
Amomum 15
Anethum. 17
Apium 17
Arbor æthiopica 18
—— *indica* 19
—— *simillima lauro*. 20
Arbutus. 20
Arundo. 21
Avena. 22
Aviarium. 186
Baccar. 23
Balsamum. 24
Beta. 26
Bocchus. 26
Bumastus 27
Buphtalmus 27
Buxum 28
Calamus 186
Caltha .... page 29
Carduus. 30
Carectum 31
Carex. 31
Casia I. 32
Casia II. 32
Castanea 33
——— *nux*. 34
Cedrus. 35
Centaureum 36
Cepa 36
Cerasus. 36
Cerintha 37
Chrysanthus 37
Cicuta 38
Colocasium. 39
Coriandrum 40
Cornum 40
Cornus. 41
Corylus. 41
Crocus. 42
Crustumium 43
Cucumis 43
Cucurbita. 43
Cupressus 44
Cytisus 45
Dictamnum 46
Dumus 47
Ebenum 48
Ebulus. 49
Edera, voyez *Hedera*.

Elleborus . . . . . page 49
Eruca 49
Esculus 50
Faba 52
Fagus 53
Far 54
Faselus 55
Ferula 55
Filix 56
Folium sericum 57
Fragum 186
Fraxinus 58
Frumentum 59
Fucus 59
Galbanum 59
Genesta 60
Glans 61
Hedera I 61
Hedera II 62
Helleborus, voyez *Elleborus*.
Herba sardoa 64
Hibiscus 65
Hordeum 66
Hyacinthus 67
Ilex 69
Intubum I 70
Intubum II 71
Inula 72
Juncus 73
Juniperus 73
Labrusca 74
Lactuca 74
Lana, voyez *Arbor æthiopica*.
Lappa 75
Laurus 76
Lens 77
Ligustrum 78
Lilium I 78
Lilium II 79
Linum 79
Lolium 80
Lotos 80
Luci indici, voyez *Arbor indica*.
Lupinus 101
Lutum . . . . . page 101
Malum 102
——— *aureum* 103
——— *canum* 104
——— *felix*, voyez *medicum*.
——— *medicum* 106
Malus 107
Malva 108
Medica 108
Melisphyllum 109
Milium 109
Morum I 110
Morum II 110
Muscus 111
Myrica 111
Myrrha 114
Myrtetum 115
Myrtum 115
Myrtus 115
Narcissus I 116
Narcissus II 117
Narcissus III 118
Nasturtium 119
Nux 186
Olea 119
Oleagina radix 121
Oleaster 121
Oleum 121
Oliva I 122
Oliva II 122
Orchas 122
Ornus 123
Paliurus 124
Palma 126
Palmes 126
Pampinus 187
Papaver I 126
Papaver II 127
Pausia 129
Picea 187
Pinus I 129
Pinus II 130
Pix 131
Platanus 131

Pomum .... page 187
Populus I.................. 131
Populus II 132
Populus III 132
Porrum.................... 133
Prunum I.................. 133
Prunum II.................. 133
Prunus 134
Pyrum 134
Pyrus I.................... 135
Pyrus II.................... 136
Quercus.................... 136
Radius..................... 139
Racemus.................. 140
Rhododaphne. 140
Ros et Ros marinus........... 141
Rosa I..................... 143
Rosa II. 143
Rosarium 144
Rubus..................... 145
Rumex 145
Ruscus.................... 145
Ruta 146
Sabina.................... 147
Salictum................... 147
Saliunca. 148
Salix...................... 149
Sandyx.................... 150
Scilla 152
Serpyllum.................. 152
Siler...................... 153
Siser 154
Sorbum .... page 155
Spinus..................... 155
Styrax... 156
Syrium pyrum.............. 156
Tæda 157
Taxus. 159
Terebinthus............... 160
Thurea virga 161
Thus........ 161
Thymbra 163
Thymum 163
Tilia. 164
Tribulus 165
Triticum.................. 166
Tus, etc., voyez *Thus*.
Ulmus..................... 167
Ulva I.................... 168
Ulva II.................... 169
Uva, voyez *Racemus*.
Vaccinium 173
Verbena 174
Viburnum.................. 175
Vicia..................... 175
Viola I.................... 176
Viola II 177
Viola III 178
Violarium.................. 178
Viscum I 179
Viscum II................... 180
Vitis. 180
Volemum 182

CONCORDANCE

SYNONYMIQUE

DE LA FLORE DE VIRGILE,

OU

RAPPROCHEMENT

DE TOUS LES NOMS ADOPTÉS PAR LES AUTEURS GRECS ET LATINS

POUR LES PLANTES CONNUES DE CE POËTE (1),

RANGÉS SOUS CHAQUE DÉNOMINATION LINNÉENNE,

ET DANS L'ORDRE DES FAMILLES NATURELLES.

L'UTILE et riche Synonymie que nous offrons au lecteur, et pour laquelle nous n'avions point de modèle, forme le complément nécessaire de la Flore de Virgile : elle en reçoit une clarté qu'elle y répand à son tour. Ce n'est point un simple résumé de l'ouvrage. Établie sur un autre plan, appuyée d'une foule d'autorités nouvelles, c'est un second travail, plus aride, plus long peut-être que le premier, et dans lequel il fallait, pour soutenir notre patience, ce desir loyal de remplir la tâche une fois entreprise, ce juste respect de soi-même et du public, qui devient tous les jours plus rare.

Ce n'est pas qu'une œuvre de ce genre ne doive renfermer

(1) On ne retrouvera, dans la Synonymie qui va suivre, que les plantes qui ont été connues de Virgile, et mentionnées par lui. La seule exception qu'on ait faite à cette règle concerne un petit nombre de plantes classées dans le tableau synoptique de l'article LOTUS. Elle est assez motivée par la grande importance de cet article.

encore de nombreuses imperfections. Plus de science que nous n'en possédons, plus de temps que nous n'avons pu y en mettre, ne suffiraient même pas pour donner une entière garantie de son exactitude. Il restera donc, même à la critique la plus raisonnable, bien des avis à nous donner. Mais enfin, nos vérifications scrupuleuses nous permettent de présenter un travail dont les ciseaux n'ont pas fait tous les frais. Du moins, nos fautes nous appartiennent; et nous n'essuierons pas le reproche d'avoir joint à nos propres méprises toutes celles de nos devanciers.

Indépendamment des erreurs qui ont pu nous échapper, il reste beaucoup de décisions douteuses, et par nous reconnues pour telles. C'est, dans ce cas, le texte de la Flore qui doit venir au secours de la Synonymie, et fournir la discussion des probabilités. Communément, et quand le doute est assez fort, nous l'indiquons, même dans le tableau qui va suivre, par un point d'interrogation (?); par un point et virgule, bien entendu (;), s'il s'agit d'une dénomination grecque (1).

Virgile est le seul auteur dont nous n'ayons jamais indiqué les passages, suffisamment connus par la Flore. Quant aux autres, nous citons avec exactitude, par livres, et par chapitres ou par vers, laissant de côté la méthode vicieuse de rappeler les pages, qui subordonne tout à une seule édition. Le plus souvent nous négligeons de nommer l'ouvrage, quand l'auteur n'en a fait qu'un seul, ou qu'un seul, du moins, qui soit relatif à la botanique (2).

Nous n'avions donné de mots hébreux, dans la Flore, que

(1) Il ne faudra pas s'étonner si l'on rencontre, sans aucun point dubitatif, une même appellation, soit de Virgile, soit de quelque autre ancien auteur, sous différents noms linnéens. C'est que le mot grec ou latin avait un sens étendu, qui embrassait plusieurs dénominations modernes. On trouvera, par exemple, « *Filix* de Virgile » aussi bien sous l'article *Polypodium Filix mas*, que sous le titre *Pteris aquilina*, parcequ'on peut le rapporter, avec probabilité pareille, à l'un et à l'autre.

(2) Théophraste, il est vrai, a fait, indépendamment de ses Caractères, deux ouvrages de botanique; mais il s'agit toujours de son Histoire des plantes. Son traité *de Causis*, beaucoup moins connu, n'a proprement rapport qu'à la physiologie végétale.

ceux qui présentaient quelque analogie avec les noms grecs ou latins. Mais, pour satisfaire davantage le lecteur, il nous a paru convenable de tirer du catalogue des plantes bibliques, extrait par Sprengel du grand ouvrage d'Olaüs Celsius, toutes celles qui se rapportent à quelques unes des plantes virgiliennes; et d'enrichir ainsi notre Synonymie, d'une partie de la botanique des livres saints.

L'ordre chronologique est celui dans lequel on trouvera placés les auteurs grecs et latins. Voici les abréviations sous lesquelles le lecteur doit les reconnaître :

AUTEURS GRECS.

Hom.	*Homerus.*
Hes.	*Hesiodus* (*Ascræus*).
Her.	*Herodotus.*
Hipp.	*Hippocrates* (*Cous*).
Aristoph.	*Aristophanes comicus.*
Xen.	*Xenophon.*
Arist.	*Aristoteles.*
Demosth.	*Demosthenes.*
Theoph.	*Theophrastus*(*Eresius*).
Theoc.	*Theocritus* (*Syracusanus*).
Mosch.	*Moschus.*
Callim.	*Callimachus.*
Nic.	*Nicander* (*Colophonius*).
Strab.	*Strabo.*
Diosc.	*Pedacius Dioscorides.*
Plut.	*Plutarchus.*
Gal.	*Galenus* (*Pergamenus*).
Athen.	*Athenæus.*
C. Bass.	*Cassianus Bassus.*
Hesych.	*Hesychius.*
Myreps.	*Nicolaus Myrepsicus.*
Schol.	SCHOLIASTÆ.

AUTEURS LATINS.

Cat.	*M. Porcius Cato.*
Varr.	*M. Terentius Varro.*
Lucr.	*T. Lucretius Carus.*
Cic.	*M. Tullius Cicero.*
Catul.	*C. Valerius Catullus.*
Virg.	*P. Virgilius Maro.*
Hor.	*Q. Horatius Flaccus.*
Ov.	*P. Ovidius Naso.*
Col.	*L. J. Moderat. Columella.*
Lucan.	*M. Annæus Lucanus.*
Plin.	*C. Plinius Secundus.*
Scr. Larg.	*Scribonius Largus.*
Mart.	*M. Valerius Martialis.*
Nem.	*A. Olymp. Nemesianus.*
A. Gell.	*Aulus Gellius.*
Veg.	*Fl. Vegetius Renatus.*
Marcell.	*Marcellus*(*Burdigalensis*).
Claud.	*Claudius Claudianus.*
Pall.	*Palladius Rutilius Taurus.*
Isid.	*Isidorus* (*Hispalensis*).
C. magn.	*Carolus magnus* (*Imp.*).

ACOTYLÉDONES.

FAMILLE DES ALGUES.

FUCUS. Les Varecs. Syst. sex. class. 24, Cryptog. Algues.

Φύκος, Hom. *Iliad.* I, 7; Diosc. IV, 100 (1), etc., etc.

Alga, Virg.; Col. XI, 3; VIII, 17; Pall. *Mart.* 10.

FAMILLE DES MOUSSES.

HYPNUM, FONTINALIS, LESKEA (Linn.), et autres genres principaux de cette famille. Class. 24, Cryptog. Mousses.

Muscus, Lucr. *de rerum Nat. V;* Virg.

MONOCOTYLÉDONES.

FAMILLE DES FOUGÈRES.

PTERIS AQUILINA (Linn.) Class. 24, Cryptog. Fougères.

Θηλυπτερὶς, Theoph. IX, 20. = Θηλυπτερὶς et νυμφαία Πτερὶς, Diosc. IV, 187.

Filix, Virg. = *Avia*, Col. VI, 14. = *Thelypteris*, *Filix nymphœa* ou *fœmina*, Plin. XXVII. 9.

POLYPODIUM FILIX MAS. — FILIX FOEMINA, et espéces voisines (Linn.) Class. 24, Cryptog. Fougères.

Πτερὶς, Theoph. IX, 20; Theoc. *Idyll. III,* 14; *V,* 55. = Πτερὶς, Βλῆχνον, Πολύῤῥιζον (2), Diosc. IV, 186. = Βλῆχρον, Nicand. *Ther.* = Βλῆχον, Πτερία, de plusieurs auteurs.

(1) Nous avions employé, dans la Flore, tantôt les éditions de Mathiole, tantôt celle de Saracenus, 1598. Ici, pour la régularité, nous ne citerons que cette dernière, la seule qui présente le texte. La remarque est importante en ce que la coupure des chapitres diffère.

(2) Dans tout le cours de cette Concordance, la synonymie des noms botaniques modernes ne jouant aucun rôle, nous avons pu, sans inconvénient, donner la lettre majuscule aux noms anciens des plantes; ce que nous ne faisions jamais dans la Flore, comme on peut le voir par les raisons données dans la grande note de l'article ULVA, page CLXXI.

On a pu remarquer aussi que, par un soin trop généralement négligé,

Felicula, Cat. I, 158. = *Filix*, Virg. = *Filicula*, Col. VI, 27.

FAMILLE DES AROÏDES.

ARUM COLOCASIA (Linn.) Class. 20, Gynand. poyandrie.

Κολοκασίου γένος, en grec. = Ἄρον κυρηναϊκόν, Gal. *de alim. Facult. II*, 147; Athen. *Deipnos. III*, 1.

Colocasium, Virg.; Plin. XXI, 15. = *Niliacum olus*, Mart. VIII et XIII.

FAMILLE DES SOUCHETS.

SCIRPUS. Voyez JUNCUS.

CAREX (1). Syst. sex. class. 21, Monœc. triandr.

Θρύον; Hom. *Iliad.* Φ, 351.

Carex, Virg.; Col. XI, 2.

FAMILLE DES GRAMINÉES.

PANICUM MILIACEUM (Linn.) Class. 3, Triandrie digyn.

Κέγχρος, Hesiod. = Κέγχρους, Theoph. VIII, 3, etc.; Diosc. II, 119; Strab. V, 308; Gal. *de alim. Facult. lib. I*, et *de simpl. Med. VI*, 10.

Milium, Virg.; Plin. XVIII, 7, et autres auteurs latins.

TRITICUM HIBERNUM (Linn.) Class. 3, Triandrie digyn.

חטה, *Deuter. VIII*, 8.

Πυρὸς, Hom. *Iliad.* Δ, 69; *Odyss.* Δ, 604; Θ, 112; Théoph. VIII, 4 et ailleurs; Diosc. II, 107; Plut. *Symp. VI*, 6; Gal. *ad Glauc. II; de simpl. Facult. VIII*, 16.

et d'où résultent pourtant de grands avantages, nous réservions, sans exception aucune, le caractère ROMAIN pour le français, et l'ITALIQUE pour toutes les autres langues. Dans cette Synonymie seulement, des raisons d'élégance typographique nous forcent à faire abus du caractère romain, en ne donnant l'italique qu'aux noms des ouvrages, et non à ceux des auteurs, même quand ces derniers sont cités en latin.

(1) C'est abusivement qu'on a donné dans les lexiques grecs le mot ξίφιον pour traduire le mot *carex*. Le ξίφιον des botanistes grecs appartient aux Iridées. On croit que c'est l'*Iris Xiphion* des Modernes.

Frumentum et Triticum, Virg.; Plin. XVIII, 7.

——— SPELTA (Linn.) Class. 3, Triand. digyn.

כסמת, *Exod. IX*, 32.

Ζέα ou Ζεία, Theoph. VIII, 9. = Ὀλύρα et Ζέα, Hom. *Iliad.* Ε, 196; *Odyss.* Δ, 41.

Far, Cat. II, 4; Varr. I, 9; Virg.; Col. II, 619.

LOLIUM TEMULENTUM (Linn.) Class. 3, Triandrie digyn.

Αἶρα, Theoph. VIII, 7. = Αἶρα et Θύαρος, Diosc. II, 122.

Ζιζάνιον de quelques auteurs.

Lolium, Virg.

HORDEUM. Espèces cultivées de l'Orge. Système sex. class. 3, Triand. digyn.

Κριθὴ λεύκη, Hom. *Odyss.* Δ, 41; *Iliad.* Ε, 196; Athen. *Deipn.* I, 61.

Hordeum, Cat. 35; Virg.; Col. II, 9, etc.

AVENÆ SPECIES. Syst. sex. class. 3, Triand. digyn.

Βρῶμος (1) et Βρόμος des Grecs?

Avena des Latins. Col. II, 11.

ARUNDO DONAX (Linn.) Class. 3, Triand. digyn.

Δόναξ, Hom. *Hym. in Pan.* v. 15, dans le sens de flûte; et *Iliad.* Λ, 588, dans le sens de flèche. = Κάλαμος δόναξ, Theoph. IV, 12; Diosc. I, 114.

Arundo, Virg. = *Donax*, Plin. XVI, 36.

——— PHRAGMITIS. (Linn.) class. 3, Triandrie trigyn.

Κάλαμος φραγμίτης, Theoph. IV, 12; Diosc. I, 114.

Arundo, Virg. = *Arundo phragmitis*, Plin. XXXII, 10.

(1) Ce mot n'est pas aussi vague que le mot *avena*: Dioscoride (*lib. IV*, *cap.* 135) dit que le βρόμος est une herbe semblable à l'égylops, et Théophraste (*lib. VIII*, *cap.* 9) le nomme comme espèce parmi les graminées. On croit assez généralement qu'il s'agit d'une sorte d'avoine; mais laquelle? Il n'est pas facile de la déterminer.

FAMILLE DES PALMIERS.

PHOENIX DACTILIFERA. (Linn.) Append. Palmiers.

Φοῖνιξ, Hom. *Odyss.* Ζ, 163; Theoph. II, 8; Diosc. I, 148.

On voit, par Pollux et par Hérodote, que son fruit se nommait aussi φοῖνιξ. Ailleurs il est appelé φοίνικος βάλανος ou φοινικοβάλανος. Son spathe ou involucre, σπάθη ou ἐλάτη.

Palma, Cic. *de legib. I;* Virg.; Col. V, 5; Plin. XIII, 4; Pall. *April.* 5. Le régime se nomme *palmula.*

FAMILLE DES ASPERGES.

RUSCUS ACULEATUS (Linn.) Class. 22, Diœc. syngen.

Μύῤῥίνη ἀγρία, Hipp. *Ulc.* 880. = Κεντρομυῤῥίνη, Theoph. III, 17. = Ὀξυμυρσίνη, Μυρσίνη ἀγρία, Ἱερόμυρτον, Χαμαίμυρτον, Diosc. IV, 146.

Myrtus sylvestris, *Oxymyrsine*, Cat. 133; Colum. XII, 38. = *Ruscus*, Virg. = *Chamæmyrsine*, etc., Plin. = *Scopa regia*, Scr. Larg. 39.

FAMILLE DES JONCS.

JUNCUS. Syst. sex. class. 6, Hexand. monogyn.

Σχοῖνος, Hom. *Odyss.* Ε, 463.

Juncus de Virg. et des Latins.

Ce mot n'a qu'une signification vague; il doit néanmoins s'appliquer plus particulièrement aux *Scirpus* des lacs.

FAMILLE DES LILIACÉES.

LILIUM CANDIDUM (Linn.) Class. 6, Hexandr. monogyn.

שושנה, *Cant. Cantic. II*, 1.

Λείριον des Grecs. = Κρίνον, Theoph. VI, 6.

Lilium, Virg.; Pall. *Febr.* 21.

——— MARTAGON (Linn.) Class. 6, Hexand. monogyn.

Ὑάκινθος, Hom. *Iliad.* Ξ, 348; Theoph. VI, 7; Theocr. *Idyll. I*, 28, et *XVIII*, 2; Nicand. *Ther.* 902.

Hyacinthus des poëtes latins (1). Col. X, 305.

(1) L'ὑάκινθος de Dioscoride (*lib. III*, *cap.* 58) n'est point notre plante; c'est

FAMILLE DES ASPHODÈLES.

SCILLA MARITIMA (Linn.) Class. 6, Hexandr. monogyn.

Σκίλλη et Σχῖνος, Hipp. *Morb. mul. II*, 670. = Σκύλλα, Theoph. VII, 4. = Σκίλλα, Diosc. II, 202.

Scilla, Virg.; Col. XII, 33 et 44; etc.

ORNITHOGALUM (Linn.) Class. 6, Hexandr. monogyn.

Ὀρνιθόγαλον, Theoph. VII, 12; Diosc. II, 174.

Lilium grande, Virg. = *Ornithogalum*, Plin. XXI, 17.

ALLIUM CEPA (Linn.) Class. 6, Hexand. monogyn.

בצל, *Num. II*, 12.

Κρόμμυον (1), Theoph. VII, 4; Diosc. II, 181.

Cepa rubens, Virg. = *Cepa marsica vulgo dicta Unio*, Colum. XII, 10. = *Cepa*, Plin. XX, 6. = *Cepulla*, Pall. *Feb.* 24; *Oct.* 11. = *Cepa margaritacea*, Car. magn. *Capitul.* 70.

——— PORRUM (Linn.) Class. 6, Hexandr. monogyn.

חציר, *Num.* XI, 12.

Πράσον, Theoph. VII, 4. = Πράσον κεφαλωτὸν, Diosc. II, 179; Athen. IX, 13.

l'*Hyacinthus comosus* des botanistes. Dioscoride dit plus loin, même livre, ch. 85 : « Le deuxième *delphinium*, que d'autres appellent *hyacinthus*, et que les Romains nomment *bucinum*, est fort semblable au premier; il est plus grand, etc. » C'est sans doute ce passage qui a déterminé Linné à choisir pour l'*hyacinthus* des poëtes ce *Delphinium* qu'il nomme *Ajacis*. L'ὑάκινθος de Théocrite, le même que celui de Virgile, a dans ce poëte l'épithète de μέλαινα, qui pourrait le faire ranger parmi les vaciets, et celle de γράπτα, qui le rapproche naturellement de notre système. Il y a également beaucoup de doute sur l'ὑακίνθινον ἄνθος d'Homère (*Odyss.* ξ, 231, et ψ, 158), fleur à laquelle le poëte compare une chevelure, probablement à cause de sa couleur sombre, par une similitude qui est encore en usage chez les auteurs orientaux.

(1) Κρόμμυον signifie ognon en général; Théophraste en distingue un grand nombre qu'il désigne d'après le nom de leur patrie, ognons gnidiens, ascalonites, seraniens, etc.

Porrum, Virg.; Col. XI, 3; Plin. XX, 6.

——— SATIVUM (Linn.) Class. 6, Hexandr. monogyn.

Σκόροδον, Aristoph. *in Pluto;* Xenoph. *Symp.;* Theoph. VII, 4; Diosc. II, 146.

Allium, Virg.; Col. X, 314; Plin. XX, 6; Pall. *Januar.* 14.

FAMILLE DES NARCISSES.

NARCISSUS POETICUS (Linn.) Class. 6, Hexandr. monogyn.

Νάρκισσος, Theoph. VI, 6; Theoc. *Idyll. I*, 133; Diosc. IV, 161.

Narcissus, Virg.; Col. X, 297.

——— SEROTINUS (Linn.) Class. 6, Hexandr. monogyn.

Narcissus sera comans, Virg.

Voyez *Narcissus poeticus*, avec lequel cette espèce est confondue par les autres auteurs anciens.

FAMILLE DES IRIS.

CROCUS SATIVUS (Linn.) Class. 3, Triand. monogyn.

Κρόκος et Κρόκον, Hom. *Iliad.* Ξ, 348, *Hymn. in Pan.* 25; Theoph. VI, 6; Callim. *Hymn. in Apoll.;* Diosc. I, 25.

Crocus, Virg.; Col. III, 8; IX, 4; Plin. XXI, 6; Veg. IX, 22, etc.

FAMILLE DES BALISIERS.

AMOMUM RACEMOSUM. (Lmk.) Syst. sex. class. 1, Monand. monog.

Καρδάμωμον, Hipp. *Morb. mul.* Α, 603; = Ἄμωμον, Theoph. IX, 7; Diosc. I, 14.

Amomum, Virg.; Plin. XII, 13, et auteurs latins.

FAMILLE DES MORRÈNES.

NYMPHÆA CÆRULEA (Savig. Annales du Musée). Syst. sex. class. 13, Polyand. polygyn.

Λωτὸς, Athen. XIV, 65.

Ninoufar des Égyptiens modernes.

——— LOTUS (Linn.) Class. 13, Polyand. polygyn.

Λωτὸς λευκὸς, Κολοκάσιον. La racine, κόρσιον.

Lotus, sive Colocasium, Pall. *Februar.* 24. = *Baditis?* Marcell. Burd.

Bachenin des Arabes. La racine *baymaroum*.

——— NELUMBO (Linn.) Class. 13, Polyandr. polygyn.

Λωτὸς, Κύαμος αἰγυπτιάκος, Κιβώριον, Κιβώτιον, Her. II, 92; Theoph. IV, 10; Nicand. *in Georg.*; Strab. XVII; Diosc. II, 128; Gal. *de aliment. Facult. I*; Athen. *Deipnos. III*, 1.

Lotus sacra, *Faba ægyptiaca* des Latins.

Termous des Arabes.

DICOTYLÉDONES.

FAMILLE DES CHALEFS.

ELÆAGNUS ANGUSTIFOLIA (Linn.) Class. 4, Tétrand. monogyn.

Ἀγριελαίος, Theoph. II, 3. Ἐλαίος est d'un meilleur usage. = Ἀγριελαία, Diosc. I, 137. (H. Estienne cite 138.)

Oleaster, Virg.; Col. VIII, 10; Pall. *April.* 2.

FAMILLE DES THYMÉLÉES.

DAPHNE GNIDIUM (Linn.) Class. 8, Octandr. monogyn.

Κνέωρον, Theoph. VI, 2. = Χαμελαία, πυρὸς Ἄχνη, Ἄκνηστος, Κόκκος κνίδειος, Κνέωρον, Κέστρον, Θυμελαία, Diosc. IV, 172 et 173.

Casia, Hygin. *apud* Plin. XXI, 9. = *Casia humilis*, Virg. = *Coccum gnidium*, Col. IX, 5; III, 8; Plin. XXVII, 9.

FAMILLE DES LAURIERS.

LAURUS CASSIA (Linn.) Class. 9, Ennéand. monogyn.

קדה et קציעות, *Exod. XXX*, 24; *Psalm. XLV*, 9.

Κασία, Hipp. *Morb. mul. I*, 609; Theoph. IX, 12.

Casia, Virg.; Plin. XII, 19, etc.

——— NOBILIS (Linn.) Class. 9, Ennéandr. monogyn.

Δάφνη, Hom. *Odyss.* I, 183; Hesiod. *Theog.* 30; *Oper. et Dies*, 434; Diosc. I, 106; Athen. II et IV.

Laurus, Cat. 8 et 133, II; Plin. XXIII, 8; Virg.; Pall. *Feb.* 23.

FAMILLE DES POLYGONÉES.

RUMEX ACETOSA (Linn.) Class. 6, Hexand. trigyn.

Ὀξυλάπαθον, Diosc. II, 140 et 141.

Rumex, Virg. = *Lapathos*, Col. X, 373.

FAMILLE DES ARROCHES.

BETA HORTENSIS. (Mill.) Syst. sex. class. 5, Pentand. monogyn.

Σεῦτλον, Hipp. *Vict. acut.* 404, et Τεῦτλον, *Morb. mul. I*, 609. = Τεῦτλον σικελικόν, Theoph. VII, 4. = Τεῦτλον λεύκον, Diosc. II, 149. = Τευτλόῤῥιζον, C. Bass. *Geopon.*

Beta, Catul., Virg., Plin., etc. = *Beta pede candida*, Col. X, 254.

FAMILLE DES AMARANTES.

CELOSIA CRISTATA. (Linn.) Pentand. monogyn.

Amarantus (1), Virg.; Col. IX, 4; X, 175; Plin. XXI, 8.

FAMILLE DES ACANTHES.

ACANTHUS MOLLIS (Linn.) Class. 14, Didynamie angiosp.

Ἄκανθος ὑγρος, Theocr. *Idyll. I*, 55. = Ἄκανθος et Ἑρπάκανθος, Diosc. III, 19.

Acanthus mollis, Virg. = *Acanthus pæderos seu melamphyllum*, Plin. XXII, 22.

(1) L'*amarantus* de Dioscoride (*lib. IV, cap.* 57) est une autre plante, qu'on a cru reconnaître dans le *Gnaphalium Stæchas* de Linné. Dioscoride lui donne aussi les noms de χρυσάνθεμον et d'ἑλίχρυσον, qui sont ceux de Galien. Ainsi le mot ἀμάραντος, qui se trouve en tête de notre article, traduit simplement le mot latin *amarantus*, sans renvoyer à aucune synonymie grecque précise.

FAMILLE DES JASMINÉES.

FRAXINUS ORNUS (Linn.) Class. 23, Polygam. diœc.

ארן d'Esdras? XLIV, 14.

Μελία, Hes. *Opera et Dies*, 145; Hom. *Iliad.* N, 178; E, 666, etc.; Theoph. III, 2; Diosc. I, 108.

Fraxinus, Virg.; Col. V, 6; VI, 17; Plin. XVI, 13.

——— ROTUNDIFOLIA? } (Lmk.) Syst. sex. class.
——— EXCELSIOR? } 23, Polygam. diœc.

Βουμελία ou Βουμέλιος, Theoph. III, 11, et IV, 9.

Ornus, Virg. = *Ornus, seu Fraxinus sylvestris*, Col. *de Arbor. XVI*, 1. = *Bumelia, seu macedonia Fraxinus*, Plin. XVI, 13. (H. Estienne cite par erreur, IV, 9.)

OLEA EUROPÆA (Linn.) Class. 2, Diand. monogyn.

זית, *Deuter. II*, 28, 40.

Ἐλαία, Hom. *Odyss.* A, 589; Π, 116; Plut. *de aud. poem.* (arbre et fruit). = L'olive, ἐλαία, Demosth. περὶ στεφ. Athen. *Deipnos. II*, 47.

Olea des Latins.

LIGUSTRUM VULGARE (Linn.) Class. 2, Diand. monogyn.

Κύπρος; Diosc. I, 124.

Ligustrum, Virg.; Plin. XXIV, 10. = *Ligustrum nigrum*, Col. X, 300.

FAMILLE DES GATTILIERS.

VERBENA OFFICINALIS (Linn.) Class. 2, Diandr. monogyn.

Ἱερὰ Βοτάνη et Περιστερεὼν ὕπτιος, Diosc. IV, 61; Gal. *de simpl. Med. VIII*, 16.

Verbena, Virg.; Veg. III, 1. = *Verbenaca*, etc., Plin. XXV, 9.

FAMILLE DES LABIÉES.

ROSMARINUS OFFICINALIS (Linn.) Class. 2, Diand. monogyn.

Λιβανωτίς, Diosc. II, 87.

Rosmarinus des Latins. Col. IX, 4; Plin. XIX, *sub finem*; XX, 16.

SATUREIA THYMBRA (Linn.) Class. 14, Didyn. gymnosp.

Θύμβρα, Theoph. VII, 1; Diosc. III, 45.

Thymbra, Virg.; Col. IX, 4; X, 233; Plin. XIX, 8.

——— CAPITATA (Linn.) Class. 14, Didynam. gymnosp.

Θύμον, Theoph. VI, 2. = Θύμος, Diosc. III, 44. = Κονίλη; Nic. *Theriac.* 626. = Θρύμβη, C. Bass. (Un petit nombre d'auteurs le nomment ἄρον.)

Thymus, Virg.; Col. XII, 57; Plin. XXI, 10. = *Thymus sylvestris?* Veg. III, 27.

ORIGANUM DICTAMNUS (Linn.) Class. 14, Didyn. gymnosp.

Δίκταμος, Theoph. IX, 16. = Δίκταμνος, Diosc. III, 37.

Dictamus, Cic. *de Nat. Deor. II*, 4. = *Dictamnus*, Virg. = *Dictamnum*, Plin. XXV, 8.

——— MAJORANOIDES (Linn.) Class. 14, Didyn. gymnosp.

Ἀμάρακος, Theoph. XV, 1; Gal. *simpl. Med. VI*, 26; *Antidot. I*, 431; Athen. XV, 27. = Σάμψυχον, Diosc. III, 47.

Amaracus, Catul. *Carm.* 62; Plin. XXI, 11. = *Sampsuchum*, Col. X, 171.

THYMUS SERPYLLUM (Linn.) Class. 14, Didynam. gymnosp.

Ἕρπυλος, Theoph. V, 1. = Ἕρπυλλος, Diosc. III, 46.

Serpullum, Cat. 73; Varr. I, 25. = *Serpyllum*, Col. XI, 3; Plin. XX, 22; Pall. *Mart. IX*, 17.

MELISSA OFFICINALIS (Linn.) Class. 14, Didyn. gymnosp.

Μελίτεια, Theoc. *Idyll. IV*, 25. = Μελισσόφυλλον, Diosc. III, 118. = Μελισσοβότος, Nic. *Ther.* 677. = Μελίταινα et Μελίκταινα, Hesych. = Μελισσοβότανον, Schol. de Théocrite.

Apiastrum, Varr. III, 16; Col. IX, 9; Plin. XXI, 9. = *Melisphyllum*, Virg.

FAMILLE DES SCROPHULAIRES.

ANTIRRHINUM ASARINUM (Linn.) Class. 14, Didynam. angiosp.

Cette plante n'est point décrite dans les anciens auteurs (1); mais le genre auquel elle appartient a une espèce qui leur était connue; ils la nomment Ἀντίῤῥινον, Ἀναῤῥῖνον, ἀγρία Λυχνίς· c'est la linaire, *Antirrhinum Linaria* des Modernes.

Hedera alba, Virg.

DIGITALIS PURPUREA (Linn.) Class. 14, Didynam. angiosp.

Βάκκαρις ou Βάκχαρις, Diosc. III, 51.

Baccharis (2), ou plutôt *bacchar* de Virg. = *Baccar*, Plin. XXI, 6.

FAMILLE DES BORRAGINÉES.

CERINTHE MAJOR (Linn.) Class. 5, Pentand. monogyn.

Κήρινθον, Arist. *Anim. IX*, 40; Theoph. VI, 7.

Cerintha, Virg. = *Cerinthe*, Plin. II, 7; XXI, 12.

FAMILLE DES APOCYNÉES.

NERIUM OLEANDER (Linn.) Class. 5, Pentand. monogyn.

(1) Sprengel croit pourtant que l'*Antirrhinum asarinum* est le χαμαικίσσος de Dioscoride (IV, 126) qu'on a cru reconnaître dans le *chamæcissus* de Pline (XXIV, 15); Fuchsius avait jugé que cette plante ne pouvait être que le lierre terrestre; mais une lecture attentive des passages cités prouve évidemment, 1° que le χαμαικίσσος et le *chamæcissus* diffèrent entre eux; 2° que ni l'une ni l'autre des plantes décrites par le botaniste grec et par le naturaliste romain ne peuvent être l'*Antirrhinum asarinum* des Modernes.

(2) L'opinion que nous avons adoptée pour la *baccharis* est celle que développe Mathiole (*Comm. in Diosc. lib. III, cap.* 94). Cependant nous nous sommes assurés que la racine en était inodore, ce qui affaiblit les probabilités. Sprengel a désigné avec autant de vraisemblance (*Hist. rei herb.* tom. I, p. 142) la valériane celtique.

ῥοδωνία; Theoph. I, 15. = Νήριον, Ῥοδόδενδρον, Ῥοδοδάφνη, Diosc. IV, 82.

Rhododaphne, Virg.; Veg. II, 48; Pallad. I, 35. = *Nerium*, *Rhododaphne*, *Rhododendrum*, Plin. XVI, 20; XXIV, 11. = *Laurea rosea*, Apul. *Metam.*

FAMILLE DES GUAYACANÉES.

DIOSPYROS EBENUM. (Pers.) Syst. sex. class. 23, Polygam. diœc.

הבן, Ezech. XXVII, 15.

Ἔβενος, Theoc. *Idyll. XV*, 123; Diosc. I, 119.

Ebenum, Virg.; Plin. XII, 4.

STYRAX OFFICINALE (Linn.) Class. 10, Décandrie monogyn.

Στύραξ, Theoph. IX, 7; Diosc. I, 79; Strab. *Geogr. XII*, p. 825; Gal. IX, 3; etc.

Styrax idæum, Virg. = *Styrax*, Plin. *XII*, 25. = *Storax*, Veg. *Ars veter. III*, 68.

Istorak des Arabes.

FAMILLE DES ÉRICACÉES.

ERICÆ SPECIES (Linn.) Class. 8, Octand. monogyn.

Ἐρείκη, Diosc. I, 117.

Sisara? Varr. III, 26. = *Myrica*, Virg.

ARBUTUS UNEDO. (Linn.) Class. 10, Décandrie monogyn.

Κόμαρος, Theoph. III, 16; Diosc. I, 175.

Arbutus, Virg.; Hor. *Carm. I*, 16 (1); Col. VII, 9; Plin. XV, 25.

Le fruit se nommait, en grec, κόμαρον, μεμαίκυλον ou μιμαίκυλον, Athen. II, 35. En latin, *arbutum*, Lucr. *de rer. Nat. V*; Virg. = *Arbuteus fœtus*, Ov. *Metam. I*, 104. = *Unedo*, Plin. XV, 25.

VACCINIUM MYRTILLUS (Linn.) Class. 8, Octand. monogyn.

(1) A l'article ARBUTUS de la Flore, nous avions expliqué ce mot d'Horace dans le sens d'arbouse, ou fruit d'arboisier, sur la foi de commentateurs que cite Martyn. Mais un examen plus attentif nous a dissuadés

Ὑάκινθος μέλας des Grecs.

Vaccinium nigrum des Latins.

FAMILLE DES CHICORACÉES.

LACTUCA SATIVA. (Linn.) Class. 19, Syngén. Polygam. égal.

Θρίδαξ, Diosc. II, 165; Athen. II, 79.

Lactuca, Virg.; Colum. X, 179, etc.; Plin. XX, 7; Pallad. *Januar.* 14.

CICHORIUM ENDIVIA (Linn.) Class. 19, Syngén. polygam. égal.

Σέρις κηπευτὴ, Diosc. II, 160.

Intubum, Virg. = *Intybum*, Col. VIII, 14; Pall. XI, 1. = *Seris seu sativum Intubum*, Plin. XX, 8.

——— INTYBUS (Linn.) Class. 19, Syngén. Polygam. égal.

Κιχώριον, Theoph. VII, 11; Diosc. II, 160; Nic. *in Alex.* 429.

Intubum erraticum, seu Ambuleia, Plin. XX, 8, 15. = *Heliotropion*, Veg. III, 42.

FAMILLE DES CYNAROCÉPHALES.

CENTAUREA CENTAURIUM (Linn.) Class. 19, Syngén. polygam. frustran.

Κενταύριον, Theoph. IX, 9. = Κενταύριον et Νάρκη, Diosc. III, 8.

Centaureum triste, Lucr. II, 401. = *Centaurion* et *Centauris*, Plin. XXV, 6. = *Centauria*, Apul. 34.

——— SOLSTITIALIS (Linn.) Class. 19, Syngén. polygam. frustran.

Σκόλυμος en grec. Ce nom, très vague, est dans les anciens poëtes, comme Hésiode, Homère, celui du chardon, *Carduus*. Plus tard, les botanistes l'employèrent pour signifier le cardon, *Cynara Carduncellus*, et l'artichaut, *Cynara Scolymus*.

Carduus, Virg. = *Spinæ solstitiales?* Col. II, 18.

FAMILLE DES CORYMBIFÈRES.

ASTER AMELLUS (Linn.) Class. 19, Syngén. polygam. nécess.

Ἀστὴρ ἀττικὸς, Diosc. IV, 120. = Βουϐώνιον d'Oribase.

Amellus, Col. IX, 4. = *Aster* et *Bubonion*, Plin. XXVII, 5.

INULA HELENIUM (Linn.) Class. 19, Syngén. polygam. nécess.

Ἑλενίον, Diosc. I, 27, première espèce.

Inula, Virg.; Plin. XIX, 5; Veg. *Ars veter. III*, 70; Pall. *Feb.* 24. = *Inula tristis*, Col. X, 118. = *Alant*, Isid. Hispal.

CALENDULA OFFICINALIS (Linn.) Class. 19, Syngén. polygam. nécess.

Caltha (1), Virg.? Plin. XXI, 6. = *Caltha flammeola*, Col. X, 307.

CHRYSANTHEMUM CORONARIUM (Linn.) Class. 19, Syngén. polygam. nécess.

Χρυσάνθεμον (2), Βούφταλμον, Χαχλὰς ou Χαλκὰς (quelques exemplaires manuscrits portent Κάλθα), Diosc. IV, 58.

Chrysanthus, Virg.

ANTHEMIS TINCTORIA (Linn.) Class. 19, Syngén. polygam. nécess.

Βούφθαλμον et Χάκλας, Diosc. III, 156.

Buphtalmus, Virg.

(1) Le mot grec κάλθα, qui se trouve dans la synonymie de notre article, traduit le mot latin, sans rappeler aucune plante des auteurs grecs, qui n'en parlent pas, du moins à ce sujet.

(2) Au chapitre précédent, Dioscoride nomme aussi *chrysanthemum* la plante que nous croyons être le *Stœchas citrina* de Bauhin, *Gnaphalium Stœchas* de Linné; au livre III, chap. 156, il décrit une plante qu'il nomme βούφταλμον et χάκλα; nous l'avons adoptée pour le *buphtalmum* de Virgile (*Anthemis tinctoria*, Linné). Rien n'est plus embrouillé que la synonymie des composées chez les Anciens; on explique cette confusion par la grande ressemblance de la fleur chez les diverses espèces de radiées, qui toutes peuvent mériter les noms de βούφθαλμον, de χρυσάνθεμον, d'ἀστήρ, etc. etc.

FAMILLE DES DIPSACÉES.

VALERIANA CELTICA (Linn.) Class. 3, Triandrie monogyn.

Νάρδος κελτικὴ, Νάρδος ἀγρία, Πηρῖτις (1) des Grecs, Diosc. I, 7.

Saliunca, Virg. = *Nardum gallicum*, Col. XII, 20. = *Saliunca* et *Nardus gallicus*, Plin. XXI, 7 et 20. = *Nardus celticus*, Pall. *Oct.* 14.

FAMILLE DES RUBIACÉES.

GALLIUM APARINE (Linn.) Class. 4, Tétrand. monogyn.

Ἀπαρίνη, Theoph. VII, 14, etc.

Lappa, Virg.; Plin. XXI, 17.

FAMILLE DES CAPRIFOLIACÉES.

VISCUM ALBUM (Linn.) Class. 22, Diœc. tétrand.

Ἰξὸς, Theoph. III, 9; Diosc. III, 103.

Viscum, Col. VI, 5; Plin. *lib. XVI, cap. ult.;* Veg. III, 2, etc.

VIBURNUM LANTANA (Linn.) Class. 5, Pentandrie digyn.

Les Grecs ne connaissaient pas cet arbuste.

Viburnum, Virg.

SAMBUCUS EBULUS (Linn.) Class. 5, Pentand. digyn.

Χαμαιάκτη, Diosc. IV, 174.

Ebulus, Cat. 37; Virg.; Col. X, 10. = *Sambucus Chamœacte, seu Helion*, Plin. XXIV, 8. = *Odocos*, Marc. Burdig.

CORNUS MAS (Linn.) Class. 4, Tétrand. monogyn.

Κρανεία et Κρανία (2), Hom. *Iliad.* Π, 767, et *Odyss.* Κ, 242; Theoph. III, 12; Diosc. I, 172; Gal. *comment. in lib. de fract.*

(1) Dioscoride (*lib. I, cap.* 7, 8) distingue plusieurs sortes de *nardus*, l'indien, le syrien, le celtique et le nard de montagne. C'est à ce dernier qu'il donne les noms de θυλακῖτις et de νῆρις. Sprengel pense que cette νῆρις est la *Valeriana tuberosa* de Linné, et qu'on a tort de la confondre avec la valériane celtique.

(2) Hésychius donne à tort ce mot comme signifiant *avellana*, λεπτοκάρυα.

Cornus, Virg.; Plin. XVI, 26; Veget. III, 16. Le fruit, *cornum*, Col. XII, 10.

HEDERA HELIX (Linn.) Class. 5, Pentand. monogyn.

Κισσὸς, Κιττὸς, Theoph. III, 18; Diosc. II, 210; Plut. *Symp.* 3, *Probl.* 2.

Edera, Cat. 52. = *Hedera*, Virg. = *Helix*, Plin. XVI, 34; XXIV, 10.

FAMILLE DES OMBELLIFÈRES.

APIUM GRAVEOLENS (Linn.) Class. 5, Pentandrie digyn.

Ἐλειοσέλινον, Theoph. VII, 6; Diosc. III, 75 (1).

Apium, Virg.; Plin. XX, 11. = *Paludapium*, Colum. XI, 3; Veg. II, 11; Pall. *Apr.* 3.

ANETHUM GRAVEOLENS (Linn.) Class. 5, Pentand. digyn.

Ἄνηθον, Aristoph. *in Nub.*; Theoc. *Idyll. XIV*, 119; Mosch. *Idyll. III*, 107; Diosc. III, 67.

Anethum, Virg.; Horat. *Carm. II*, 7; Colum. XI, 3; Plin. XIX, 7; Pall. *Februar.* 25.

CORIANDRUM SATIVUM (Linn.) Class. 5, Pentand. digyn.

גד, *Exod. XVI*, 31.

Κόριον, *seu* Κορίαννον, Diosc. III, 71.

Coriandrum, Col. VI, 33; XI, 3; Plin. XIX, 8; Veg. II, 35; etc.

BUBON GALBANUM (Linn.) Class. 5, Pentand. digyn.

Dioscoride (III, 97) n'indique la plante que généralement, et comme une ombellifère (νάρθηξ). Pline en fait une *ferula*.

Sa résine se nomme en grec χαλβάνη ou μετώπιον. = En latin, *galbanum*, Virg.; Colum. VIII, 5; X, 17; Plin. XXIV, 5; Pallad. *Januar.* 35.

(1) Dans la Flore, à la synonymie de l'article *Apium graveolens*, au lieu de σέλινον κηπαῖον, lisez ἐλειοσέλινον.

SIUM SISARUM (Linn.) Class. 5, Pentand. digyn.

Σίσαρον des Grecs.

Siser, Virg.; Col. XII, 56; Plin. XIX, 5.

FERULA COMMUNIS (Linn.) Class. 5, Pentand. digyn.

Ferula glaucofolia, Tournef. *Coroll.*

Νάρθηξ, Theoph. VI, 12. = Νάρθηξ et Νάρκαφτον, Diosc. III, 91.

Ferula, Plin. XIII, 22.

CONIUM MACULATUM (Linn.) Class. 5, Pentand. digyn.

Κώνειον, Theoph. IX, 17; Diosc. IV, 79.

Cicuta des Latins (1).

FAMILLE DES RENONCULACÉES.

RANUNCULUS PHILONOTIS. (Décand.) Syst. sex. class. 13, Polyand. polygyn.

Βατράχιον χνοωδέστερον, Diosc. II, 206. = Σαρδόνια, *Id.* VI, 14.

Herba sardoa, Virg. = *Ranunculum alterum*, Plin. XXV, 13.

HELLEBORUS NIGER (Linn.) Class. 13, Polyandrie polygyn.

Ἐλλέβορος (2), Theoph. IX, 11; Diosc. IV, 151.

Elleborus ou *Helleborus* des Latins. Pall. *Januar.* 35.

ACONITUM LYCOCTONUM (Linn.) Class. 13, Polyand. trigyn.

Ἀκόνιτον, Theoph. IX, 16. = Ἀκόνιτον λυκοκτόνον et κυνοκτόνον, Diosc. IV, 78.

Aconitum, Virg. (3); Plin. XXVII, 3.

(1) Nous avons expliqué (article CICUTA) que ce mot, dans les vers de Virgile, ne signifiait que κάλαμος, σύριγξ.

(2) Les Grecs et les Latins connaissaient deux espèces d'hellébore, le noir et le blanc, λευκὸς et μέλας. Il est probable, le nom dans Virgile étant au pluriel, que ce poëte a voulu parler de tous les deux. L'hellébore blanc est un *veratrum*.

(3) Peut-être est-il plus convenable de désigner, pour l'aconit de Virgile, le *Lycoctonum* que le *Napellus*, indiqué de préférence dans le cours de cet

FAMILLE DES PAPAVERACÉES.

PAPAVER RHOEAS. (Linn.) class. 13, Polyand. monogyn.

Μήκων Ῥοιὰς καλουμένη, Theoph. IX, 13. = Ῥοίας, Diosc. IV, 64; Gal. *de fac. simpl. med. VII*, 12.

Papaver cereale, Virg.; Col. X, 314. = *Papaver erraticum*, Plin. XX, 19.

——— SOMNIFERUM (Linn.) Class. 13, Polyand. monogyn.

Μήκων (1), Theoph. IX, 13; Diosc. IV, 65; Hom. *Iliad.* Θ, 306; Nic. *Ther.* (L'espèce à semences noires se nommait chez les Grecs Πιθῖτις.)

Papaver sativum, Col. XI, 3; Plin. XX, 18.

FAMILLE DES CRUCIFÈRES.

BRASSICA ERUCA (Linn.) Class. 15, Tétradyn. siliqueuse.

Εὔζωμον (2), Diosc. II, 170.

Eruca, Col. X, 108, 372, etc.; Plin. XX, 13 (3).

LEPIDIUM SATIVUM (Linn.) Class. 15, Tétradyn. siliculeuse.

Κάρδαμον (quelques copistes écrivent Καρίδαμον), Theoph. VII, 4; Diosc. II, 185.

Nasturtium, Varr. III, 9; Plin. XX, 13; Pall. *Jan.* 14.

ouvrage. Au reste, malgré les travaux de MM. de Candolle et Encontre, on est dans la presque impossibilité de fixer la synonymie des aconits, faute de descriptions précises.

(1) Quelques auteurs nomment aussi le pavot cultivé ῥοιάς.

(2) La plante et la semence portent le même nom; c'est ainsi qu'on dit en français moutarde, pour la plante, la graine, et le condiment qu'on en prépare.

(3) Nous avons blâmé (page L) l'étymologie d'*eruca*, QUOD ERODAT. Mais si le mot est mauvais, l'idée pourrait bien être juste. *Eruca* ne viendrait-il point, par hasard, de la racine orientale عرق ronger?

FAMILLE DES CAPPARIDÉES.

RESEDA LUTEOLA (Linn.) Class. 12, Dodécand. monogyn.

Στρούθιον; Theoph. VI, 7; Diosc. I, 193.

Lutum, Virg. = *Herba lanaria* et *Radicula*, Plin. XXIV, 11 et 18.

FAMILLE DES ÉRABLES.

ACER CAMPESTRE (Linn.) Class. 23, Polygam. monœc.

Σφένδαμνος, Theoph. III, 11.

Acer, Virg.; Plin. XVI, 15.

FAMILLE DES ORANGERS.

CITRUS MEDICA et C. AURANTIUM (Linn.) Class. 18, Polyadelph. icosandr.

Les Anciens confondaient l'orange et le citron. L'arbre, nommé Κιτρία, Μηλέα μηδική, etc., est principalement indiqué, chez eux, par le nom de son fruit.

Μηλέα χρύσεα, Hes. *Theog.* 216, 335. = Μῆλον μηδικὸν ἢ περσικὸν, Theoph. IV, 4. = Μηδικὸν μῆλον, κιτρόμηλον ou κεδρόμηλον, Diosc. I, 166. = Ἑσπερίδων μῆλον, Athen. III, 23. = Νεράντζιον ἢ μηδικὸν μῆλον du Scholiaste de Nicandre. = Κίτριον, Eustath. *comm. in Hom.*

Malum aureum Hesperidum, Varr. II, 1; *Citrus*, *id.* III, 2, etc.; Pallad. *Mart.* 10. = *Malum Hesperidum*, Virg. = *Malum medicum*, *citreum*, Plin. XV, 14. = *Malum citreum persicum*, Macrob. *Saturn. II*, 15.

Narancio, *narangio*, *arancio*, *arangio*, *melarancio* (μῆλον νεράντζιον) des Italiens : *cedro*, *cedrangolo*, etc.

Orange (qui du temps de Rob. Estienne, s'écrivait AURANGE), citron, cédrat, etc.

FAMILLE DES VIGNES.

VITIS VINIFERA (Linn.) var. α. Class. 5, Pentandrie monogyn. *Vitis sylvestris Labrusca,* Tournef. *Instit.* 613.

Ἀγριάμπελος, Theoph. IX, 22; Diosc. IV, 183, et V, 2 : il en nomme la fleur οἰνάνθη.

Labrusca, Virg.; Col. VIII, 5; Plin. XXIII, 1.

—— VINIFERA (Linn.) Class. 5, Pentand. monogyn.

Ἄμπελος, Hom. *Odyss.* I, 110, 133; Ω, 245; Theoph. II, 4, etc. = Ἄμπελος οἰνόφορος, Diosc. (1) V, 1; Gal. *de alim. Facult. II;* Athen. *Deipnos. I*, 6.

Vitis, Cat. VIII, 1, etc.; Col. III, IV, V; Plin. XIV, 1 et suiv.

Le raisin, βότρυς, σταφύλη, Hesiod. *Oper. et Dies*, 611; *Scut. Herc.* 294; Athen. XIV, 68. = *Uva*, Virg.; Nemesian. *Ecl. III.* La variété que Virgile nomme *bumastus* est le βούμαστος des Grecs. = *Bumamma*, Varr. *de Re rust. II*, 5; Macrob. *Saturn. II*, 16. = *Bumastus*, Plin. XIV, 3.

FAMILLE DES MALVACÉES.

MALVÆ SPECIES (Linn.) Class. 16, Monadelph. polyand.

Μαλάχη, Hom. *Batrachom.* 160; Hesiod. *Opera et Dies*, 41; Aristoph. *in Plut.;* Athen. *Deipnos. II*, 52. = Μολόχη, Antiph. *apud* Athen. II, 52.

Malache, Col. *de Re rust. X*, 247. = *Malva*, Plin. XX, 21; Pall. *Febr.* 24; *Oct.* 11.

GOSSIPIUM ARBOREUM (Linn.) Class. 16, Monadelphie polyand.

בוץ, *Paral. XV*, 23. C'est de là que vient *byssus*.

Δένδρον ἐριοφόρον, Theoph. IV, 9.

Nemus canens molli lana, Virg. = *Xylon* et *Gossipium*, Plin. XIX, 1.

ALTHÆA OFFICINALIS (Linn.) Class. 16, Monadelphie polyand.

Ἀλθαία, Theoph. IX, 19. = Ἰβίσκος, Diosc. III, 163. = Εβίσκος et Ἀλθαία Gal. *de Fac. simpl. VI*, 5. = Ἰβίσκον, Suid.

Hibiscus, Virg.; Plin. XX, 4. = *Ibischa Mismalva*, C. magn. *Capitul.*

(1) Dioscoride qualifie la vigne d'οἰνόφορος, pour la distinger de la vigne blanche, de la vigne noire et de la vigne sauvage : ἄμπελος λευκή, ἄμπελος μέλαινα, ἄμπελος ἀγρία (*Bryonia*, *Tamus*, et *V. Labrusca*).

Chardin et Tournefort nous apprennent que la vigne croît sans culture en Arménie et en Géorgie.

FAMILLE DES TILIACÉES.

TILIA EUROPÆA (Linn.) Class. 13, Polyand. monogyn.

Φίλυρα, Theoph. I, 8. = Φιλλυρέα, Diosc. *I*, *in præf.*

Tilia, Virg.; Col. IX, 4; Plin. XXIV, 8.

FAMILLE DES CISTES.

VIOLA ODORATA (Linn.) Class. 19, Syngén. polyg.

Ἴον, Hom. *Odyss.* E, 70; Theoph. VI, 6; Diosc. IV, 122.

Viola nigra, etc. Virg. = *Viola*, Col. *de Re rust. X*, 102; *id. de Arb.* 30; Plin. XXI, 5; Pall. *Januar.*, 37.

FAMILLE DES RUTACÉES.

TRIBULUS TERRESTRIS (Linn.) Class. 19, Décand. monogyn.

Τρίβολος, Theoph. IV, 11; Diosc. IV, 15.

Tribulus, Plin. XXI, 15, et XXII, 10.

RUTA GRAVEOLENS (Linn.) Class. 19, Décand. monogyn.

Πήγανον, Diosc. III, 52 et 53; Plut. *Sympos.* 3. = Ῥυτή de Nicand. *Alexiph.* 306.

Ruta, Col. XI, 3; Plin. XIX, 7; XX, 13; Pall. *Mart.* 9.

FAMILLE DES CARYOPHYLLÉES.

LINUM USITATISSIMUM (Linn.) Class. 5, Pentand. pentagyn.

כשתה, *Exod. XVI*, 31.

Λίνον, Hom. *Iliad.* E, 487; Theoph. IV, etc.; Thucyd. IV, 26.

Linum, Col. II, 10; Pall. *Feb.* 22, etc.

FAMILLE DES MYRTES.

MYRTUS COMMUNIS (Linn.) Class. 12, Icosand. monogyn.

Μυῤῥίνη, Μυρσίνη, Μύρτος, Pherecr. *apud* Athen. VI, Plat. *de Rep. II;* Theoph. I, 5; Diosc. I, 155; Plut. *Polit. II*, 310; Gal. *de Fac simpl. med. VII*, 12.

Myrtus, Cat. 133; Col. XII, 38.

Mirsyn des Arabes.

FAMILLE DES ROSACÉES.

MALUS COMMUNIS (Linn.) Class. 12, Icos. monog.

Μηλέα, Homer. *Odyss.* Η, 115; Hesiod. *Oper. et Dies*, 145; Pausan. *in Attic.*

Malus, Virg.; Colum. *de Re rust. XII*, 44; Plin. XIII, 2, et XV, 14.

Le fruit, μῆλον de Pollux et de C. Bass. *Geopon. X;* Athen. *Deipnos. III*, 20. = *Malum*, Virg.

PYRUS COMMUNIS (Linn.) Class. 12, Icosand. monogyn.

Ἄπιος des Grecs. Diosc., Eustath., etc.

Pyrus, Varr. I, 40, etc.; Colum. *de Re rust. V*, 10; *id. de Arb.* 24.

Le fruit, ἄπιον, Athen. XIV, 63; Suidas.

Pyrum, Virg., Col., etc.

——— CYDONIA (Linn.) Class. 12, Icosand. monogyn.

חבות, *Cant. Cantic.* II, 3; V, 7 et 8.

Κυδώνιον μῆλον des Grecs. Athen. *Deipnos. III*, 21.

Malum canum, Virg. = *Malum cotoneum*, Col. V, 10; Plin. XXIII, 6.

——— SYLVESTRIS. (Duham.) Syst. sex. class. 12, Icosand. monogyn.

Ὄχνη et Ὄγχνη, Hom. *Odyss.* Η, 120. = Ἀχρὰς; Diosc. I, 168. = Ἄπιος ἀγρία, Eustath. *comm. in Hom.*

CYDONIA. Voyez PYRUS.

SORBUS DOMESTICA (Linn.) Class. 12, Icosand. monogyn.

Οἴη, Theoph. III, 12. D'autres l'appellent Οὖα, Ὄα, Ὄη.

Sorbus, Cat. *de Re rust.* c. 7; Plin. XV, 21.

Le fruit, οὖον de Diosc. I, 173; ailleurs Ὄον.

En latin, *sorbum*, Virg.; Col. V, 10; Pall. *Januar.* 15.

ROSA CENTIFOLIA (Linn.) Class. 12, Icosand. monogyn.

Ῥόδον, Anacr. *Od.* 43. = Βρόδον des Éoliens, etc.
Rosa des Latins. Apul. *Met. XI;* Aus. *Idyll. XIV.*

—— PUNICEA (Rœss.) Syst. sex. class. 12, Icosand. monogyn.

Voyez *Rosa centifolia* pour la synonymie.

FRAGARIA VESCA (Linn.) Class. 12, Icosand. polygyn.

Le fruit, φραγοῦλι, Myreps. = Κόμαρον, Planud. trad. d'Ovide.
Fragum, Virg.; Plin. XV, 23; Apul. *Met.*

RUBUS FRUTICOSUS (Linn.) Class. 12, Icosandrie monogyn.

Βάτος, Hom. *Odyss.* Ω, 229; Diosc. IV, 37; Plut. περὶ πολυφιλίας.
Rubus, Virg.; Pall. *Januar.* 34, etc.
Le fruit, βάτινον, Gal. *de alim. Facult. II*, 13. = Μόρον βατῶδες, Athen. II. = *Morum sanguineum*, Virg.

CERASUS VULGARIS (Mill.) Système sex. class. 12, Icosand. monogyn.

Κεράσος, Theoph. III, XIII; Athen. XXI.
Cerasus, Virg.; Plin. XV, 25; Pall. *Oct.* 12.
Le fruit, κεράσιον, Diosc. I, 137; Athen. *Deipnosoph. II*, 35; C. Bass. *Geopon.* = *Cerasum*, Pall. *Oct.* 12.

PRUNUS DOMESTICA (Linn.) Class. 12, Icosand. monogyn.

Προύνη, Theoph. I, 18; IX, 1. = Κοκκομηλέα, Diosc. I, 174. = Gal. *de simpl. Fac. VII*, 35. = Προύμνη de quelques auteurs.
Prunus, Virg.; Col. XII, 10, etc.; Pall. *Feb.* 25, etc.
Le fruit se nomme en grec κοκκύμηλον· en latin, *pyrum*, Virg.

——— INSITITIA (Linn.) Class. 12, Icosand. monog.

Ἀγριοκοκκυμηλέα, Theoph. IX, 1; Diosc. I, 138.
Spinus, Virg.; Pall. *Feb.* 25.

FAMILLE DES LÉGUMINEUSES.

ACACIA VERA (Wild.) Syst. sex. class. 17, Diadelph. décand.

Ἄκανθος, Theoph. IV, 3. = Ἀκακία, Ἄκανθα ἀραβική, Diosc. I, 133.

Acanthus semper frondens, Virg. = *Spina ægyptiaca*, Plin. XXIV, 12.

SPARTIUM JUNCEUM (Linn.) Class. 17, Diadelph. décand.

Σπάρτον, Hom. *Iliad.* B, 582; Thucyd.; Aët. I. = Σπάρτιον, Dioscor. IV, 158. = Σπάρτος, Paul. Ægin. V.

Genista (1) ou *Genesta*, Col. IV, 31; IX, 29; Plin. XIX, 2.

LUPINUS SATIVUS (Linn.) Class. 17, Diadelph. décand.

Θέρμος, Theoph. VIII, 7; Diosc. II, 32; Athen. *Deipnos. II*, 45. = Λυπηνάριον de Suidas.

Lupinus, Virg.; Col. II, 10, etc.; Plin. XVIII, 14.

MELILOTUS CÆRULEA (Linn.) Class. 17, Diadelphie décand.

Λωτὸς ἄγριος, Λίβυον, Diosc. IV, 112.

Lotus apibus grata, Virg.

——————— OFFICINALIS (Linn.) Class. 17, Diadelph. décand.

Λωτὸς ἥμερος τριφύλλος, Diosc. IV, 111.

Lotus pratensis. = *Kadhb* des Arabes?

MEDICAGO ARBOREA (Linn.) Class. 17, Diadelph. décand.

Κύτισος, Theocr. *Idyll. V*, 128; Diosc. IV, 113. = Κύτισος ἀρνόφυλλος, Hesych. *Lexicon*.

Cytisus, Virg.; Col. V, 12; VII, 6, etc.; Plin. XIII, 24.

——————— SATIVA (Linn.) Class. 17, Diadelph. décand.

(1) Il n'est pas démontré que le *σπάρτος* des Grecs soit la *genista* des Latins.

Μηδικὴ βοτάνη, Arist. *de Anim. VIII;* Diosc. II, 177.

Medica, Varr. I, 42; Col. II, 11; Plin. XVIII, 16.

PHASEOLUS VULGARIS (Linn.) Class. 17, Diadelphie décand.

Δόλιχον, Theoph. VIII, 3 = Φασίολος, Diosc. II, 130. = Φασήλος, Athen. *Deipnos. II*, 46.

Faselus, Virg.; Col. XI, 2. = *Faseolus*, Carol. magn. *Capit.* 70.

VICIA FABA (Linn.) Class. 17, Diadelph. décand.

Κύαμος, Plut. *Polit.* 2; Eustath. *in Hom.*

Faba, Cat. 35; Varr. I, 44; Col. II, 10; Plin. XVIII, 7 et 12. = *Fabulum?* A. Gell.

——— SATIVA (Linn.) Class. 17, Diadelph. décand.

Ἀφακὴ, Theoph. VIII, 8; Diosc. II, 178. = Ἀφακὴ et Βικίον, Gal. *de alim. Facult. lib. I, cap. penult.* = Ἀφάκον chez les Attiques.

Vicia de Virg. et des agronomes latins. = *Aphaca,* Plin. XXI, 17.

ERVUM LENS (Linn.) Class. 17, Diadelph. décand.

Φάκος et Φακὴ, Theoph. VII, 3; Diosc. II, 129; Athen. *Deipnos. IV*, 51.

Lens, Cat. 35; Virg.; Col. II, 10; Plin. XVIII, 7.

FABA. Voyez VICIA.

FAMILLE DES TÉRÉBINTHES.

AMYRIS OPOBALSAMUM (Linn.) Class. 8, Octand. monogyn.

Βάλσαμον, Theoph. IX, 6; Strab. *Geogr. XVI*, 1073; Diosc. I, 18; Gal. *de Antidot. I*, et *de simpl. Facult. VII*, 2.

Balsamum, Col. X, 301; Plin. XII, 25; Justin. XXXVI; Solin. *Polyhist.* 35. Il a, chez divers auteurs, les noms des provinces qui le fournissent; ainsi on l'appelle baume de Judée, d'Égypte, etc.

TEREBINTHUS VULGARIS (Clus.), PISTACIA TEREBINTHUS (Linn.) Class. 22, Diœc. pentand.

Τερέβινθος et Τέρμινθος, Theoph. *Hist. pl. III*, 15; Diosc. I, 91.

Terebinthus des auteurs latins.

Termentîn aghâdgi des Turcs.

Le fruit porte les mêmes noms, mais on le nomme pourtant plus souvent τέρμινθος.

JUGLANS REGIA (Linn.) Class. 20, Monœc. polyand.

Καρύα, Theoph. III, 15. = Καρύα βασιλική, Diosc. I, 178; Diocl. *apud Athenæum*, *II*, 42.

Juglans, Varr. I, 16; Colum. V, 10; Plin. XV, 22. = *Nux*, Virg.; Ovid.

FAMILLE DES NERPRUNS.

RHAMNUS LOTUS (Linn.) Class. 5, Pentandrie monogyn.

דודאים des Hébreux, suivant O. Celsius.

Λωτοφάγων δένδρον, Hom. *Odyss.* I, 84, 91; Herod. IV, 177; Theoph. IV, 4; Polyb. *apud* Athen. *Deipnos. XIV*, 65.

Lotophagorum arbor des Latins. = *Lotos impia*, Virg. = *Lotos*, *Lotos africana*, Plin. XIII, 17. = *Mella?* Isid. Hisp.

Arâk des Arabes.

——— PALIURUS (Linn.) Class. 5, Pentand. monogyn.

הרול, *Proverb. XXIV*, 31.

Παλίουρος, Theoph. III, 17; Diosc. I, 121.

Paliurus, Virg.; Col. VII, 9, 6; XI, 3, 4; Plin. XXIV, 13.

——— SPINA CHRISTI (Linn.) Class. 5, Pentand. monogyn.

Λωτὸς παλίουρος, Theoph. IV, 4. = Παλίουρος, Athen. *Deipnos. XIV*, 62.

Lotus paliurus. = *Paliurus cyrenaïcus*, Plin. XIII, 19.

Sidr des Arabes?

FAMILLE DES EUPHORBES.

BUXUS (1) SEMPERVIRENS (Linn.) Class. 20, Monœc. tétrand.

תאשור, Isaïe, XLI, 19.

Πύξος, Theoph. III, 15.

Buxus, Virg; Plin. XVI, 16, 30.

FAMILLE DES CUCURBITACÉES.

CUCUMIS SATIVUS (Linn.) Class. 21, Monœc. syngén.

Σίκυος ou Σίκυς ἥμερος, Theoph. VII, 4; Diosc. II, 163; Athen. III, 4.

Cucumis, Virg. Col. X, 234, 380; XI, 3; Pall. *Mart.* 9; etc.

CUCURBITA PEPO (Linn.) Class. 21, Monœc. syngén.

Κολοκυνθὶς, Hippocr.; Arist. *Problem. XX*, 14; Theoph. = Κολόκυνθα, Diosc. II, 162; IV, 178 (2). = Κολοκύντη, Epicharm. *apud* Athen. = Κολοκύνθη Theoph. VII, 4; Athen. *Deipnos. II*, 53.

Cucurbita, Virg. = *Colocynthis*, Plin. XX, 3.

FAMILLE DES URTICÉES.

MORUS NIGRA (Linn.) Class. 21, Monœc. tétrandr.

Μορέα et Συκαμινέα, Dioscor. I, 180.

Morus, Col. V, 10; X, 402; Pall. *Ins.* 127.

Le fruit συκάμινον et μόρον, Athen. *Deipnos. II*, 38. Dans quelques auteurs, μῶρον.

En latin, *morum; morum cruentum*, Virg.

FAMILLE DES AMENTACÉES.

ULMUS CAMPESTRIS (Linn.) Class. 5, Pent. digyn.

(1) Pline dit, peut-être d'après notre poëte, que le buis abondait sur les monts Cytores et Bérécynthe.

Poinsinet de Sivry assure que le mot BUIS, que nos pères écrivaient BOUYS, vient du celtique *bou*, bois, et *ys*, fer, bois de fer. Pline dit, livre cité, *in igni quoque duritia, quæ ferro.*

(2) La κολοκυνθὶς de Dioscoride est une κολοκύνθα sauvage. (*Cucumis prophetarum?*)

Πτελέα, Hom. *Iliad.* Φ, 350 et ailleurs; Hes. *Oper. et Dies*, 434; Theoph. III, 14; Diosc. I, 111.

Ulmus, Cat. 28, etc.; Col. V, 6; *id. de Arb.* 16; Plin. XVI, 17; Claudian. *Epithal.*

CELTIS AUSTRALIS (Linn.) Class. 5, Pentand. digyn.

Λωτός, Diosc. I, 134; Gal. *de Facult. simpl. VII*, 11; Serap.

Lotus italica, Plin. *Hist. nat. XIII*, 17. = *Lotus sive faba græca?* Plin. XVI, 31.

Perlaro des Italiens.

SALIX. (Linn.) Le genre Saule. Class. 22, Diœc. diand.

Ἰτέα, Hom. *Iliad.* Φ, 350; ἰτέα ὠλεσίκαρπα, *Odyss.* K, 510; Theoph. III, 13; Diosc. I, 115.

Salix des poëtes et des agronomes latins.

POPULUS ALBA (Linn.) Class. 22, Diœc. octandr.

Λεύκη, Theoph. III, 14; Diosc. I, 109.

Populus candida, Virg. — *alba*, Horat. *Carm. II*, 3; Plin. XXIV, 8.

——— NIGRA (Linn.) Class. 22, Diœc. octandr.

Ἀχερωΐς, Hom. *Iliad.* N, 389; Π, 482; Hesiod. *Scut. Herc.* 377; Theoph. III, 14; Diosc. I, 113.

Populus, Virg.?

ALNUS VIRIDIS. (Decand.) Syst. sex. class. 22, Diœc. octandr.

Κλήθρα, et Κλήθρη en ionien; Hom. *in Odyss.* E, 64. = Κλῆθρος; Theoph. III, 14.

Alnus des Latins.

BETULA. Voyez ALNUS.

PLATANUS ORIENTALIS (Linn.) Class. 21, Monœc. polyand.

Πλατάνιστος, Hom. *Iliad.* B, 310; Theoc. XVIII, 44. = Πλάτανος, Theoph. III, 7, etc.; Diosc. I, 107.

Platanus, Varr. I, 7; Plin. XXIV, 8; Claud. *Hymen. Honor.*; Pall. *de Ins.* 87.

FAGUS SYLVATICA (Linn.) Class. 21, Monœc. polyand.

Ὀξύα, Theoph. III, 10. = Φηγὸς, Diosc. I, 144.

Fagus, Virg.; Plin. XVI, 6; Pall. *Novemb.* 15.

QUERCUS. (Linn.) Class. 21, Monœc. polyandr.

Δρῦς (1) d'Homère, d'Hésiode, d'Aristophane, etc.

Quercus Lucret.; Virg.; Colum. *de Arb.* 17, 3; Pall. *Nov.* 16.

———— **ESCULUS** (Linn.) Class. 21, Monœc. polyand.

אלון, Isaïe, XLIV, 6.

Φηγὸς, Hom. *Iliad.* Π, 767, et Ε, 693, et ailleurs; Theoph. III, 9. = Le fruit se nomme aussi φηγός.

Esculus, Virg.; Plin. XXVI, 27; Pall. *Nov.* 15.

———— **ILEX** (Linn.) Class. 21, Monœc. polyand.

תרזה, Isaïe, XLIV, 14.

Πρῖνος, Hesiod. *Oper. et Dies*, 436; Theoph. III, 16; Diosc. IV, 143; Hesych.

Ilex, Virg.; Lucan., *Phars. III.* = *Ilex minor?* Col. IX, 2.

En terminant l'article des chênes, nous ferons observer que le mot grec βάλανος, et le mot latin *glans*, ne se rapportent pas toujours aux fruits des arbres du genre *Quercus*.

Βάλανοι, en grec, les fruits sauvages:

Βάλανοι fruits	δρύϊναι	des chênes.
	πρίνιναι	des chênes verds.
	φηγοῦ	des hêtres.
	σαρδιαναὶ	des châtaigniers.
	Διὸς	des noyers.
	φοινίκος	du dattier.

CASTANEA VULGARIS. (Decand.) Syst. sex. class. 21, Monœc. polyand.

תדהר, Isaïe, XLI, 19.

Καρύα κασταναϊκὴ des Grecs.

(1) Δρῦς, comme *robur*, paraît avoir été un terme générique, applicable à tous les arbres, même à la vigne, qu'un ancien poëte appelle δρῦς οἰνοχίτων.

Castanea, Virg.; Col. IV, 33; V, 10, 14; Plin. XV, 23; Pall. *Feb.* 25; *Nov.* 7, etc.

Le fruit, καστανεϊκὸν κάρυον, Theoph. III, 10. = Μότον, Διὸς βάλανος, λόπιμον, κάστανον, σαρδιανὴ βάλανος, Diosc. I, 146. = Λόπιμον κάρυον, Nic. = Ἄμωτον, Athen. II, 37. = Εὐβοϊκὸν κάρυον et καστανὸν, Mnesith. *apud* Athen. II, 37. = Σαρδινιαὶ βάλανοι, Diphil. *apud* Athen. II, 37.

Castanea nux, Virg.

CORYLUS AVELLANA (Linn.) Class. 21, Monœc. polyand.

Καρύα ποντικὴ des Grecs.

Corylus, Virg.

Le fruit, κάρυον ποντικὸν, ἡρακλειωτικὸν ou λεπτον, Dioscor. I, 179; Athen. *Deipnos. II*, 42.

Nuces avellanæ, Cat. 8; Plin. XXIII, 8, etc.

FAMILLE DES CONIFÈRES.

TAXUS BACCATA (Linn.) Class. 22, Monœc. monadelph.

Σμίλος, Theoph. III, 4; Nicand.; Plut. *Sympos.* 3. = Σμίλαξ et Θύμαλος, Diosc. IV, 80. = Τάξος, Gal.

Taxus, Virg. Lucan. *Phars. III;* Plin. XXIV, 13.

JUNIPERUS COMMUNIS (Linn.) Class. 22, Monœc. monadelph.

Ἄρκευθος, Theoph. III, 4; Diosc. I, 103.

Juniperus, Virg.

———— LYCIA (Linn.) Class. 22, Monœc. monadelph.

Λίβανος, Theoph. IX, 4; Diosc. I, 81.

Thurea virga, Virg. = *Thurea*, Col. III, 8. = *Arbor thurifera*, Plin. XII, 14.

L'encens (1) porte en grec le même nom que l'arbre qui le produit.

(1) Il a été qualifié d'arabique et d'indien, suivant qu'il paraissait venir

En latin il se nomme *thus*, Virg.

——— SABINA (Linn.) Class. 22, Monœc. monadelph.

Βράθυ, Βράθυς, Βάραθρον, Diosc. I, 104; Apul., *in libro de Nomin. et Virtut. herb.* = Quelques auteurs grecs la nomment Βόραθρον.

Sabina et *Savina* des Latins. Cat. 70; Virg.; Plin. XXIV, 11. = *Savina*, C. magn. *Capitul.*

CUPRESSUS SEMPERVIRENS (Linn.) Class. 20, Monœc. monadelph.

Κυπάρισσος, Hom. *Odyss.* E, 64; Theoph. IV, 6; Diosc. I, 102.

Cupressus, Cat. 28; Plin. XVI, 33; Veg. I, 26.

PINUS CEDRUS (Linn.) Class. 20, Monœc. monadelph.

ארז, *Paralip. II*, 18.

Κέδρος (1), Theoph. V, 8; Diosc. I, 105.

Cedrus, Virg.; Col. IX, 4; Plin. XIII, 5; Pall. *Nov.* 15.

* ——— MARITIMA. (Decand.) Syst. sex. class. 20, Monœc. monadelph.

Πεύκη, Hesiod. *Scut. Herc.* 377. = Πεύκη ἀγρία, *spec. dicta* παραλία, Theoph. III, 10 : sous le simple nom de Πεύκη ἀγρία on peut entendre plusieurs espéces de *Pinus* des botanistes modernes.

Picea, Virg.; Plin. XVI, 10, etc. etc.

——— MUGHO (Linn.) Class. 20, Monœc. monadelph.

Tæda (2) de Pline, XVI, 10.

——— PICEA (Linn.) Class. 20, Monœc. monadelph.

de l'une ou l'autre de ces contrées; il était aussi désigné par les épithètes d'ἄτομος, ἀμωμίτης et σροΐας, suivant la grosseur ou la forme de ses larmes.

(1) On donnait aussi le nom de κέδρος et de *cedrus* à diverses espéces de *Juniperus*, et notamment au *Juniperus Lycia*; il serait possible que ce fût de cette espéce dont il est question dans ce vers :

Disce et odoratam stabulis adscendere cedrum.

Georg. III, 414.

(2) Les Grecs (Théophr. et Dioscor.) ne connaissaient la *tæda* que comme une maladie des pins qui, accumulant la résine dans certaines parties, les rendait propres à servir de torches. Voyez notre article Tæda.

Ἐλάτη, Hom. *Iliad.* Ξ, 287; Hesiod. *Oper. et Dies*, 509; *Scut. Herc.* 188; Theoph. III, 10. = Ἐλάτη ὀρεινὸς, *id.* III, 4.

Abies, Virg.; Plin. XVI, 10. = *Abies gallica*, Pall. *Nov.* 15.

—— PINEA (Linn.) Class. 20, Monœc. monadelph.

Πεύκη ἥμερος, Theoph. III, 10; Arist. *de Anim.* V, 19, etc. = Πίτυς, Theocr. *Idyll. I*, 1.

Les Grecs nommaient le fruit στρόβιλος, Gal. *de aliment. Facult. II*, etc. = Πιτύϊνον κάρυον, Diocl. Caryst. *apud* Athen. *Deipnos. II*, 49. = Κῶνος, Athen. *ibid.* etc.

Pinus uberrima, Virg. = *Pinus*, Plin. XVI, 10.

—— SYLVESTRIS (Linn.) Class. 20, Monœc. monadelph.

Πίτυς ἀγρία, Theoph. III, 10. = Πίτυς et Πίττα, Plut. *Sympos. V*, *Probl.* 3.

Pinaster. Cat. 48; Col. V, 10, 14; Plin. XVI, 10; Pall. *Feb.* 25.

ABIES. Voyez PINUS PICEA.

LISTE

DES AUTEURS CITÉS,

INDIQUANT

LES ÉDITIONS DE LEURS OUVRAGES

DONT ON S'EST SERVI,

AVEC LE RENVOI AUX PAGES DE CETTE FLORE

OÙ ILS SE TROUVENT MENTIONNÉS.

ABDOLLATIPHI *Historiæ Ægypti compendium. Oxonii*, 1800, in-4°. Pages 25, 82, 94.

ABOU HANIF ED-DAYNOURI, *apud Casiri, biblioth. Escur.* P. 86.

ÆGINETÆ (*Pauli*) *opera medica. Venetiis*, 1528, in-fol. P. 95.

AETII *Operis medici libri XVI. Venetiis*, 1534, in-fol. P. 65.

AGATHOCLES *apud Athenæum, Deipnos. lib. XV.* Voyez ATHENÆUS. P. 125.

ALBERTI (*Pauli Martini*) *Porta linguæ sanctæ. Budinæ*, 1704, in-4°. P. 60.

ALLIONI *Flora pedemontana. Taurini*, 1785, in-8°. P. 42, 148.

ALPINUS (*Prosper*), *de Plantis Ægypti. Venetiis*, 1592, in-4°. P. 91, 93.

AMOUREUX. Sur le Cytise des Anciens. P. 46.

AMYOT (Jacques). Les OEuvres de Plutarque (traduction). Paris. 1783 à 1787, in-8°. P. 171.

ANACREONTICA, *græce* (*edent. Rothe*). *Oxonii*, 1809, in-8°. P. 174.

ANGUILLARE (*Luigi*) *Semplice. Vinegia*, 1561, in-8°. P. 40, 65, 154.

ANTIPHANES *apud Athenæum*. P. 11, 52.

APULEII (*Lucii*) *opera* (*edent. J. Florido*). Paris, 1688, in-4°. P. 158.

ARISTÆNETI *Epistolæ* (*edit. Abresch*). *Zwollæ*, 1749, in-8°. P. 45.

ARISTOPHANIS *Comediæ* (*edid. Kusterus*). *Amstelodami*, 1710, in-fol. P. 199.

ARISTOTELES, *de Animalibus. Parisiis*, 1619, in-fol. P. 204, 220.

ATHENÆI NAUCRATITÆ *Deipnosophistarum libri XV* (*edit. J. Schweighauser*). *Argentorati*, 1804, in-8°. P. 83, 91, 93, 158, etc.

AVICENNÆ *opera. Romæ*, 1593, in-fol. P. 25, 86, 94.

BARTHOLDI. Voyage en Grèce. P. 133.

BAUHINI (*Caspar.*) Πίναξ *theatri botanici. Basileæ*, 1671, in-4°. P. 14, 16, 17, 28, 33, 51, 63, 124, 144, 164.

BAUHINI (*Joann.*) *Universalis plantarum historia. Eberodun.* 1650, in-fol. P. 17.

BECANI (*Goropii*) *opera omnia. Antuerpiæ*, 1580, in-fol. P. 103.

BECKMANNI (*Jos.*) *de Historia naturæ Veterum libellus. Petropoli*, 1766, in-12. P. 150, 151.

BÉLON (Pierre). Les Observations de plusieurs singularités, trouvées en Grèce, Asie, Judée, Égypte, Arabie. Paris, 1554, in-4°. P. 54, 94.

BOCHARTI (*Samuelis*) *Hierozoïcon*. 1675, in-fol. P. 17.

BODÆI A STAPEL (*J.*) *Commentarii in historiam plantarum Theophrasti. Amstelodami*, 1644, in-fol. P. 15, 18, 75, 77, 84, 89, 96, 102, 125, 128, 135, 151, 158, 175.

BRUCE'S (*James*) *Travels to discover the source of the Nile. Edimburgh*, 1790, in-4°. P. 82, 114.

BRUCKMANN (François-Ernest). Traité de la Truffe. Helmstadt, 1720, in-8°. P. 82.

BULLET (J.-B.). Mémoires sur la langue celtique. Besançon, 1754, in-fol. P. 18, 133.

CÆSALPINUS (*Andræas*), *de Plantis. Florentiæ*, 1583, in-4°. P. 16, 153.

CÆSARIS (*Caii Julii*), *de Bello gallico libri VI. Curante* Lemaire. Paris, 1819, in-8°. P. 159.

CALLIMACHI *Hymni* (édit. Dacier). Paris, 1675, in-4°. P. 199.

CASTOR, *apud Plinium, lib. XIX, cap.* 8. P. 146.

CATO (*Marcus Porcius*), *de Re rustica. Lipsiæ*, 1735, in-4°. P. 140, etc.

CATROU. Traduction de Virgile, en prose poétique avec des notes. Paris, 1729, in-12. P. 19.

CATULLUS, TIBULLUS, PROPERTIUS, *ex recens. J. G. Gravii, c. n. var. Trajecti ad Rhen.* 1680, in-8°. P. 26.

CAVANILLES (Ant. Jos.). *Monadelphiæ classis dissertationes. Matriti*, 1790, in-4°. P. 66.

CELSII (*Olai*) *Hierobotanicon. Upsaliæ*, 1745, in-8°. P. 82, 134.

Chardin (Jean). Voyages en Perse, etc. Amsterdam, 1711, in-12. P. 68.

Ciceronis (*Marc. Tull.*) *opera omnia.* Paris, 1817, in-8°. P. 107, 148.

Clusii *rariorum plantarum Historia.* Anvers, 1601, in-fol. P. 94.

Columellæ (*Lucii Junii Moderati*) *de Re rustica libri XII* (*edit. Gesneri*). *Lipsiæ*, 1735, in-4°. P. 46, 50, 80, 89, 94, 107, 120, 124, 129, 134, 135, 139, 150, 164, etc.

Comelyni (*Caroli*) *Hortus Amelstodami. Amelstodami*, 1697, in-fol. P. 95.

Constantini (*Rob.*) *Commentarii in historiam plantarum Theophrasti. Amelstodami*, 1644, in-fol. P. 85, 87.

Cordi (*Euricii*) *Botanologicon. Coloniæ*, 1534. P. 16.

Crantz (*H. Jos. Nepom.*). *Institutiones rei herbariæ.* 1766, in-8°. P. 64.

Daléchamp. Histoire générale des plantes. Lyon, 1653, in-fol. P. 65, 95, 135.

D'Avity. Description de l'Afrique. Paris, 1750, in-8°. P. 84.

Decandolle et Encontre. Mémoire sur l'aconit des Anciens. Annales chimiques de Montpellier, 2e série, vol. II. P. 211.

Delile. *Floræ ægyptiacæ illustratio.* Dans le grand ouvrage d'Égypte. P. 117.

Demosthenis *opera. Francofurti*, 1604, in-fol. P. 202.

Desfontaines. Histoire des arbres et arbrisseaux. Paris, 1809, in-8°. P. 19, etc.

Dictionnaire des Sciences médicales, volumes 37 et 47. Paris, 1812 à 1822, in-8°. P. 65, 161.

Dictionnaire universel de Trévoux. Paris, 1732, in-fol. P. 35.

Dictionnaire des Sciences naturelles (édit. Levrault), tom. 20. P. 107.

Diocles *apud Athenæum, lib. II, cap.* 49. P. 219.

Dionysius Periegetes, *de Situ orbis.* Saumur, 1676, in-8°. P. 131.

Dioscoridis (*Pedacii*) *Anazarbæi, de Materia medica, libri VII. Lugduni*, 1598 (*curante Saraceno*). P. 17, 21, 24, 25, 29, 33, 36, 38, 49, 50, 54, 62, 64, 65, 72, 76, 77, 78, 88, 93, 95, 96, 108, 112, 113, 114, 125, 128, 134, 141, 147, 150, 154, 168, etc.

Diphyllus *apud Athen. lib. II, cap.* 43. P. 223.

Dodonæi (*Recuberti*) *Stirpium historiæ Pemptades sex. Antuerpiæ*, 1563. P. 101.

Duhamel (Henri-Louis). Traité des arbres et arbustes. Paris, 1755, in-4°. P. 59.

DUPINET DE NOROY (Antoine). L'Histoire du monde de Pline. Paris, 1608, in-fol. P. 87.

DUREAU DE LA MALLE. Mémoire sur les Frênes connus des Anciens; Annales du Muséum, T. IV. Paris, 1804. P. 58.

EBN ALWAM *apud Casiri* (*Bibliotheca arabica-hispanica*). *Madriti*, 1760, in-fol. P. 86.

ENCONTRE et DECANDOLLE. Mémoire sur l'Aconit des Anciens, dans les Annales cliniques de Montpellier, 2e série, vol. II. P. 211.

EUSTATHI, *archiep. Thessalon.*, *Commentar. in Homeri Iliadem et Odysseam. Romæ*, 1542 à 1550, in-fol. P. 83.

FAVORINUS, cité par Pline, *lib. XXIV, cap.* 9. P. 112.

FÉE (A.-L.-A.). Éloge de Pline le naturaliste, avec un catalogue des plantes d'Homère. Paris, 1822, in-8°. P. 139.

FORSKAHL. *Flora ægyptiaco-arabica* (edit. Niébuhr). 1775, in-4°. P. 70, 86, 117.

FUCHSII (*Leonharti*) *de Historia stirpium, etc. Basileæ*, 1542, in-fol. P. 145.

GÆRTNER (J.) *De fructibus et seminibus plantarum. Stutgardiæ*, 1788, in-4°. P. 16.

GALENI *opera omnia. Parisiis*, 1679, in-fol. P. 25, 76, 91, 95, 134, 172, etc. etc.

GALLESIO. Traité du *Citrus*. Paris, 1811, in-8°. P. 103.

GARCIN DE TASSY. Les Oiseaux et les Fleurs. Paris, 1822, in-8°. P. 117.

GARDIN DUMESNIL. Synonymes latins. Paris, 1788, in-8°. P. 140.

GELLII (*Auli*) *opera* (edit. Proust). *Parisiis*, 1680, in-4°. P. 218.

Genesis, hebraïce. Florentiæ, 1754, in-4°. P. 165.

Geoponicorum sive de Re rustica, lib. XX, gr. lat. (edit. Needham). Cantab. 1704, in-8°. P. 97.

GESNERI (*Conradi*) *Historia Plantarum. Parisiis*, 1541, in-fol. P. 16.

GOLII (*Jacobi*) *Lexicon arabico-latinum. Lugduni-Batavorum*, 1653. in-fol. P. 17, 25, 35, 68, 93.

GOUAN. *Flora Monspeliaca. Lugduni*, 1765. P. 129.

GUERRIER DE DUMAST (A. P. F.). La Maçonnerie, poëme, avec des notes. Paris, 1820, in 8°. P. 117, 179.

HALLER (*Alberti van*) *Historia stirpium indigenarum Helvetiæ. Bernæ*, 1768, in-fol. P. 65.

HARDUINI (*Johannis*) *Interpretatio et Notæ in Historiam naturalem C. Plinii, ad usum Delphini. Parisiis*, 1723, in-fol. P. 29.

HASSELQUITZII (*Frederici*) *Iter Palestinum* (*edidit C. Linnæus*). *Stockholmiæ*, 1557, in-8°. P. 86.

HERODOTI *Historiarum libri IX* (*edit. Reizii*). *Oxonii*, 1808, in-8°. 48, 83, 91, 92.

HESIODI (*Ascræi*) *opera* (*edit. Gævii*). *Amstelodami*, 1767. P. 195, etc.

HESYCHII *Dictionarium. Venetiis*, 1514, in-fol. P. 27.

HIPPOCRATIS *opera omnia. Venetiis*, 1526, in-fol. P. 47, etc.

HOMERI *Ilias et Odyssæa; accedunt Batrochomyomachia, Hymni*, etc. (*edit. Barnes*). *Cantabrigiæ*, 1711. P. 54, 81, 94, 172, etc.

HORATII FLACCI *opera omnia* (*curante Sanadon*). *Parisiis*, 1756, in-18 P. 20, 51.

HUERN (Just). Relation d'un voyage à Java, insérée dans les Commentaires de B. de Stapel sur Théophraste. P. 92.

HIERONYMI (*S. Eusebii*) *opera. Parisiis*, 1693, 1706, in-fol. P. 172.

JOSEPHI (*Flavii*) *Antiquitates judaïcæ. Basileæ*, 1544, in-fol. P. 106.

Journal de Physique, tom. XXXIII. M. Desfontaines, sur le Lotos des Lotophages. P. 84.

JUSTINI *Historiæ* (edit. Cantet). *Parisiis*, 1677, in-4°.

JUVENALIS (*Decii Junii*) *Satyræ* (*edit. Juvencii*). *Parisiis*, 1715, in-12. P. 105.

KOELER. *Descriptio graminum in Gallia et Germania nascentium. Francfurti ad Mænium*, 1802, in-8°. P. 54.

KOENIG (*Emmanuelis*) *Regnum vegetabile. Basileæ*, 1696, in-4°. P. 48.

LA CERDA (J. Lud. de). *Explic. et Not. in Virgilium. Lugduni*, 1612, in-fol. P. 67, 68, 153.

LAMARCK et DECANDOLLE. Flore française. Paris, 1805, in-8°. P. 26, 148, etc. etc.

LAMARCK. Flore française. Paris, 1778, in-8°. P. 123, etc.

LAMARCK. Encyclopédie méthodique. Botanique. Paris, 1783 et suiv., in-4°. P. 124, 166.

LAMOUROUX. Essai sur les Thalassiophytes, etc., 1813, in-8°. P. 60.

LAPEYROUSE (Jean Franç.). Voyage autour du monde. Paris, 1797, in-4°. P. 60.

LÉBID. Sa *Moallaka*, dans le Calila et Dimna de M. de Sacy. Paris, 1820, in-4°. P. 19.

LENÆUS, cité par Pline, liv. XXIV, c. 9. P. 112.
LINNÉ (*Caroli a*) *Genera plantarum, editio octava. Curante Schreber. Francofurti ad Mœnum*, 1789, in-8°. P. 34, 67, 76, 87, 88, 164, 165, etc., etc.
LOBELII (*Matthiæ*) *Plantarum seu stirpium Icones. Antuerpiæ*, 1581, 1591, in-4°. P. 36, etc.
LOISELEUR-DESLONGSCHAMPS (J. L. A.). *Flora gallica*. Paris, 1806 et 1807, in-8°. P. 65.
LUCANI (*M. Annæi*) *Pharsalia, cum comm. Burmanni. Lugd. Batav.*, 1740, in-4°. P. 169.
LUCRETIUS CARUS (*T.*). *De Rerum natura. Lutetiæ Parisiorum*, 1680, in-4°. P. 194.

MACROBII (*Aurelii*) *opera. Lugd. Bat.*, 1670, in-8°. P. 212.
MAILLET. Description de l'Égypte. Paris, 1735, in-4°. P. 70.
MAIMONIDES (*R. Moses*). *in Talmud. Oxoniæ*, 1654, in-4°. P. 94.
MALLET (P. H.). Introduction à l'Histoire de Danemarck. Copenhague, 1755, 1756, in-4°. P. 182.
MALLET. Edda. Genève, 1787, in-12. P. 179.
MARTIALIS (*Valerii*) *Epigrammata. Londini*, 1654, in-8°. P. 56, etc.
MARTYN (J.). *The Georgicks of Virgil, with notes*, etc. *London*, 1741, in-4°. P. 11, 21, 31, 33, 46, 51, 67, 77, 85, 123, 135, 141, 164, 174.
MATTHIOLI (*Petri Andreæ*) *Commentarii in libros de materia medica Dioscoridis. Venetiis*, 1554, in-fol. P. 15, 28, 89, 96, 138, 169.
Mémoires de la Société linnéenne, Ire année. Paris, 1822, in-8°. P. 170.
MICHAUX, dans l'Encycl. méthod. (Botaniq. Supplém.). P. 166.
MILLER'S (*Philipus*) *Gardener's Dictionary, seventh edition. London*, 1807, in-fol. P. 18, etc.
MOENCH (*Conradi*) *Methodus plantas horti botanici et agri Marburgensis describendi. Marburgi*, 1794, in-8°. P. 29, 52.
MNESITHEUS, *apud Athen. II*, 43. P. 222.
MOSCHI *Idyllia. Lutetiæ*, 1556, in-4°. P. 219.
MUHAMMEDIS, *filii Abdallæ Alcoranus* (*ed. Hinckelmanno*). *Hamburgi*, 1694, in-4°. P. 77.

NICANDRI *Theriaca et Alexipharmaca. Florentiæ*, 1764, in-8°. P. 91, 112, etc.
NIÉBUHR. Voyage en Arabie, 1779, in-4°. P. 114.
NOËL. Dictionnaire français-latin. Paris, in-4°. P. 37, 142.

Olivier. Voyage dans l'empire ottoman, l'Égypte et la Perse. Paris, an IX, in-4°. P. 121.

Ovidii (*Publ. Nasonis*) *opera omnia, edent.* Lemaire. Paris, 1820, in-8°, P. 50, 69, 90, 129, 130, 141, 142, 172, etc.

Palladii Rutilii, *de Re rustica libri XIV. Lipsiæ*, 1735, in-4°. P. 80, 94, etc.

Passeratii *Poemata. Parisiis*, 1797, in-4°. P. 77.

Paulin de Saint-Barthélemy (le P.). *Vyacârana, seu grammatica samscrdamica locupletissima. Romæ*, 1804, in 4°. P. 162.

Pausanias. *Descriptio Græciæ. Lipsiæ*, 1818, in-18. P. 57, 65.

Paw. Recherches sur les Égyptiens et les Chinois. Berlin, 1673, in-12. P. 90.

Percy. Preuves de l'innocuité des bayes d'if, etc. mémoire inséré dans le journal de Médecine, Chirurgie et Pharmacie de Montpellier, année 1790, vol. 83, p. 226. P. 160.

Persoon (C. H.). *Synopsis plantarum.* Paris, 1805, in-18. P. 48.

Pherecrates *apud Athen.* P. 214.

Philostratis *opera. Lipsiæ*, 1709, in-fol. P. 19.

Planche. Dictionnaire grec-français, Paris, in-4°. P. 16, 80.

Plinii Coecilii Secundi (*C.*) *Epistolarum libri decem, et Panegyricus, ex edition Godorfr. Henr. Schæfferiana, quibus addidit notas* N. E. Lemaire. *Parisiis*, 1822, in-8°. P. 10.

Plinii Secundi (*C.*) *Historiæ naturalis libri XXXVII* (*cur. Harduin.*). *Parisiis*, 1723, in-fol. P. 10, 14, 18, 19, 21, 25, 33, 37, 47, 50, 51, 53, 55, 57, 60, 62, 71, 72, 75, 76, 77, 78, 80, 85, 86, 87, 93, 97, 105, 106, 107, 108, 112, 114, 119, 121, 123, 125, 128, 131, 134, 145, 144, 146, 147, 148, 149, 150, 153, 154, 156, 157, 158, 159, 162, 164, 168, 170, 172, 176, etc., etc.

Plukenetii (*Leonardi*) *opera omnia Botanicæ. Londini*, 1720, in-fol. P. 16, 95.

Plutarchi *opera, græce et latine. Parisiis*, 1624, in-fol. P. 171, etc.

Poiret (l'abbé). Voyage en Barbarie. Paris, 1789, in-8°. P. 84.

Pollucis (*Julii*) *Onomasticon. Amsteldami*, in-fol. P. 215.

Polybii *Historiarum libri V, gr. et lat.* (*edit. Gronovii*). *Lipsiæ*, 1763 et 1764, in-8°. P. 83.

Porphyrius *apud Eusebium* (*præparat. evangel. lib. III*). P. 129.

Raii (*Johannis*) *Historia plantarum. Londini*, 1686, 1688, 1704, in-fol. P. 17, 30.

Riccii (*Aug. Mar*) *Dissertationes homericæ. Florentiæ*, 1740, in-4°. P. 82.

RHASIS *opera omnia medica. Venetiis*, 1506, in-fol. P. 86, 94.

ROESSIG. Histoire naturelle des Roses. Leipsig, 1802 et suiv., in-4°. P. 144.

ROQUES. Phytographie médicale. Paris, 1821, in-4°. P. 117.

RUÆI (*Carl.*), *in edit. Virgilii, commentarii. Parisiis*, 1682, in-4°. P. 21, 135.

SALLUSTII (*Caii Crispi*) *opera omnia* (*curante Burnouf*), *edit.* Lemaire. Paris, 1821, in-8°. P. 65.

SALMASII (*Claudii*) *Plinianæ exercitationes*, etc. *Trajecti ad Rhen.* 1689, in-fol. P. 67, 102.

SAVIGNI. Annales du Muséum d'Histoire naturelle. T. Ier. Paris, 1802, in-4°. P. 93.

SCALIGERI (Jul. Cæs.) *Commentarii in Theophrasti historiam plantarum. Amstelodami*, 1644, in-fol. P. 16.

Scholæ Salernitanæ opusculum, etc. *Parisiis*, 1545, in-12, 72.

SCOPOLI (*Joannis Antonii*) *Flora carniolica. Viennæ* 1760, in-8°. P. 88.

SCRIBONII LARGI *Opera* (*edit. J. Rhodii*). P. 197.

SENECÆ (*Luc. Ann.*) *Epistolarum libri XXV. Romæ*, 1475, in-4°. P. 85.

SERAPIONIS (*Johannis*), *de simplicium medicamentorum Historia, lib. VII. Venetiis* 1552, in-fol. P. 88.

SERVII (*Honorati*) *Commentarii in Bucolica, Georgica et Æneidem Virgilii. Venetiis*, 1471, in-fol. P. 21, 129, 135, 139.

SHAW'S (Thomas) *Travels in several parts of Barbary*, etc. Oxford, 1738, in-fol. P. 82, 84.

SIBTORPII *Flora græca. Londini*, 1807, in-fol. P. 67.

SOLINI (*Caii Julii*) *Polyhistor. Parisiis*, 1472, in-4°. P. 65.

SPRENGEL (*Curtii*) *Historia rei herbariæ. Amstelodami*, 1897, in-8°. P. 11, 12, 16, 22, 24, 25, 29, 31, 38, 40, 46, 55, 64, 65, 67, 78, 87, 91, 95, 117, 119, 123, 148, 154.

SPRENGEL (*Curtii*) *Antiquitatum botanicarum specimen primum. Leipsiæ* 1798, in-4°. P. 82, 84, 90, 94, 176.

STEPHANI (*Henrici*) *Thesaurus linguæ græcæ. Parisiis*, 1571, in-fol. P. 168.

STEPHANI (*Roberti*) *Thesaurus linguæ latinæ. Lugduni*, 1573, in-fol. P. 133.

STRABONIS *Rerum geographicarum libri XVII, gr. et lat. Oxonii*, 1807, in-fol. P. 91, 168, etc.

SUIDÆ *opera* (*edit. Rusteri*). *Cantabrigiæ*, 105, in-fol. P. 213.

THÉIS (A. de). Glossaire de Botanique. Paris, 1810, in-8°. P. 26, 35, 43, 58, 70, 139, 155.

THEOCRITI SYRACUSII *quæ supersunt* (*edit. Warton*). *Oxonii*, 1770, P. 135.

THEOPHRASTI *de Historia plantarum, libri IX. Theodoro Gaza interprete. Amstelodami*, 1644, in-fol. P. 14, 18, 22, 25, 32, 38, 47, 62, 75, 76, 82, 84, 85, 86, 90, 92, 96, 106, 108, 112, 114, 125, 128, 134, 157, 158, 161, 168, 171, etc., etc.

THUCYDIDES, *de bello Peloponensi. Amstelodami*, 1731, in-fol. P. 217.

TIBULLI *carmina* (*edit. Wunderlich*). *Lipsiæ* 1816, in-8°. P. 141.

TOURNEFORT (J. P.). *Institutiones rei herbariæ. Parisiis*, 1700, in-4°. — Relation d'un Voyage au Levant. Paris, 1717, in-4°. P. 16, 28, 33, 56.

VAILLANT (*Sebastiani*) *Prodromus botanici parisiensis. Lugd. Batav.* 1723. — *Botanicon parisiense, ibid.* 1726, in-fol.

VALERII FLACCI *Argonauticon libri VIII* (*edit. Burmanni*). *Leidæ*, 1724. P. 169.

VARRONIS (*M. T.*) *de Re rustica libri tres. Leipsiæ*, 1735, in-4°. P. 27, 123.

VÉNÉRONI. Dictionnaire italien-français, et français-italien. Paris, 1749, in-4°. P. 87.

VILLARS. Histoire des plantes du Dauphiné. Grenoble 1786, 1789, in-4°. P. 14.

VILLOISON (d'Ansse de). *Anecdota græca*, etc. *Venetiis*, 1781, in-4°. P. 127.

VITRUVII *de Architectura libri X. Amstelodami*, 1649, in-fol. P. 31, 172.

WHITELAW AINSLIE. *Materia medica. Madras*, 1813, in-4°. P. 48.

WILDENOW. *Species plantarum. Berolini*, 1797, in-8°. P. 12.

XENOPHONTIS *opera. Parisiis*, 2625, in-fol. P. 199.

ZONARAS, *in Historia Byzantina. Parisiis*, 1468, in-fol. P. 58.

LISTE

DES MOTS HÉBREUX

EMPLOYÉS DANS LA FLORE DE VIRGILE.

אחו 172
ארז 35, 222
אלה 161
אלון 161, 222
בוץ 213
בצל 198
בשם 25
בשתה 214
גד 209
דודאים 82, 219
דרדר 165
הבן 48, 205
הרול 219
הרן 202
זית 202
חלבנה 60
חטה 166, 195
ירק 114
כסמת 196
לבונה 161
נרד 148
לבנה (*lebonah*) 162
לבנה (*libenèh*) 131
מייש 82
עדש 78, 219
קדה 200
קציעות 200
שושנה 97
תאשור 219
תפוח 215
תדהר 222
תרזה 222
חציר 198

LISTE

DES MOTS ARABES

EMPLOYÉS DANS LA FLORE DE VIRGILE.

أبنوس . . . . 48.
اراك . . . . 83.
اس . . . . 115.
اسقيل . . . . 152.
اصطرك . . . . 156.
اصفر . . . . 42.
بربر . . . . 85.
بشام . . . . 25.
بشم . . . . 25.
بشنين . . . . 92.
بلسان . . . . 25.
بيمروم . . . . 93.
ترموس . . . . 91.
حماما . . . . 16, 17.
حمّ . . . . 17.
رأس النيل . . . . 93.
زفنزوف . . . . 85.
سدر . . . . 86.
صفراء . . . . 42.
طرمننين اغاجي . (turc.) . . . 161.
طور . . . . 162.
عرائس النيل . . . . 93.
عرق . . . . 211.
عنّاب . . . . 83.
قدر . . . . 35.
قرن . . . . 41.
قضب . . . . 95.
قطّن . . . . 19, 105.
قلقس . . . . 94.
لاله . (persan.) . . . . 78.
لينوفر . . . . 93.
مرسين . . . . 115.
ملك . . . . 108.
نبق . . . . 86.
نرجس . . . . 117.
نرجيس . . . . 117.
نرگس . (persan.) . . . . . . 117.
هندب . . . . 71.
هندبة . . . . 71.
ورد . . . . 143.
ورق . . . . 114.
ياقوت . . . . 173.

LISTE

DES NOMS GRECS DE PLANTES

EMPLOYÉS DANS LA FLORE DE VIRGILE.

Ἀγριάμπελος...... pag. 74, 212
Ἀγρικοκκυμηλέα........... 216
Ἀγριελαία........... 121, 200
Ἄγρωστις ποτάμιος..... 169, 172
Αἴγειρος............ 132, 221
Αἶρα.............. 80, 196
Ἀκακία.............. 11, 216
Ἄκανθα ἀραβική........ 11, 216
Ἄκανθος............. 10, 201
Ἄκνηστος............... 200
Ἀκόνιτον............ 12, 210
Ἀκόνιτον κυνοκοκτόνον....... 210
Ἀκόνιτον λυκοκτόνον........ 210
Ἄκυλα.................. 139
Ἀλθαία.............. 66, 213
Ἀμάρακος............ 185, 203
Ἀμάραντος................ 14
Ἄμπελος............ 180, 213
Ἄμωμον............. 16, 199
Ἄμωτα.................. 222
Ἀναῤῥίνον.... 204
Ἄνηθον.............. 17, 209
Ἀντίῤῥινον........... 63, 204
Ἀντίῤῥινον ἀσαρῶδες........ 63
Ἀπαρίνη............. 75, 208
Ἄπιον....... 43, 134, 182, 215
Ἄπιος............. 136, 215
Ἄπιος ἀγρία............. 215
Ἄρκευθος........ pag. 73, 223
Ἄρον.................... 203
Ἄρον κυρηναϊκὸν........... 195
Ἀστὴρ ἀττικὸς.......... 15, 207
Ἀφακή............. 176, 218
Ἀφακός.................. 176
Ἀχερωΐς............ 132, 221
Ἀχρὰς................... 215
Βάκκαρις et Βάκχαρις..... 23, 204
Βάλανοι δρυΐναι, 61; πρίνιναι, φηγοῦ, σαρδιαναὶ, Δίος, φοινίκος................. 222
Βάλσαμον............. 25, 218
Βατίον et Βάτινον...... 110, 216
Βάτος.......... 110, 145, 216
Βατράχιον χνοωδέστερον... 64, 210
Βίκιον................. 218
Βλῆχνον................. 194
Βλῆχον.................. 194
Βλῆχρον................. 194
Βόραθρον et Βάραθρον....... 224
Βότρυς.................. 213
Βουβώνιον............... 207
Βούμαστος............ 27, 213
Βουμελία................ 123
Βούφθαλμον........... 27, 207
Βράθυς............. 147, 224
Βρόθον................. 215

Βρόμος et Βρῶμος.. pag. 22, 196
Βρύον 111
Γαλβάνη 60, 209
Δάφνη 76, 201
Δίκταμος et Δίκταμνος.... 46, 203
Διόσπυρος 89
Δόλιχον 217
Δόναξ 21, 196
Δρῦς 137, 221
Ἔβελος et Ἔβενος 48, 205
Ἐβίσκος 213
Ἐλαία 120, 122, 202
Ἐλαιάγριον 121
Ἐλαία προμηκέστερα 139
Ἐλαίος 121, 200
Ἐλάτη 9, 225
Ἐλάτη ὀρεινός 225
Ἐλένιον 72, 207
Ἐλειοσελίνον 18, 209
Ἐλικὴ 153
Ἐλλέβορος 49, 210
Ἐρείκη 205
Ἐριοφόρου δένδρον 18, 213
Ἐρπάκανθος 201
Ἕρπυλλος et Ἕρπυλος.... 152, 203
Ἑσπερίδων μῆλον 212
Εὐβοϊκὸν κάρυον 223
Εὔζωμον 50, 211
Ζέα et Ζεία 54, 196
Ζιζάνιον 80, 183, 196
Θέρμος ἥμερος 101, 217
Θηλυπτερὶς 194
Θρίδαξ 74, 206
Θρύον 31, 195
Θύμαλος 163, 223
Θύμβρα 163, 203, 223
Θυμελαία 32, 200
Θύμον et Θύμος 163, 203
Ἰβίσκον et Ἰβίσκος 66, 213
Ἱερὰ βοτάνη 175, 202
Ἱερόμυρτον .... pag. 197
Ἰξὸς 179, 180, 208
Ἴον 176, 177, 178, 214
Ἰσάτις 102
Ἰτέα 149
Ἰτέα μικρὰ 153
Ἴτεα ὠλεσίκαρπα 220
Κάλαμος 21, 38, 196
Κάλθα 29, 207
Κάρδαμον 119, 211
Καρδάμωμον 199
Καρύα 187, 219
—— ἡρακλεωτικὴ 42, 222
—— Κασταναϊκὴ 33, 223
—— λεπτὴ 42, 223
—— πιτύϊνα 225
—— ποντικὴ 42, 223
—— Σαρδιανὴ 223
Καρύα βασίλικα 21, 219
Κασία 32
Κάστανον 34, 222
Κέγχρος 109, 195
Κέγχρυς 195
Κεδρόμηλον 212
Κέδρος 35, 224
Κενταύριον μέγα 36, 206
Κεντρομυῤῥίνη 145, 197
Κέστρον 200
Κεράσιον 216
Κέρασος 37, 216
Κήρινθον 37, 204
Κιβώριον 91, 200
Κιβώτιον 200
Κισσὸς 62, 209
Κίτριον 106, 212
Κιττὸς 62, 209
Κιχώρη et Κιχώριον 70, 206
Κλῆμα 126
Κλῆθρα 14, 221
Κλῆστρον 200

Κλῆθρος........... pag. 221
Κνέωρον........... 32, 200
Κόκκος κνίδειος...........
Κοκκυμηλέα.......... 134, 216
Κοκκόμηλον.............. 133
Κολοκασίον.... 39, 93, 195, 200
Κολοκυνθὶς........... 43, 220
Κόμαρον et Κόμαρος..... 20, 205
Κόριον et Κορίαννον..... 40, 209
Κόρσιον............. 92, 200
Κρανεία............. 41, 208
Κράνειον............ 40, 208
Κρανία................. 41
Κριθὴ.............. 66, 196
Κρίνον................. 78
Κρόκον et Κρόκος....... 42, 199
Κρόμμυον............ 36, 198
Κύαμος......... 52, 176, 218
Κύαμος αἰγυπτιακὸς..... 90, 200
Κυδώνιον μῆλον....... 104, 215
Κυπάρισσος.......... 44, 224
Κύπειρος................ 95
Κύπρος.............. 78, 202
Κύτισος............. 46, 217
Κύτισος ἀρνόφυλλος......... 217
Κώνειον............. 38, 210
Κῶνοι.................. 224
Λείριον............. 78, 197
Λευκὴ......... 131, 132, 221
Λευκόϊον................ 178
Λίβανος............ 161, 223
Λιβανωτὶς et Λιβανωτρὶς στεφανωματικὴ.......... 141, 202
Λίβυον................. 217
Λίνον.............. 80, 214
Λόπιμα κάρυα............ 223
Λυπηνάριον............. 217
Λυχνὶς ἀγρία............. 204
Λωτὸς....... 80, 99, 200, 221
—— ἄγριος......... 96, 217
Λωτὸς ἀπύρενος....... pag. 94
—— λευκὸς............. 200
—— Παλίουρος........ 85, 219
—— στεφανωτικὸς......... 93
—— τριφύλλος......... 96, 217
Λωτοφάγων δένδρον...... 91, 219
Μαλάχη ἄγρια..... 66, 108, 213
Μελία.............. 58, 202
Μελιλωτὸς............... 96
Μελισσοβότανον....... 109, 203
Μελισσοβότος............ 203
Μελισσοφύλλον........ 109, 203
Μελίταινα.............. 203
Μελίκταινα et Μελίτεια...... 203
Μελιττὶς............... 109
Μεμαίκυλον.......... 20, 205
Μετώπιον............... 209
Μηδικὴ................ 108
——— βοτάνη....... 108, 218
Μηδικὸν μῆλον............ 106
Μήκων.................. 211
—— ἥμερος........ 127, 211
—— Ῥοιὰς.......... 127, 210
Μηλέα............. 107, 215
Μηλέα χρύσεα............ 212
Μῆλον............. 102, 215
Μῆλον περσικὸν, μηδικὸν, Ἑσπέριδων.............. 212
Μίλος.................. 159
Μυίον.................. 111
Μόλοχη................. 213
Μορέα.............. 57, 220
Μόρον.......... 110, 116, 220
Μότον.................. 223
Μυρίκη................. 111
Μύῤῥα.................. 114
Μυῤῥίνη................ 214
Μυρσίνη............ 115, 214
——— ἄγρια........ 145, 197
Μυρτὶς................. 115

Μύρτον............. pag. 115
Μύρτος............. 115, 214
Μῶρον.................. 220
Νάρδος ἀγρία et κελτική. 149, 208
Νάρθηξ............. 55, 210
Νάρκαφτον............. 210
Νάρκη................. 206
Νάρκισσος....... 117, 118, 199
Νεράντζιον............. 212
Νηπενθὲς............... 127
Νήριον............. 140, 205
Νυμφαία πτέρις.......... 194
Ὄγχνη et Ὄχνη....... 135, 215
Οἴη, Οὔα, Ὄη........ 155, 215
Οὖον et Ὄον......... 155, 215
Οἰνάνθη................ 212
Ὄλυρα.................. 54
Ὀξύα.............. 53, 221
Ὀξυλάπαθον......... 145, 201
Ὀξυμυρσίνη......... 145, 197
Ὀρνιθόγαλον........... 79, 198
Ὄρχας................. 122
Ὀρχὶς................. 122
Παλίουρος........... 124, 219
Περιστερεὼν......... 175, 202
Πεύκη......... 129, 157, 224
——— ἀγρία παραλία....... 224
——— ἥμερος............. 225
Πήγανον........... 146, 214
Πηρῖτις................ 208
Πιτύϊνα κάρυα........... 224
Πιθίτις................ 211
Πίτυς et Πίττα.......... 225
Πίτυς ἀγρία............. 225
——— ἥμερος............. 130
Πλατάνιστος............ 221
Πλάτανος............ 131, 221
Πολύῤῥιζον............. 194
Πράσον κεφαλωτὸν...... 133, 198
Πρημαδία............... 129
Πρῖνος.......... pag. 69, 222
Προῦμνον........... 133, 216
Προῦνον κηροειδὲς...... 133, 216
Προῦνη................. 216
Πτελέα............ 167, 221
Πτερία............. 56, 194
Πτερὶς............. 56, 194
Πυρὸς....... 166, 172, 59, 195
Πυρὸς ἄχνη............. 200
Πύξος............. 28, 220
Ῥοδοδάφνη......... 140, 205
Ῥοδόδενδρον............ 520
Ῥόδον............ 143, 215
Ῥοδωνία................ 205
Ῥοίας.................. 211
Ῥυτὴ................... 214
Σάμψυχον......... 185, 203
Σάνδυξ................ 150
Σαρδόνια.......... 64, 210
Σέλινον ἄγριον........... 64
——— ἐλεόθρεπτον......... 95
Σέρις κηπευτή......... 71, 206
Σεῦτλον........... 26, 201
Σίκυος ἥμερος....... 43, 220
Σίσαρον........... 154, 210
Σκίλλα............ 152, 198
Σκόλυμος.......... 30, 206
Σκόροδον.......... 13, 199
Σκύλλα.................. 98
Σμίλαξ........... 159, 223
Σμίλος................. 223
Σπάθη.................. 197
Σπάρτον et Σπάρτος...... 60, 217
Στροβίλος.............. 225
Στρουθίον......... 101, 212
Στύραξ........... 156, 205
Συκαμινέα.............. 220
Σφένδαμνος........ 183, 212
Σχίνος................. 198
Σχοῖνος............ 73, 197

Τάξος.............. pag. 223
Τερέβινθος et Τέρμινθος.. 160, 218
Τεῦτλον.............. 26, 201
Τευτλόρριζον.............. 201
Τίφη.................. 169
Τρίβολος............ 165, 214
Ὑάκινθος.......... 67, 197, 206
——— μέλας............ 173
Φακὴ et Φάκος......... 77, 218
Φασῆλος et Φασίολος..... 55, 218
Φασήολος et Φασίλος........ 55
Φηγὸς........ 51, 53, 221, 222
Φίλυρα.............. 165, 214
Φιλλυρέα.................. 214
Φοίνικος βάλανος........... 197
Φοίνιξ......... pag. 126, 197
Φραγμίτης.................196
Φραγοῦλι............ 186, 216
Φῦκος.......... 12, 59, 194
Χάκλας.................. 207
Χαλβάνη............. 60, 219
Χαλκάς.................. 207
Χαμαιάκτη............ 49, 208
Χαμαιφύρτον.............. 197
Χαμαικίσσος.............. 204
Χαμελαία................ 200
Χαχλὰς.................. 207
Χρυσάνθεμον.......... 38, 207
Χρυσόμηλον.............. 103
Χυμένιον................ 102

LISTE

DES NOMS LATINS DE PLANTES

MENTIONNÉS DANS LA FLORE DE VIRGILE.

(On n'a mis en italique que les noms modernes consacrés.)

Abies (Plin.), p. 225. — gallica (Pall.), p. 225.
Abies pectinata (Dec.), p. 9, 224.
Acacia vera (Willd.), p. 11, 216.
Acanthus mollis (Linn.), p. 10, 201. — *sativus* (Bauh.), p. 10.
Acanthus pæderos, *seu* melamphyllum (Plin.), p. 10, 201.
Acer campestre (Linn.), p. 183, 212.
Aconitum Lycoctonum (L.), p. 12, 210. — *Napellus* (*id.*), p. 12.
Agrostemma Githago (Linn.), p. 166.
Alant (Isid. Hisp.), p. 207.
Alga sterilis (Ovid.), p. 12.
Allium Cepa (Linn.), p. 36, 198. — *Porrum* (L.), p. 133, 198. — *sativum* (Linn.), p. 13, 198.
Alnus rotundifolia (Bauh.), p. 14. — *viridis* (Dec.), p. 14, 221.
Althæa cannabina (Linn.), p. 66. — *Hibiscus* (Linn.), p. 66. — *officinalis* (Linn.), p. 66.
Amaracus (Plin.), p. 185, 203.
Amarantus (*Latinor.*), p. 201.
Amarantus panicula conglomerata (Bauh.), p. 14.
Ambuleia (Plin.), p. 206.
Amellus (*Latinor.*), p. 207.
Amomum (Plin.), p. 16, 199.
Amomum racemosum (Lmk.), p. 14, 199.
Amyris (*Auct.*), p. 114.
Amyris gileadensis (Linn.), p. 25. — *Opobalsamum* (Linn.), p. 25, 218.
Anastatica hierocuntica (L.), 16.
Anethum (*Latinor.*), p. 209.
Anethum graveolens (Linn.), p. 17, 209.
Anthemis tinctoria (Linn.), p. 27, 207.
Antirrhinum asarinum (Linn.), p. 63, 204.
Aparine (Plin.), p. 76.
Aphaca (Plin.), p. 218.
Apiastrum (Plin.), p. 109, 204.
Apium (Plin.), p. 209. — risus (Paus.), p. 64.
Apium graveolens (L.), 17, 209.
Arbor thurifera (Plin.), p. 223.

Arbutus (*Latinor.*), p. 20, 205.
Arbutus Unedo (Linn.), p. 20, 205.
Arctium Lappa (Linn.), p. 75.
Arinca (Plin.), p. 55.
Arum Colocasia (Linn.), p. 39, 94, 98, 195.
Arundo Donax (Linn.), p. 21, 196. — *Phragmites* (Linn.), p. 21, 196.
Aster Amellus (Linn.), p. 15, 207.
Atropa Mandragora (Linn.), p. 82.
Avena sativa (Linn.), p. 22, 196. — *sterilis* (Linn.), p. 22.
Avia (Col.), p. 194.
Azarina (*Auct.*), p. 64.
Azarum europœum (Linn.) p. 24.
Baccar (Plin.), p. 204.
Balsamum (*Latinor.*), p. 218.
Beta candida pede (Col.), p. 201.
Beta Cicla (Linn.), p. 26, 201. — *hortensis* (Mill.), p. 26. — *vulgaris* (Dec.), p. 26.
Betula Alnus (Linn.), p. 14. — *viridis* (Vill.), p. 14.
Brassica Eruca (Linn.), p. 50, 211.
Bubon Galbanum (Linn.), p. 60, 209.
Bubonion (Plin.), p. 207.
Bumamma (Varr.), p. 27, 213.
Bumastus (Plin.), p. 213.
Bumelia (Plin.) p. 202.
Bunias syriaca (Gært.), p. 16.
Buxus (*Latinor.*), p. 220.
Buxus semper virens (Linn.), p. 28, 220.
Byssus (Philostr.), p. 19.
Cachrys Libanotis (Linn.), p. 141.
Calendula officinalis (Linn.), p. 29, 207.
Caltha (Plin.), p. 29, 207. — Flammeola (Col.), p. 207.
Caltha officinalis (Mœnch.), p. 29.
Carex (Linn.), p. 31, 195.
Casia (Plin.), p. 32, 200.
Cassia lignea (*Officin.*), p. 32. — *poetica* (Tournef.), p. 29.
Castanea (*Latinor.*), p. 222.
Castanea vulgaris (Dec.), p. 33, 222.
Cedrus (*Latinor.*) p. 224.
Celosia cristata (Linn.), p. 14, 201.
Celtis (Plin.), p. 84, 87.
Celtis australis (Linn.), p. 85, 86, 88, 89, 100, 220.
Centaureum, Centauria, etc. (*Latinor.*), p. 206.
Centaurea Centaurium (Linn.), p. 36. — *solstitialis* (Linn.), p. 30.
Cepa et Cepulla (*Latinor.*), p. 198.
Cepa vulgaris (Bauh.), p. 36.
Cerasus (*Latinor.*), p. 216.
Cerasus vulgaris (Mill.), p. 37, 216.
Cerinthe major (Linn.), p. 37.
Chamæmyrsine (*Latinor.*), p. 197.
Chamæmyrtus (Plin.), p. 145.
Cheiranthus (Linn.), p. 178.
Chrysanthemum coronarium (L.), p. 38, 207.
Cicer Lens (Linn.), p. 78.
Cichorium (Plin.), p. 70 et 71.

Cichorium Endivia (Linn.), p. 71, 206. — *Intybus* (Linn.), p. 70, 206.
Cicuta virosa (Linn.), p. 38.
Cissus vitiginea (Linn.), p. 16.
Citrus (Varr.), p. 212.
Citrus Aurantium (Linn.), p. 103, 212. — *medica* (Linn.), p. 106, 212.
Cneorum (Plin.), p. 33.
Coccum gnidium (Plin.), p. 32, 200.
Colocasium (Plin.), p. 195, 200.
Colocynthis (Plin.), p. 220.
Conium maculatum (Linn.), p. 38, 209.
Convolvulus sepium (Linn.), p. 78.
Coriandrum (*Latinor.*), p. 209.
Coriandrum sativum (Linn.), p. 40, 209.
Cornus mas (Linn.), p. 41, 208. — *Gharaf*, p. 86.
Corsium (*Antiq.*), p. 93, 94.
Corylus Avellana (Linn.), p. 42, 223.
Cratægus rotundifolia (Lmk.) p. 87. — *Aria* (Linn.), p. 87, 88.
Crocus sativus (Linn.), p. 42, 199.
Cucumis (Col.), p. 220.
Cucumis sativus (Linn.), p. 43, 220.
Cucurbita maxima (Tournef.), p. 43. — *Pepo* (Linn.), p. 43, 220.
Cupressus (*Latinor.*), p. 224.
Cupressus sempervirens (Linn.), p. 44, 224.
Cyparissus (*Antiq.*), p. 43.
Cytisus (*Latinor.*), p. 217.
Cytisus Marantæ (Lob.), p. 46.
Daphne Gnidium (Linn.), p. 32, 200.
Delphinium Ajacis (Linn.), p. 67, 68, 173.
Dictamnum (Plin.), p. 47, 203.
Digitalis purpurea (Linn.), p. 24, 204.
Diospyros Ebenum (Pers.), p. 48, 205. — *Ebenaster* (Pers.), p. 48. — *melanoxylum* (Pers.), p. 48. — *Lotus* (Linn.), p. 84, 89, 100.
Donax (Plin.), p. 196.
Doudaim (Hebr.), p. 82.
Ebulus (*Latinor.*), p. 208.
Edera (Cat.), p. 209.
Elæagnus angustifolia (Linn.), p. 121.
Enula campana (*Officin.*), p. 72.
Erica (Linn.), p. 111, 113, 205.
Eruca (*Latinor.*), p. 211.
Ervum Lens (Linn.), p. 77, 218.
Esculus (Plin.), p. 51, 222.
Faba vulgaris (Mœnch.), p. 52.
Faba græca (Plin.), p. 88, 221.
Faba ægyptiaca (*Antiq.*), p. 90, 200.
Fabulum (A. Gell.), p. 218.
Fagonia arabica (Linn.) p. 165.
Fagus (Plin.), p. 51, 53, 222.
Fagus Castanea (Linn.), p. 34, 222. — *sylvatica* (Linn.), p. 53, 221.
Far (*Latinor.*), p. 196.
Faselus (Col.), p. 218.
Faseolus (C. magn.), p. 218.
Felicula et Filicula (*Latinor.*), p. 195.
Ferula (Plin.), p. 210.

Ferula communis (Linn.), p. 55, 209.

Festuca fluitans (Linn.), 170.

Filix fœmina (Dod.), p. 56.

Fragaria vesca (L.), p. 186, 216.

Fragum (*Latinor.*), p. 216.

Fraxinus (Plin.), p. 58, 201. — sylvestris (Col.), p. 123, 202.

Fraxinus excelsior (Linn.), p. 58, 124, 202. — *florifera* (Scop.), 58. — *Ornus* (L.), p. 58, 123. — *rotundifolia* (Lmk.), p. 123, 202. — *Theophrasti* (Duham.), p. 59.

Fucus (Linn.), p. 12, 59, 194.

Galbanum (Plin.), p. 60, 209.

Galium Aparine (Linn.), p. 75, 208.

Genesta ou Genista (*Latinor.*), p. 216.

Genista juncea (Linn.), p. 60.

Gladiolus communis (Linn.), p. 67. — *Id. var. triphyllos* (Sibt.), p. 67.

Gossypium (Plin.), p. 18, 213.

Gossypium arboreum (Linn.), p. 18, 213. — *herbaceum* (L.), p. 18, 213.

Guayacana (Tournef.), p. 89.

Halicastrum (*Latinor.*), p. 184.

Hedera Helix (L.), p. 62, 209. — *Id. var. corymbosa* (Dec.), p. 63. — *Id. var. dionysia* (Dalech.), p. 62. — *Id. var. poetica* (Bauh.), p. 63.

Helice (Plin.), p. 153.

Heliotropion (Virg.), p. 206.

Helix (Plin.), p. 62, 63, 209.

Helleborus niger (L.), p. 49, 210.

Herba lanaria et Radicula (Plin.), p. 212.

Herba sacra (*Latinor.*), p. 175.

Hibiscus (Plin.), p. 213.

Hordeum (Linn.), p. 66, 196.

Hyacinthus (*Antiq.*), p. 67.

Hyacinthus melas (La Cerd.), p. 68.

Ibischa Mismalva (C. magn.), p. 213.

Ilex (*Latinor.*), p. 222.

Ilex (Tournef.), p. 69. — *Aquifolium* (Linn.), p. 86.

Intubum erraticum (Plin.), p. 70, 206. — sativum (Plin.), p. 71, 206.

Inula (Plin.), p. 72, 207.

Inula Helenium (Linn.), p. 72, 207.

Juglans (*Latinor.*), p. 219.

Juglans regia (L.), p. 52, 187, 218.

Juncus (Linn.), p. 73, 197.

Juniperus communis (Linn.), p. 73, 223. — *Lycia* (Linn.), p. 161, 223. — *Sabina* (Linn.), p. 147, 224.

Labrusca (Plin.), p. 213.

Lactuca sativa (Linn., p. 74, 206.

Lapathos (Col.), p. 201.

Lappa (Plin.), p. 75.

Lathyrus Aphaca (Linn.), p. 176.

Laurea rosea (Apul.), p. 205.

Lauro-Cerasus (R. Const.), p. 84

Laurus nobilis (Linn.), p. 76, 200. — *Cassia* (Linn.), p. 32, 200.

Lens (*Latinor.*), p. 218.

Lens esculenta (Mænch.), p. 77.

Lepidium sativum (Linn.), p. 119, 211.

Leucoium album (Linn.), p. 178.

Ligustrum vulgare (Linn.), p. 77, 202.

Lilium candidum (Linn.), p. 78, 197. — *Martagon* (Linn.), p. 67, 174, 197. — *floribus reflexis* (Bauh.), p. 67.

Linum usitatissimum (Linn.), p. 80, 214.

Lolium temulentum (Linn.), p. 80.

Lotophagorum arbor (*Latinor.*), p. 219.

LOTORUM ANTIQUORUM SYNONYMA, p. 99.

Lotos (*Antiq.*), p. 81, 219. — africana (Plin.), p. 86, 219. — aquatica (Ovid.), p. 89. — italica (Plin.), p. 220. — Paliurus (Plin.), p. 219. — sacra (*Latinor.*), p. 200.

Lotus corniculatus (Linn.), p. 95.

Lupinus (*Latinor.*), p. 217.

Lupinus albus (Linn.), p. 101. — *sativus* (Bauh.), p. 101, 217.

Lutum herba (Dodon.), p. 101, 212.

Malache (Col.), p. 213.

Malum (*Latinor.*), p. 213. — aureum (Plin.), p. 104, 212. — citreum persicum (Macr.), p. 212. — cotoneum (*Latinor.*), p. 215. — Hesperidum (Plin.), p. 104, 212. — medicum (Plin.), p. 106, 212.

Malum cotoneum (Bauh.), p. 104.

Malus communis (L.), p. 102, 107, 215. — *sylvestris* (Linn.), p. 107. — *assyriaca* (Plin.), p. 106. — *medica* (Plin.), p. 102, 106.

Malva (Linn.), p. 66, 108, 213.

Medica (*Latinor.*), p. 218.

Medica sativa (Lmk.), p. 108.

Medicago arborea (L.), 46, 95, 217. — *falcata* (Linn.), p. 95. — *sativa* (Linn.), p. 108, 217.

Melilotus cærulea (Linn.), p. 97, 100, 217. — *officinalis* (Linn.), p. 96, 100, 217.

Melissa officinalis (Linn.), p. 109, 203.

Melittis Melissophyllum (Linn.), p. 109.

Mella (Isid.), p. 219.

Milium semine luteo (Tournef.), p. 109.

Mimosa nilotica (Linn.), p. 11.

Morus (*Latinor.*), p. 220.

Morus alba (Linn.), p. 57. — *nigra* (Linn.), p. 57, 110, 220.

Myrica (Plin.), p. 111.

Myrtus sylvestris (*Latinor.*), p. 145, 197.

Myrtus communis (Linn.), p. 116, 214.

Narcissus orientalis (Linn.), p. 117. — *poëticus* (Linn.), p. 118, 199. — *serotinus* (L.), p. 118, 199. — *Tazetta* (Linn.), p. 117.

Nardus celticus (*Officin.*), p. 149. 208.

Nasturtium (*Latinor.*), p. 119, 211.

Nelumbium speciosum (Willd.), p. 91.

Nerium lauriforme (Lmk.), p. 140. — *Oleander* (L.), p. 140, 204.

Niliacum olus (Mart.), p. 94, 195.
Nux (Ovid.), p. 187, 218.
Nux avellana (*Latinor.*), p. 223.
Nymphæa cærulea (Sav.), p. 93, 199. — *glandifera* (Huern.), p. 92. — *Lotus* (Linn.), p. 39, 93, 94, 200. — *Nelumbo* (Linn.), p. 91, 200.
Odocos (Marc. Burd.), p. 208.
OEnanthe crocata (Linn.), p. 65.
Olea europæa (Linn.), p. 120, 202. — *sylvestris* (Bauh.), p. 121.
Oleaster (*Latinor.*), p. 200.
Oleaster (Bauh.), p. 121.
Orchis (Linn.), p. 82.
Origanum Dictamnus (Linn.), p. 47, 203. — *majoranoïdes* (L.), p. 185, 203.
Ornithogalum (Linn.), p. 79.
Ornus (*Latinor.*), p. 58, 123.
Osyris (Plin.), p. 33.
Osyris alba (Tournef.), p. 33.
Oxymyrsine (*Latinor.*), p. 197.
Paliurus (Plin.), p. 85, 100, 219. — cyrenaicus (Plin.), p. 219.
Paliurus aculeatus (Dec.), p. 124.
Palma (*Latinor.*), p. 197.
Palma major (Bauh.), p. 126.
Paludapium (*Latinor.*), p. 219.
Panicum miliaceum (Linn.), p. 109.
Papaver cereale (Col.), p. 211. — erraticum (Plin.), p. 127, 211.
— sativum (Col.), p. 211.
Papaver Rhæas (Linn.), p. 127, 211. — *somniferum* (Linn.), p. 127, 211.
Phalangium (Linn.), p. 79.
Phaseolus vulgaris (Linn.), p. 55, 218.
Philanthropos (Plin.), 76.
Phœnix dactilifera (Linn.), p. 126, 197.
Phucagrostis (*Auct.*), p. 12.
Picea (Plin.), p. 224.
Pinaster (*Latinor.*), p. 225.
Pinus Cedrus (L.), p. 35, 224. — *maritima* (L.), p. 129, 224. — *Mugho* (L.), p. 157, 224. — *Picea* (Linn.), p. 9, 224. — *Pinea* (Linn.), p. 130, 225. — *sativa* (Lmk.), p. 130. — *sylvestris* (L.), p. 129, 225. — *Id. var.* γ (Vill.), p. 157.
Piper Cubeba (Linn.), p. 16.
Pistacia Terebinthus (Linn.), p. 160, 218.
Platanus (*Latinor.*), p. 221.
Platanus orientalis (Linn.) p. 131, 221.
Polypodium Filix mas (Linn.), p. 194.
Populus alba (*Latinor.*), p. 221.
Populus alba (L.), p. 131, 221. — *fastigiata* (Linn.), p. 132. — *nigra* (L.), p. 132, 221.
Prunus (*Latinor.*), p. 216.
Prunus Cerasus (Linn.), p. 37. — *domestica* (L.), p. 134, 216. — *insititia* (L.), p. 134, 156, 216.
Pteris aquilina (L.), p. 56, 194.
Pyrus (*Latinor.*), p. 215.
Pyrus communis (L.), p. 136, 215. — *Cydonia* (L.), p. 105, 215. — *sylvestris* (Duham.), p. 136, 215.
Quercus (*Latinor.*), p. 222.
Quercus (L.), p. 222. — *Æsculus*

(Linn.), p. 51, 222. — *Bellota* (Desf.), p. 70, 138. — *coccifera* (Linn.), p. 70. — *Ilex* (L.), p. 69, 222. — *latifolia mas brevi pediculo* (Bauh.), p. 51. — *Prinos* (Linn.), p. 70. — *Robur* (Linn.), p. 51, 138.

Ranunculum alterum (Plin.), p. 210.

Ranunculus Philonotis (Dec.), p. 64, 210. — *sardous* (Crantz.), p. 64. — *sceleratus* (L.), p. 65.

Reseda luteola (L.), p. 101, 212.

Rhamnus divaricatus (Forsk.), p. 86. — *Lotus* (L.), p. 83, 85, 219. — *Paliurus* (Linn.), p. 86, 124, 219. — *Spina Christi* (L.), p. 86, 219.

Rhododaphne (*Antiq.*), p. 141, 205.

Rhododendrum (Plin.), p. 205.

Rosa alba (Dec.), p. 144. — *centifolia* (Linn.), p. 143, 216. — *Eglanteria* (Dec.), 144. — *hierocuntica* (Bauh.), p. 16. — *punicea* (Rœss.), p. 144, 216.

Rosmarinus officinalis (Linn.), p. 141, 202.

Rubus fruticosus (Linn.), p. 110, 145, 216.

Rumex acetosa (Linn.), p. 145, 201.

Ruscus (Plin.) p. 146.

Ruscus aculeatus (Linn.), p. 146, 197.

Ruta (*Latinor.*), p. 214.

Ruta graveolens (L.), p. 146, 214. — *hortensis* (Link.), p. 146.

Sabina et Savina (Plin.), p. 147, 224.

Sagittaria sagittifolia (Linn.), p. 170.

Saliunca (Plin.), p. 148, 208.

Salix (*Latinor.*), p. 149, 220. — græca (Col.), p. 153.

Salix (Linn.), p. 220. — *caprea* (Linn.), p. 150. — *daphnoïdes* (Villars), p. 150. — *vitellina* (Linn.), p. 153.

Sambucus (*Latinor.*), p. 208.

Sambucus Ebulus (Linn.), p. 49, 208.

Sampsucon (Col.), 185, 203.

Satureia capitata (Linn.), p. 163, 203. — *Thymbra* (Linn.), p. 163, 203.

Scilla maritima (Linn.), p. 79, 152, 198.

Scirpus lacustris (Linn.), p. 72.

Scopa regia (Scrib. Larg.), p. 198.

Seris (Plin.), p. 71, 206.

Serpillum et Serpullum (*Latinor.*), p. 203.

Siler (Plin.), p. 153.

Siler montanum (Linn.), p. 153.

Sisara (Varr.), p. 205.

Siser (*Latinor.*), p. 210.

Sium Sisarum (L.), p. 154, 210.

Solanum bacciferum (Tournef.), p. 16.

Sorbus aucuparia (Linn.), p. 123. — *domestica* (Linn.), p. 88, 215.

Spartium junceum (L.), p. 60, 217. — *tryphyllum* (Bauh.), p. 33.

Spina ægyptiaca (Plin.), p. 11, 216.

Spinæ solstitiales (Col.), p. 206.

Spinus (*Latinor.*), p. 216.

Styrax et Storax (*Latinor.*), p. 255.
Styrax officinale (Linn.), p. 156, 205.
Tæda (Plin.), p. 224.
Tamarix africana (Desfont.), p. 113. — *gallica* (Linn.), p. 113.
Taxus (Plin.), p. 223.
Taxus baccata (L.), p. 159, 223.
Terebinthus vulgaris (Linn.), p. 160, 219.
Thelypteris (Plin.), p. 194.
Thlaspi sativum (Linn.), p. 119.
Thurea (Col.), p. 223.
Thymbra (*Antiq.*), p. 163, 203.
Thymelæa foliis lini (Bauh.), p. 33.
Thymus (*Antiq.*), p. 203.
Thymus capitatus (Bauh.), p. 163. — *Dioscoridis* (Bauh.), p. 164. — *Serpyllum* (Linn.), p. 152, 203. — *vulgaris* (L.), p. 152.
Tilia europæa (L.), p. 164, 214. — *var. microphylla* (Decand.), p. 164.
Tribulus (Plin.), p. 214.
Tribulus terrestris (Linn.), p. 165, 214.
Triticum hybernum (Linn.), p. 166. — *monoccum* (Linn.), p. 54. — *Spelta* (Linn.), p. 54, 166, 184. — *sativum* (Linn.), p. 54.
Typha latifolia (Linn.), p. 170.
Ulmus (*Latinor.*), p. 220.
Ulmus campestris (Linn.), p. 167, 220.
Ulva ovium (Cat.), p. 170.
Unedo (Plin.), p. 20, 205.
Unio (Col.), p. 198.
Vaccinium Myrtillus (Linn.), p. 173, 205.
Valeriana celtica (Linn.), p. 24, 148, 208. — *Saliunca* (Dec.), p. 148.
Verbena et Verbenaca (*Latinor.*), p. 202.
Verbena officinalis (Linn.), p. 175, 202.
Viburnum Lantana (Linn.), p. 175, 108. — *Opulus* (Linn.), p. 175.
Vicia Faba (L.), p. 52, 218. — *sativa* (Linn.), p. 176, 218.
Viola (*Latinor.*), p. 214.
Viola montana (Linn.), p. 177. — *odorata* (Linn.), p. 176, 214. — *palustris* (Linn.), p. 177.
Viscum album (L.), p. 179, 208.
Vitis (*Latinor.*), p. 213.
Vitis vinifera (L.), p. 180, 212. — *Id. var. sylvestris* (Linn.), p. 74, 212.
Xylon (Plin.), p. 18, 213.
Zea Mays (Linn.), p. 55.
Zizyphus Lotus (Linn.), p. 83, 86, 100.
Zostera marina (Linn.), p. 12.

TABLE DES MATIÈRES.

INTRODUCTION. . . . . page 5
FLORE DE VIRGILE. 9
SUPPLÉMENT. 183
Liste alphabétique des articles de la Flore et du Supplément. 188
CONCORDANCE SYNONYMIQUE DE LA FLORE. 191
Ordre chronologique des auteurs grecs et latins cités dans la Concordance. 193
ACOTYLÉDONES. 194
Famille des Algues. 194
Mousses. 194
MONOCOTYLÉDONES. 194

Famille des Aroïdes. . . .	195	Famille des Joncs. . . .	197
Asperges. . .	197	Liliacées . .	197
Asphodèles .	198	Morrènes. . .	199
Balisiers. . .	199	Narcisses . .	199
Fougères. . .	194	Palmiers . .	197
Graminées .	195	Souchets . .	195
Iris.	199		

DICOTYLÉDONES. 200

Famille des Acanthes . .	201	Famille des Conifères . .	223
Amaranthes .	201	Corymbifères	207
Amentacées .	220	Crucifères. .	211
Apocynées. .	204	Cucurbitacées	220
Arroches . .	201	Cynarocéphales. . . .	206
Borraginées .	204	Dipsacées. .	208
Capparidées.	212	Érables. . .	212
Caprifoliacées . . .	208	Éricacées. .	205
Caryophyllées. . . .	214	Euphorbes. .	220
Chalefs. . .	200	Gattiliers . .	202
Chicoracées .	206	Guayacanées.	205
Cistes. . . .	214	Jasminées. .	202
		Labiées. . .	202

Famille des Lauriers . . 200
Légumineuses. . . . 217
Malvacées. . 213
Myrtes . . . 214
Nerpruns . . 219
Ombellifères. 209
Orangers . . 212
Papaveracées. 211
Polygonées . 201
Famille des Renonculacées . . . 210
Rosacées . . 215
Rubiacées. . 208
Rutacées. . . 214
Scrophulaires 204
Térébinthes . 219
Thymélées. . 200
Tiliacées. . . 214
Urticées. . . 220
Vignes . . . 212
Liste alphabétique des auteurs cités. 226
Liste des mots hébreux employés dans la Flore 235
Liste des mots arabes, etc., employés dans la Flore 236
Liste des noms grecs de plantes cités dans la Flore. 237
Liste des noms latins de plantes mentionnés dans la Flore . 242

ERRATA.

Pages	lignes	au lieu de	lisez
6	18	de négligences	d'omissions
12	14	*lycoctonum*	*Lycoctonum*
15	11	'Λστὴρ	'Αστὴρ
Ibid.	19	Mathiole	partout Matthiole
Ibid.	23	*Tyrium*,	*Tyrium*.
20	22	Μεμαίκυλον	le fruit, *μεμαίκυλον* (Théophr. III, 16)
25	30	בשמ	בשם
26	10	toutes les espèces du genre *Beta*	toutes les espèces cultivées du genre *Beta*
29	17	*luteola*,	*luteola*;
30	10	ranunculacée,	renonculacée,
36	18	ρόμμυον	Κρόμμυον
61	3	de ses tiges	de ses rameaux
62	27	auquel	à laquelle
64	6	grimpante	rampante
Ibid.	22	*Ranuncus Philonotis* (Decand. Fl. Franç. 4699)	*Ranunculus Philonotis* (Decand. Fl. Franç. 4649)
66	7	appeloient	appelaient
80	15	que nous nommons	que l'on nomme
85	14	*bérîr*.	*bérîr*,
89	16	Ajoutez après *déja* : nous avons cherché à prouver	

ERRATA.

Pages	lignes	au lieu de	lisez
93	6	du *faba ægyptiaca*	de la *faba ægyptiaca* (*)
99	tableau	*Lotus africanus.*	*Lotus africana.*
105	15	l'on en aurait	l'on en avait
109	16	*Melittis, Melissophyllum*,	*Melittis Melissophyllum*,
Ibid.	24	opuscule la	opuscule, déja la
111	dern.	les idées, restent	les idées restent
112	13	instruites même en	instruites, même, en
114	3	יוק	ירק
115	31	*hic est et spartica*	*hic est, et spartica*
121	16	Bauhin, *Pin.* I, 17	C. Bauh. *Pin.* 472
132	29	serait de choisir le *Populus fastigiata*, peuplier d'Italie.	serait de choisir le *Populus nigra*, fort commun en Italie.
157	20	arbres ionifères,	arbres conifères,
Ibid.	21	Entre « moelle ligneuse » et « διὰ τὸ ἔνδαδος εἶναι, » supprimez la virgule.	
160	25	*Linn.* gen.	Linn. *gen.* 1511.
165	26	un genre de plantes épineuses,	un genre de plantes à fruits épineux,
185 et ailleurs	21	*Origanum majoranoïdes* (Linn.)	*Origanum majoranoïdes* (Willd.)
186	3	aussi bon que dans l'île de Crète,	aussi bon en Italie que dans l'île de Crète,
194	7	Hypnum, Fontinalis, Leskea (Linn.)	Hypnum, Fontinalis (Linn.), Leskea (Hedw.)
199 et ailleurs	13	Narcissus serotinus (Linn.)	Narcissus serotinus (Schousb.)
205	dern.	nous a dissuadés,	nous a détrompés,
214	2	Tilia europæa (Linn.)	Tilia europæa (Linn. var. γ)
216	28	*Pyrum*,	*Prunum*,
221	32	*Hymen. Honor*,	*Epith. Honor*,
224	31	*adscendere*	*adcendere*
232	20	Coecilii	Cæcilii
235	8	148 ....ברך. Placez cette ligne après les deux qui la suivent entre לבנה et מויש.	
245	1re col.	*Hedera corymbosa* (Dec.)	*Hedera corymbosa* (Lob.)
249	penult.	*Zizyphus Lotus* (Linn.)	*Zizyphus Lotus* (Willd.)

(*) Voyez la règle que nous avons établie, note 4 de la page CLXX. Elle est violée dans ce cas-ci, et ce n'est pas le seul. Mais nous n'en faisons point la remarque, toutes les fois qu'il s'agit du nom d'un arbre; car la faute, si c'en est une, est alors infiniment excusable. En effet, aucun nom d'arbre n'étant féminin en français, l'oreille du lecteur serait déroutée par des expressions telles que celles-ci : la *celtis* et la *lotus* de Pline, la *cerasus* des Anciens, etc.

FINIS OCTAVI ET ULTIMI VOLUMINIS.

Conditions de la Seconde Souscription.

La collection complète des *Classiques Latins* se compose de 150 gros volumes grand in-8 beau papier, imprimés par Didot, et entièrement publiés, à 4 fr. 50 c. le volume; total : 675 fr. au lieu de 1981 fr. 50 c., prix de la première souscription.

Les livraisons seront de 2 ou 4 volumes tous les dix jours, ou d'un plus grand nombre, au choix des souscripteurs. On versera, en souscrivant, 9 fr. imputables sur les deux derniers volumes. Pour les départements et l'étranger, chaque ballot de 10 volumes coûtera en sus pour l'emballage 50 c., et 75 c. pour 20 volumes; le port à la charge du souscripteur.

En prenant dès à présent livraison de toute la collection, les 150 volumes ne coûteront que 625 fr. y compris emballage et port pour la France; 330 fr. pour chaque moitié, et 170 fr. pour chaque quart de la collection.

Après les 25 premiers souscripteurs le prix sera porté à 6 fr. le volume.

Vu le petit nombre d'exemplaires on ne servira que les 50 premiers souscripteurs à la collection complète.

Quelques exemplaires des divers auteurs se vendent séparément au prix de

vol.		fr.		fr.
1	Catulle,	6	au lieu de	16.
20	Cicéron,	100	—	305.
3	Claudien,	11	—	37.
1	Florus,	6	—	13.
3	Horace,	18	—	38.
1	Justin,	6	—	16.
3	Juvénal et Perse,	16	—	49.
2	Juvénal seul,	12	—	32.
3	Lucain,	16	—	38
3	Martial,	16	—	48.
10	Ovide,	60	—	125.
1	Les Métamorphoses en grec,	6	—	16.
2	Phèdre,	12	—	37.
4	Plaute,	24	—	61.
13	Pline l'ancien,	65	—	186.
2	La zoologie avec notes de Cuvier,	12	—	30.
2	Pline le jeune,	10	—	23.

vol.		fr.		fr.
1	Properce,	8	au lieu de	16.
3	Quinte-Curce,	17	—	50.
7	Quintilien,	35	—	94.
10	Sénèque, phil. et trag.	50	—	146.
2	Silius Italicus,	10	—	32.
4	Stace,	20	—	61.
2	Suétone,	14	—	36.
3	Térence,	16	—	38.
1	Tibulle,	6	—	16.
13	Tite-Live,	65	—	163.
2	Val. Flaccus,	10	—	27.
3	Val. Maxime,	13	—	35.
1	Vell. Paterculus,	6	—	16.
8	Poetæ minores,	36	—	113.
4	César.	Ne se vendront pas séparément.		
1	Corn. Nepos,			
1	Salluste,			
6	Tacite,			
9	Virgile,			

SOUS PRESSE ;

T. LUCRÈCE, servant de complément à la Collection.

2 VOLUMES, qui seront livrés aux souscripteurs à la collection complète, au prix des autres volumes.

N. B. Quelques volumes incomplets de la première souscription circulant dans le commerce, on ne garantit que les exemplaires revêtus de la présente couverture et provenant de la seconde souscription.

Imprimerie de H. Fournier et comp., rue de Seine, 14.

www.ingramcontent.com/pod-product-compliance
Lightning Source LLC
LaVergne TN
LVHW020554230826
846091LV00002B/495

9782019683986